»DAS KLINGET SO HERRLICH, DAS KLINGET SO SCHÖN«

DIE SÄNGER DER MOZART-OPERN
BEI DEN SALZBURGER FESTSPIELEN

»DAS KLINGET SO HERRLICH, DAS KLINGET SO SCHÖN«

DIE SÄNGER DER MOZART-OPERN BEI DEN SALZBURGER FESTSPIELEN

Herausgegeben von
Edda Fuhrich
und Gisela Prossnitz

Mit 337 Fotos,
davon 17 in Farbe

LANGEN MÜLLER

In Zusammenarbeit mit der
Max Reinhardt-Forschungs- und Gedenkstätte, Salzburg/Wien,
und den Salzburger Festspielen,
mit Unterstützung des Vereins der
»Freunde der Salzburger Festspiele«

Umschlaggestaltung: Wolfgang Heinzel
Lektorat: Dr. Bernhard Struckmeyer
Herstellung und Layout: Franz Nellissen
Gesetzt aus Caslon 7/7, 8/8 kursiv, 10/10 h'fett, kursiv, normal
auf Linotype System 4
Reproduktionen: promoteam. Repro Umundum, Salzburg
Druck und Binden: Wiener Verlag, Himberg bei Wien
Printed in Austria · ISBN 3-7844-2331-0

Inhalt

Vorwort

»Mozarts Kunst ist eine vollendete und determinierte musikalische Sprache, deren Hauptelement die Kantilene ist. Er konnte mit ihr jeden Seelenzustand, jeden Charakter und jede Situation in einer Weise ausdrücken und beschreiben, wie niemand vor ihm oder seit dieser Zeit es zustande gebracht hat. Mozart konnte in seinen Werken als erster und bis heute einziger das Leben als Ganzes heraufbeschwören, mit all seinen Gegensätzen, seiner ständigen Dualität.
Die Zweideutigkeit des menschlichen Daseins wiederzugeben, ist nur ein Künstler imstande, der die Menschen gleichzeitig von ganz nah und mit Abstand sehen kann, der keine Illusionen hat, aber zugleich alles in dem herrlichen Strom des Schicksals verschönert sieht. Ein solcher Künstler war Shakespeare, und ein solcher war Mozart. ...
Mozart hatte hier noch mehr Möglichkeiten in Händen als Shakespeare. Er war reicher an Mitteln – er hatte die Musik. Er hatte das Drama in Wort und in Kantilene zur Verfügung, konnte Geschehen und Gefühl gleichzeitig ausdrücken.«

Ferenc Fricsay

Mozarts Bühnenwerk stellt in musikalischer und theatralischer Hinsicht etwas Vollendetes dar. Er wußte genau um die Bedeutung der Übereinstimmung von Wort und Musik, wann ein Rezitativ durch eine Arie abgelöst wird, an welcher Stelle ein Duett oder ein Ensemble einzusetzen ist. »Alles ist vorgegeben, klar und stimmt immer, wenn es – mit den richtigen Leuten – aufgeführt wird, wie es in der Partitur steht«, war der Tenor der Antworten einer Reihe namhafter Mozart-Sänger auf die Frage nach ihrer Interpretationsweise.
Voraussetzung dafür sind gesangstechnische Perfektion, eine in allen Lagen ausgeglichene, leicht ansprechende und flexible Stimme mit sauberer – »blitzsauberer« – Intonation, geschmeidiger Linienführung und stilsicherer Phrasierung, gepaart mit Wortdeutlichkeit und dramatischer Ausdruckskraft, die den Charakter der darzustellenden Bühnengestalt dem Publikum spontan nahezubringen vermag.
Salzburg, die legitime Pflegestätte Mozarts, ist seit der ersten Präsentation seiner Opern bei den Salzburger Festspielen Anziehungspunkt herausragender Sängerpersönlichkeiten. Als 1922, zwei Jahre nach Beginn dieser Festspiele, mit Mozarts »Don Juan«, »Così fan tutte«, »Die Hochzeit des Figaro« und »Die Entführung aus dem Serail« erstmals auch musikdramatische Werke in das Programm aufgenommen wurden, handelte es sich um Übernahmen aus der Wiener Staatsoper – um mehr oder weniger gelungene Repertoirevorstellungen, die zum Teil noch aus der Ära Gustav Mahlers stammten, aber durch Musikerpersönlichkeiten wie Richard Strauss oder Franz Schalk und durch überdurchschnittliche Sängerleistungen zum Ereignis wurden. Gefeierte Solisten des Wiener Ensembles wie Hans Duhan, Alfred Jerger, Richard Mayr, Josef von Manowarda, Elisabeth Schumann, Claire Born, Lotte Schöne und wenige Jahre später Richard Tauber, Rosette Anday, Marie Gerhart, Maria Németh, Luise Helletsgruber, Franz Völker, Alfred Piccaver oder Helge Rosvaenge wurden auch bald zu vielumjubelten Lieblingen der Salzburger Festspiele. Zu ihnen gesellten sich mit den ersten Eigenproduktionen dieses Festivals bald Spitzenkräfte anderer bedeutender Opernhäuser des deutschsprachigen Raumes – vor allem aus Berlin und Dresden.

Gesungen wurde traditionsgemäß in deutscher Sprache, bis Bruno Walter 1934 mit »Don Giovanni« erstmals bei den Salzburger Festspielen eine Einstudierung in italienischer Originalsprache durchsetzte und ab nun auch die bedeutendsten Sänger italienischer Herkunft nach Salzburg verpflichtete, so Ezio Pinza, Dino Borgioli, Virgilio Lazzari, Mariano Stabile oder Dusolina Giannini.

»Ich hatte immer unter der Unvereinbarkeit vieler Einzelheiten der deutschen Übersetzung mit Mozarts Musik gelitten und genoß endlich die lange ersehnte Harmonie zwischen Wort und Ton«, äußerte sich Bruno Walter in seinen Erinnerungen »Thema und Variationen« zu dieser Problematik. Außerdem machte die Einstudierung in Originalsprache, wie sie an den großen Opernhäusern zunehmend üblich wurde, erst möglich, die einzelnen Partien mit den dafür international geeignetsten Kräften zu besetzen.

Die im Zweiten Weltkrieg unterbrochene Praxis der Aufführungen in der Originalsprache wurde bald nach Kriegsende wieder aufgenommen und ist seither – mit wenigen Ausnahmen – Regel geblieben.

Schon während der letzten Kriegsjahre, vor allem aber gleich nach 1945 bis in die späten fünfziger Jahre wurde das unter den Dirigenten Josef Krips und Karl Böhm und dem Regisseur Oscar Fritz Schuh entstandene sogenannte Wiener Mozart-Ensemble eine so wichtige Stütze der Salzburger Festspiele, daß in den Rezensionen immer wieder von einem »Salzburger Mozart-Ensemble« bzw. »Salzburger Mozart-Stil« gesprochen wurde. Junge, gutaussehende, charismatische Sänger hatten sich zusammengefunden, die ihre Rollen auch schauspielerisch zu durchdringen verstanden und die Figuren ohne die traditionellen Buffonerien zu charakterisieren vermochten. Die Produktionen wurden präzise einstudiert. Zuerst mit herausragenden Korrepetitoren, dann mit dem Dirigenten einzeln, zu zweit und schließlich im Ensemble. Jeder beherrschte nicht nur die eigene Partie perfekt, sondern auch die des anderen und reagierte auf die kleinste Nuance. Das Ergebnis war eine natürliche, völlig glaubwürdige Darstellung, bei der genaue Stilkenntnis Voraussetzung war.

Starwesen gab es nicht, obwohl alle Stars waren: Anton Dermota mit seinem unverwechselbaren Timbre, »in dem sich lyrische Weichheit mit heldischem Metall so ideal verband« (Gottfried Kraus); Paul Schöffler mit seinem prächtigen Stimmaterial voll Wärme und Noblesse; Hans Hotter mit seinem reich nuancierten Vortrag; Erich Kunz, durch sein komödiantisches Spieltalent und seine charaktervolle Stimme einmalig in seinem Fach; die impulsive Irmgard Seefried mit ihrem »vollblütigen« Theatertemperament; Sena Jurinac mit ihrer weichen, slawischen Stimme, in der »immer dieser unverkennbare Herzenston mitschwang« (Jürgen Kesting); Elisabeth Schwarzkopf, durch unendliches Differenzierungsvermögen und eine tief empfundene Beseelung des Vortrags unvergessen; Wilma Lipp mit ihrer »blonden«, jedes Ausdrucks fähigen Koloraturstimme oder Hilde Güden mit ihrem silbrigen, verführerischen Sopran. Zu ihnen gesellten sich – jeder in seiner Art unvergleichlich – Lisa Della Casa, Christa Ludwig, Walter Berry oder George London, die sich in kurzer Zeit mit ihrem persönlich gefärbten Timbre und ihrer darstellerischen Präsenz das Publikum im Sturm eroberten.

Der ganz spezifische, vom Pathos und Zierat früherer Zeiten befreite, fast kammermusikalische Mozart-Stil dieses erstklassigen Ensembles zeichnete sich nicht nur in der Darstellung durch eine Reduktion auf das Wesentliche aus. Auch die Dekoration war auf wenige, umso charakteristischere Details beschränkt und wurde nicht zuletzt von den einmaligen Salzburger Spielstätten wie der Felsenreitschule und dem Residenzhof – in genialer Ausnutzung durch den Bühnenausstatter Caspar Neher – geprägt. Der Sängerdarsteller stand im Zentrum, ihm gehörte die Szene, sein Gesang und Spiel mußten nicht mit überbordendem dekorativen und bühnentechnischen Aufwand in Konkurrenz treten.

Neben den Mitgliedern des aufeinander eingespielten Mozart-Ensembles, ergänzt durch Protagonisten großer deutscher Opernhäuser, fand sich in zunehmendem Maße die internationale Sängerelite bei den Festspielen ein. Den Anfang machten Italiener wie Cesare Siepi, der durch den Wohllaut seines Basses mit baritonal strahlender Höhe und durch seine blendende Bühnenerscheinung dem Ideal eines Don Giovanni entsprach, und die anmutige Graziella Sciutti, die mit ihren Zofenrollen neue Maßstäbe setzte. Immer häufiger schienen in den Besetzungslisten auch bedeutende Namen aus Osteuropa sowie aus dem anglo-amerikanischen und skandinavischen Raum auf.

Aufgabe von Dirigent und Regisseur ist es, die größtmögliche Homogenität des Zusammenwirkens herzustellen. Vor allem dem Regisseur Günther Rennert gelang es, in seinen dynamischen, von pointierten Details sprühenden Mozart-Inszenierungen eine einheitliche Wirkung zu erzielen. So etwa in der legendären »Così fan tutte« mit Gundula Janowitz, Brigitte Fassbaender, Peter Schreier, Hermann Prey, Dietrich Fischer-Dieskau und der im Mozart-Fach bestens ausgewiesenen Reri Grist.

Neue Impulse für die Mozart-Pflege in Salzburg erhoffte man sich von Meisterregisseur Giorgio Strehler nach seiner originellen, durch Scherenschnitteffekte epochemachenden, musiktheatralisch ausgewogenen Inszenierung der »Entführung aus dem Serail« mit dem als idealen Mozart-Tenor gerühmten Fritz Wunderlich. Die ab 1974 geplante zyklische Aufführung der großen Mozart-Opern mit Strehler und Herbert von Karajan als Dirigent scheiterte jedoch schon beim ersten Versuch – mit der in den Ansätzen hochinteressanten »Zauberflöte« – am Machtkampf zweier so genialer Künstlerpersönlichkeiten.

War und ist man gerade in Salzburg bemüht, für die Einstudierung der Bühnenwerke Mozarts die weltweit besten Vertreter ihres Faches – die sich die Dirigenten und Regisseure oft auch im Hinblick auf eine Platteneinspielung oder Fernsehaufzeichnung wünschen – zu verpflichten, so erregten auch immer wieder Sensationsbesetzungen Aufmerksamkeit. Prominente Sänger, die man a priori nicht mit Mozart verbindet, fügten sich hier nahtlos in das Zusammenspiel mit erfahrenen Mozart-Interpreten ein. Leontyne Price war unter Herbert von Karajan eine fulminante Donna Anna, Nicolai Ghiaurov unter seiner Leitung ein faszinierender Don Giovanni, Agnes Baltsa unter Riccardo Muti und Michael Hampe eine hinreißende Dorabella mit südländischem Temperament, Tenorstar Luciano Pavarotti unter James Levine und Jean-Pierre Ponnelle ein durch Disziplin und künstlerisches Einfühlungsvermögen überzeugender Idomeneo.

Ponnelle, dem leidenschaftlich besessenen, ungemein phantasievollen und kreativen Theatermann, der auch sein eigener Ausstatter war, hat Salzburg eine Reihe exemplarischer Mozart-Inszenierungen zu verdanken. In kongenialer Zusammenarbeit mit dem Dirigenten James Levine scheute er sich auch nicht, mit einem weitgehend Mozart-unerfahrenen Ensemble zu arbeiten oder einen nicht arrivierten Sänger als Idealbesetzung für sein Aufführungskonzept zu entdecken. Für die »Zauberflöte« wählte das Team Ponnelle/Levine aus vielen Bewerbern Christian Boesch aus, der sich mit seinem liebenswerten, naturburschenhaften Papageno schlagartig einen großen Namen machte und gleich nach seinem Salzburg-Debüt zum begehrtesten Interpreten dieser Partie in Europa und Übersee wurde.

In den letzten Jahren ist ein neuer, mit der traditionellen Aufführungspraxis brechender Typus von Sängern herangewachsen. Aus Sängern werden immer mehr singende Darsteller. So verpflichtete Regisseur Johannes Schaaf gemeinsam mit Horst Stein für die letzte Festspielproduktion der »Entführung« relativ junge Künstler mit vielversprechenden Mozart-Stimmen, die aber auch bereit waren, eine völlig neue Deutung dieser Oper mit enormem körperlich-akrobatischen Einsatz zu erarbeiten.

Die bei den Festspielen verpflichteten Sänger kommen in der Regel für einige Wochen nach Salzburg, um hier, gemeinsam mit dem Dirigenten und Regisseur, in ausreichender Probenzeit ihre Partie neu einzustudieren oder sich überhaupt zum ersten Mal mit ihr auseinanderzusetzen. Das Konzept einer Inszenierung, dem sich auch große Sängerpersönlichkeiten eingliedern, wird durch keine Ad-hoc-Umbesetzung, wie sie der übliche Opernalltag notwendigerweise mit sich bringt, zerstört. Bei Wiederaufnahmen einer Inszenierung findet sich das Ensemble wiederum zu intensiver Zusammenarbeit bis hin zur Generalprobe ein.

Die vorliegende Bilddokumentation ist als eine Hommage an die großen Sängerpersönlichkeiten zu verstehen, die seit nunmehr siebzig Jahren unter der Leitung weltbester Dirigenten und Regisseure wesentlich dazu beitrugen, die Aufführungen von Mozart-Opern bei den Salzburger Festspielen zu Sternstunden zu machen. Ursprünglich als Begleitbuch zur gleichnamigen Ausstellung gedacht, die die Salzburger Max Reinhardt-Forschungs- und Gedenkstätte als Beitrag zum Mozart-Jahr zusammenstellte, ist aufgrund der Fülle des weitgehend unbekannten Bildmaterials die Idee zu diesem repräsentativen Band entstanden.

Präsentiert werden die Sänger der Hauptpartien der bei den Salzburger Festspielen gezeigten Mozart-Opern – gegliedert nach der Chronologie ihrer Aufführungen: »Don Giovanni«, »Così fan tutte«, »Le nozze di Figaro« und »Die Entführung aus dem Serail« ab 1922, »Die Zauberflöte« ab 1928, »La clemenza di Tito« ab 1949, »Idomeneo« ab 1951 sowie die Jugendopern »La finta semplice«, »Lucio Silla«, »La finta giardiniera«, »Ascanio in Alba«, »Zaide«, »Bastien und Bastienne« und »Mitridate, re di Ponto« ab 1960.

Das Bildmaterial stammt hauptsächlich aus den Fotoarchiven Ellinger und Anny Madner sowie von Hildegard Steinmetz, Winfried Rabanus, Photo Weber und Margit Münster, die als offizielle Fotografen der Salzburger Festspiele Zugang zu den Proben hatten. Die Aufnahmen, die die Künstler auf dem Weg zum Festspielhaus, bei ihrer Arbeit mit Dirigenten und Regisseuren, während einer Probenpause, vor allem aber in prägnanten Rollen- und Szenenfotos zeigen, rufen die Erinnerung an große Sängerpersönlichkeiten unseres Jahrhunderts wach. Sie verweisen auf die Entwicklung so mancher Sänger, die sich in Salzburg vorerst in kleineren Aufgaben vorstellten, um sich bald in Hauptpartien bewähren zu können. So debütierte hier Maria Cebotari 1931 als Erster Knabe in der »Zauberflöte«, um wenige Jahre später zur Zerlina, Konstanze oder »Figaro«-Gräfin zu avancieren. Lucia Popp und Ileana Cotrubas standen hier ebenfalls als Erster beziehungsweise Zweiter Knabe auf der Bühne, ehe sie zur gefeierten Festspiel-Pamina wurden.

Auch der Rollenwechsel einzelner Sänger ist interessant. So etwa bei Jarmila Novotna, dem vielumschwärmten Liebling der dreißiger Jahre. Sie sang in Salzburg zuerst die »Figaro«-Gräfin, um – ganz unüblich – erst danach den Cherubino zu übernehmen. Reizvoll ist der Vergleich einer bestimmten Partie in unterschiedlichen Besetzungen und in verschiedenen Inszenierungen, wobei der Wandel in Geschmack und Aufführungsstil deutlich wird.

Den 337 Aufnahmen – davon 17 in Farbe – sind Zitate aus Kritiken namhafter Rezensenten beigegeben, die als Zeugen der Vorstellungen die Sängerleistungen kurz charakterisieren.

Konnte im Hauptteil des Buches auch nicht jede Inszenierung der genannten Mozart-Opern berücksichtigt werden, so sind diese komplett im Anhang festgehalten. Dieser bringt alle Besetzungslisten in präziser Unterscheidung der Aufführung des jeweiligen Werkes in deutscher bzw. italienischer Originalsprache und mit der Angabe, ob es sich dabei um die Übernahme einer Produktion oder eine Neuinszenierung handelt. Darauf folgen eine Aufstellung der wesentlichen Partien und ihrer Sänger sowie eine alphabetische Auflistung der führenden Sänger mit ihren Mozart-Partien bei den Salzburger Festspielen. Eine themenbezogene Diskographie und ein Namenregister vervollständigen den umfangreichen Anhang, der in seiner wissenschaftlichen Aufbereitung als Nachschlagekomplex zu verstehen ist.

Salzburg/Wien, März 1991

Edda Fuhrich
Gisela Prossnitz

Don Giovanni

Don Juan

Stadttheater 1922, 1925–1927
Dirigent: Richard Strauss/Carl Alwin 1922, Karl Muck 1925, Franz Schalk 1926, 1927
Regie: Hans Breuer 1922, 1925, Marie Gutheil-Schoder 1926, Josef Hietz 1927
Bühnenbild: Alfred Roller

Eine prachtvolle, bis ins kleinste Detail durchgearbeitete Gesangsleistung bot *Hans Duhan.* Er gibt nicht den Don Juan der landläufigen Vorstellung, den unwiderstehlichen Bravoursänger mit gepflegtem blonden Spitzbart. ... Um so mehr ist er Mozarts Don Juan. Den Frauen gegenüber erscheint er in dreierlei Gestalt: ritterlich, chevaleresk naht er sich Donna Anna, sorgloser, immerhin mit noch fühlbarem Respekt Elviren, ungestüm, unverhüllt erotisch aber umfaßt er die kleine Zerline. ... Aller Lebenswille, wie er in der Champagnerarie auflodert, liegt in *Duhans* bis zum hohen A gesteigerten »Nein«, wenn der steinerne Gast sein »Bereue« donnert.
Neue Freie Presse, Wien, 17.8.1922, unbezeichnet

Hans Duhan (Don Juan)

Links: Richard Tauber (Don Ottavio). 1926

Rechts: Adele Kern (Zerline), Viktor Madin (Masetto). 1927

... die B-Dur-Arie war der blendendste Beweis für die eminente Gesangskunst des Herrn *Tauber,* für seine Fähigkeit, Töne zu binden und zu färben, Phrasen mit langem Atem zu meißeln und die Kantilene dramatisch zu beleben, ohne die Linie zu stören. Vielleicht waren nur die Rezitative zu weichlich angefaßt. Im übrigen will *Taubers* Ottavio keine passive Natur sein.
Neue Freie Presse, Wien, 17. 8. 1922, unbezeichnet

Unter den Damen steht *Claire Borns* Elvira an erster Stelle, eine gerundete, vollkommene Leistung. *Maria Németh* bringt als Donna Anna ihr herrliches Organ und ihre vornehme Erscheinung wirksam zur Geltung. Die tragische Größe, die leidenschaftliche, racheerfüllte Bewegtheit der Gestalt besitzt sie heute noch nicht ganz.
Neue Freie Presse, Wien, 19. 8. 1926, Hermann Ullrich

Links: Claire Born (Donna Elvira). 1926

Rechts: Maria Németh (Donna Anna). 1926

Nicht minder großartig der Leporello *Richard Mayrs*. Einwandfrei und wundervoll wie immer in seinem Singen, ist er nun auch mit dem Humor der Rolle eins geworden, und seine geistige Beweglichkeit ist verblüffend. Aber dieser Leporello ist beileibe nicht der Hanswurst der Komödie, der nur für die Heiterkeit der Zuschauer zu sorgen hat. Sein Lachen streift tragische Schatten, und inmitten seiner Schelmenstreiche wird er von bösen Ahnungen befallen. Nach der mit unvergleichlicher Pointierung vorgetragenen Registerarie umbrauste minutenlanger Beifall den großen Künstler.
Neue Freie Presse, Wien, 17. 8. 1922, unbezeichnet

Richard Mayr (Leporello)

Don Giovanni

Festspielhaus 1934–1937
Dirigent: Bruno Walter
Regie: Karl Heinz Martin
Bühnenbild: Oskar Strnad

Dusolina Giannini (Donna Anna) mit Bruno Walter. 1936

Die Donna Anna ist *Dusolina Giannini,* eine kleine südländische Frau, mit dem glänzenden schwarzen Haar, dem blassen italienischen Gesicht, den dunklen Augen, eine anziehende Erscheinung. Der Gesangston ist bei der interessanten Sängerin ein Produkt von Willen und Geist. Er wird mit Energie geformt, die Gesangphrase in der metallischen Stimme mit Intensität und Bewußtsein gestaltet.
Der Wiener Tag, 30. 7. 1936, unbezeichnet

Karl Ettl, Mariano Stabile, Dusolina Giannini, Virgilio Lazzari, Dirigent Bruno Walter u.a. bei einer Probenbesprechung. 1936

Ezio Pinza ist ein bedeutender Darsteller des Don Giovanni. Sein Verführer hat keine dämonischen Züge, er ist der leichtsinnige, junge Frauenverführer, das elegante Liebes-Schlieferl, das Verführung aus Liebhaberei betreibt. Die große, dunkle Baritonstimme *Pinzas* ist beweglich, hat schmeichlerische Halbtöne, für das Champagnerlied alle erwünschte Leichtigkeit und für die Schlußszenen starke und stärkste Akzente.
Neues Wiener Tagblatt, 7. 8. 1934, Max Graf

Pinza ist wohl überhaupt derzeit der berückendste Don Giovanni, als Sänger ein Virtuose im besten Sinne: Champagner-Arie, Ständchen, das Duo mit dem Gouverneur – alles glüht in dramatischer Schlagkraft!
Wiener Zeitung, 5. 8. 1937, unbezeichnet

Ein Don Giovanni ohne Dämonie und Pose, interessant durch das vollkommen naive Sich-Geben, durch die Natürlichkeit seiner Grazie, durch ein kräftig mannbares Organ, eine gewinnende Erscheinung, ist *Ezio Pinza.*
Allgemeine Musikzeitung, Wien, 7. 9. 1934, g.p.

Ezio Pinza (Don Giovanni)

Luise Helletsgruber, die oft gewürdigte, immer wieder eindrucksvolle Donna Elvira, auch sie war getragen von der Leidenschaft und Glut der Walterschen Interpretation.
Wiener Zeitung, 5. 8. 1935, unbezeichnet

Frau *Helletsgrubers* Donna Elvira hat wieder wirklich dramatische Schlagkraft und wahre Intensität im gesanglichen Ausdruck.
Wiener Zeitung, 31. 7. 1936, unbezeichnet

Luise Helletsgruber (Donna Elvira). 1935

Virgilio Lazzari (Leporello), Ezio Pinza (Don Giovanni). 1934

Pinza entwaffnet durch die Natürlichkeit seiner Person, und er rückt die Gestalt aus der Sphäre der Überlebensgröße in die der Popularität, eine Volksfigur, wie sein Don Giovanni, immer zu Späßen geneigt, immer auf Abenteuer versessen. ...
Virgilio Lazzari gibt einen köstlich durchtriebenen Leporello, der ohne hervorragendes Organ alles schafft, was die Rolle an Kantilene, Humor und Zungenfertigkeit verlangt. ...
Auf besonderem Niveau fanden wir auch *Dino Borgiolis* Ottavio: römisch-adelig in Geste und Ausdruck, von ungewöhnlichem Geschmack im lyrischen Vortrag, bei eigentlich nicht phänomenalen Mitteln. ...
Die Zerlina der Frau *Schöne* hat alle Mozart-Anmut im Gesang.
Neues Wiener Tagblatt, 5. 8. 1934, Max Graf

Herr *Ettl* war wieder ein braver, gutmütiger, seinen Part schön singender Masetto.
Wiener Zeitung, 31. 7. 1936, unbezeichnet

Links: Dino Borgioli (Don Ottavio). 1934

Rechts: Karl Ettl (Masetto), Lotte Schöne (Zerlina). 1934

Don Giovanni

Festspielhaus
1938, 1939
Dirigent:
Karl Böhm 1938,
Clemens Krauss 1939
Regie: Wolf Völker
Bühnenbild:
Robert Kautsky

Maria Cebotari (Zerlina) in der Garderobe. 1938

Don Ottavio war heuer *Anton Dermota.* Mit ihm steht einer unserer hoffnungsvollsten lyrischen Tenöre auf der Bühne. Wohltuend wirkt die unverbrauchte Frische seiner Stimme, die mühelos die Höhe nimmt und edel bestrebt ist, dem starken Gefühlsausdruck seiner Arien gerecht zu werden.
Salzburger Landeszeitung, 26. 7. 1938, A. Haslinger

Als Donna Elvira findet *Luise Helletsgruber* mit ihrem schönen Sopran die wahren Töne ergreifender Liebe. Großartig die Rache heischende Donna Anna *Elisabeth Rethbergs.* Eine überlebensgroße Erscheinung der Trauer, ergreifend, wie sie ihr Recht als Tochter geltend macht. Die schneidende dramatische Schärfe dieser Stimme besitzt die Größe echter Tragik.
Neues Wiener Tagblatt, 26. 7. 1938, unbezeichnet

Anton Dermota (Don Ottavio), Luise Helletsgruber (Donna Elvira), Elisabeth Rethberg (Donna Anna). 1938

Ganz hervorragend *Ezio Pinza* als Don Giovanni. *Pinza* ist ein Künstler allergrößten Formats. Eine bezwingende Persönlichkeit. Die Stimme ist mächtig, schön timbriert und zeugt von hoher Kultur. Ihr Ton lockt, schmeichelt, kost, zürnt, kann aber auch zur höchsten Kraft und Wucht gesteigert werden. Das Parlando ist unglaublich leicht und fließend. Es ist bei ihm alles für eine meisterhafte Gestaltung dieser Opernfigur vorhanden: Persönlichkeit, Geist, Eleganz und Charme. Ein Don Giovanni wie er sein soll.
Neues Wiener Journal, 27. 7. 1938, Richard Winter

Maria Cebotari bringt für die Zerlina ein entzückendes Figürchen mit, das es Don Giovanni angetan hat. Dazu singt sie glockenrein wie ein Engel und bewegt sich mit unnachahmlicher Grazie auf der Bühne.
Münchner Neueste Nachrichten, 26. 7. 1938, Josef Magnus Wehner

Die Zerlina der *Frau Cebotari,* anmutig, niedlich, spielbewegt, liegt in der fülligen schönen Stimme gebettet. Es gibt Zerlinen mit schlankerer, aber keine mit innigerer und anmutigerer Stimme.
Neues Wiener Tagblatt, 10. 8. 1939, Otto Fritz Beer

Ezio Pinza (Don Giovanni), Maria Cebotari (Zerlina). 1938

Don Giovanni

Festspielhaus 1946
Dirigent: Josef Krips
Regie: Oscar Fritz Schuh
Bühnenbild: Robert Kautsky

Links: Anton Dermota (Don Ottavio)

Rechts: Regisseur Oscar Fritz Schuh

Schön abgerundet ist die Leistung *Anton Dermotas* als Don Ottavio. Seine Stimme verrät Kultur, seine Vortragsweise Geschmack. Seine beiden Arien waren kleine Kabinettstücke. Fast möchten wir behaupten, daß er den Geist Mozarts am reinsten von allen Mitwirkenden lebendig machte. ...
Von den Damen bestrickte *Hilde Güden* als Zerlina. Sie besitzt eine schön gebildete Stimme, die leicht dahinströmt und in jeder Lage gleich anspricht. Spiel und Bewegung sind frei und aufgelockert, wozu noch die Anmut ihres Wesens kommt.
Salzburger Nachrichten, 3. 8. 1946, Viktor Reimann

Links: Maud Cunitz (Donna Elvira)

Rechts: Hilde Güden (Zerlina)

Hans Hotters Don Giovanni ist eine Renaissancefigur von großem Format. Die nachtwandlerische Sicherheit, mit der er die Partie beherrscht, verleiht seinem Spiel und seinem Gesang volle Unabhängigkeit sowohl im atemberaubenden Tempo der Rezitative, wie in den Gesangstellen, und der spontane Beifall nach der Champagnerarie war der Dank an einen Virtuosen, der über die Kunstfertigkeit die Kunst nicht vergißt.
Welt am Montag, Wien, 4. 8. 1946, A.N.

Hans Hotter als Don Giovanni: eine in der Auffassung überraschende Leistung. Sein Don Giovanni ist ein Gewaltmensch, ... ist von hinreißender Wildheit und Dynamik. Galant überhaupt nicht. Wenn dieser Don Giovanni nicht gerade mit Mord und Totschlag beschäftigt ist, liebt er. Es ist aber, im Grunde genommen, für ihn das gleiche. Er liebt nur, um zu vernichten. Stimmlich wird die gleiche Linie eingehalten, wie dieser durchaus ehrliche und große Künstler seine reichen Mittel immer und ohne Rücksicht auf irgendwelche Konzessionen in den Dienst der Sache stellt. In den Dienst seiner Sache, die ihm innere Notwendigkeit ist.
Weltpresse, Wien, 2. 8. 1946, Franz Tassié

Hans Hotter (Don Giovanni)

Don Giovanni

Festspielhaus 1950
Dirigent: Wilhelm Furtwängler
Regie: Oscar Fritz Schuh
Bühnenbild: Clemens Holzmeister
Kostüme: Caspar Neher

Ljuba Welitsch (Donna Anna) mit Wilhelm Furtwängler

Die Zerlina singt *Irmgard Seefried,* süß und zärtlich im Spiel, innig im Ausdruck. Sie läßt die Stimme voll und frei ausströmen. Jeder Ton, jede Phrase eine Probe vollendeter Gesangskunst.
Die Presse, Wien, 29. 7. 1950, Heinrich Kralik

Irmgard Seefried (Zerlina) in einer Probenpause

Ljuba Welitsch ist mit der Leuchtkraft und dem elementaren Elan ihres Soprans geradezu prädestiniert, als Donna Anna die wichtigste Gegenspielerin Don Giovannis zu sein. Sie ist ebenso ausgezeichnet, wenn sie im ersten Akt Heroinenleidenschaft aufflammen läßt, wie wenn sie am Schlusse den Aufruhr der Empfindungen im stilvollen Kunstgesang des »Non mi dir« sublimiert.
Die Presse, Wien, 29. 7. 1950, Heinrich Kralik

Die Donna Anna wurde in ihrer feurigen und sensiblen Gestaltung durch *Ljuba Welitsch* eine neue Gestalt auf der Opernbühne, so elementar und einprägsam, daß ein New Yorker Kritiker schreiben konnte: »Wenn Mozart heute lebte und diese Sängerin sehen und hören könnte, würde er seiner Oper nicht den Titel ›Don Giovanni‹, sondern ›Donna Anna‹ geben!«
Neue Wiener Tageszeitung, 15. 8. 1950, Ernst Wurm

Ljuba Welitsch (Donna Anna)

Elisabeth Schwarzkopf als Donna Elvira. Mit einem Schuß echter Empfindung und einem Schuß unverblümter Selbstpersiflage, vor allem aber mit einem schönen Maß sauber und klug eingesetzter Stimmittel, gestaltet sie die heikle Figur der verlassenen Geliebten zu einem lebendigen Stück Schicksal.
Neue Wiener Tageszeitung, 29. 7. 1950, Alexander Witeschnik

Was auf der Bühne geschah, war zum Großteil menschlich ergreifendes Drama. ... Das Verdienst darum muß man den Schauspieler-Sängern zuschreiben, die allesamt bestrebt waren, die ideale Verbindung von Stimmkunst und Schauspielkunst herzustellen. ... Am besten glückte dies ohne Zweifel bei ... *Elisabeth Schwarzkopf* als Donna Elvira. Da schien jeder einzelne Zug durchdacht und doch erlebt, es gab keinen Leerlauf und keine Spielpause.
Die Furche, Wien, 26. 8. 1950, Hans Rutz

Elisabeth Schwarzkopf (Donna Elvira)

Die Titelrolle war traditionsgemäß einem Italiener, *Tito Gobbi,* anvertraut worden. Wenn er sich auch durch Eleganz und gute Stimmführung auszeichnete, konnte er doch die Erinnerung an seinen Vorgänger und Landsmann *Ezio Pinza nicht ganz verdrängen.*

Österreichische Musikzeitschrift, Wien, 1950, Heft 9, Gustav Pichler

Den Intentionen der Regie am nächsten kommt der italienische Gast *Tito Gobbi* in der Titelrolle. Das ist kein Dämon, der die Frauen bannt, sondern ein Genießer, der sich flott durch das Leben schlemmt: eine wirkliche Dekamerone-Figur mit all ihrer unproblematischen Flächigkeit.

Neue Wiener Tageszeitung, 29. 7. 1950, Alexander Witeschnik

Tito Gobbi ist in erster Linie ein singender Don Giovanni. Sein prächtiger Bariton besitzt alle warmen, sinnlichen und verführerischen Klangfarben, die zum Wesen und Charakter einer Titelfigur gehören. Sein Spiel hat Bewegung und Natürlichkeit...

Die Presse, Wien, 29. 7. 1950, Heinrich Kralik

Tito Gobbi (Don Giovanni)

Don Giovanni

Felsenreitschule 1953, 1954, 1956
Dirigent: Wilhelm Furtwängler 1953, 1954, Dimitri Mitropoulos 1956
Regie: Herbert Graf
Bühnenbild: Clemens Holzmeister
Kostüme: Rolf Gérard

Wilhelm Furtwängler bei einer Klavierprobe in der Felsenreitschule. 1953

Links: Bühnenbildner Clemens Holzmeister und Regisseur Herbert Graf vor der Dekoration. 1954

Rechts: Cesare Siepi vor dem Festspielhaus. 1956

Zum Glück hat die Salzburger Aufführung einen jungen Don Giovanni, der ein Kavalier ist und mit dem Gesicht eines verwegenen Eroberers auf die Welt schaut: *Cesare Siepi*. ... Der schöne, warme Baßbariton *Siepis* hat viele Töne: den Ton des vornehmen Dialogs, den der zärtlichen Verführung, den einer feinen, überlegenen Komik, das natürliche Parlando, das plaudert, scherzt, spielt, und in der Champagnerarie ein wahrhaft dämonisches Feuer im mutigen Ton. Man wird nicht so leicht einen Don Giovanni finden, der die Bühne so beherrscht wie *Siepi*.

Weltpresse, Wien, 9. 7. 1953, Max Graf

Cesare Siepi (Don Giovanni). 1953

Erna Berger (Zerlina), Cesare Siepi (Don Giovanni). 1954

Zum Besten zählt auch die Stimme *Erna Bergers,* der Zerlina, die mit glasklaren Koloraturen nicht nur dem mit schönem Erfolg in Salzburg debütierenden *Walter Berry,* ihrem Masetto, den Kopf verdrehte. ... Das Beste: das war zweifellos der Don Giovanni *Cesare Siepis,* des Baritons der Metropolitan Opera, der ein herrlicher Sänger und ein blendender Spieler ist, dem man sein frivoles Spiel mit den Frauen, seinen zeitgebundenen Charme und nicht ganz seine zeitlose Größe glaubt, ein Giovanni, der sogar an *Ezio Pinza* denken läßt.
Wiener Kurier, 28. 7. 1953, Rudolf Klein

Rita Streichs Zerlina war zu colombinenhaft, wirkte ansonsten graziös und liebreizend und stattete die Partie, die eigentlich eine in der Mittellage ergiebige lyrische Stimme erfordert, mit einigen Ziergesanglichtern aus.
Neuer Kurier, Wien, 25. 7. 1956, Herbert Schneiber

Rita Streich (Zerlina), Cesare Siepi (Don Giovanni). 1956

Eine Offenbarung *Léopold Simoneau* als Ottavio: Mozart-Gesang von solcher Schönheit und Mühelosigkeit, solcher Kultur und Herzenswärme zählt wahrhaftig zu den Festgeschenken. *Elisabeth Grümmer* als Donna Anna, eine herrliche Sängerin mit strömender Empfindung in der fraulich timbrierten, selbst in dramatischen Akzenten weich und rund klingenden Stimme, eine Künstlerin, um die man Berlin beneiden darf.

Neuer Kurier, Wien, 25. 7. 1956, Herbert Schneiber

Elisabeth Grümmer ist – endlich – eine mädchenhaft zarte, junge Donna Anna, keine rachesprühende Virago, zärtlich, anlehnungsbedürftig, schön singend. Goldoni nennt sie »Leggiera«.

Neues Österreich, Wien, 29. 7. 1953, Hermann Ullrich

Léopold Simoneau (Don Ottavio), Elisabeth Grümmer (Donna Anna). 1956

Otto Edelmann (Leporello),
Elisabeth Schwarzkopf (Donna Elvira).
1953

Otto Edelmann sang den Leporello: stimmlich hervorragend, schauspielerisch wohldurchdacht, mehr in der Art eines Sancho Pansa als in der wohlvertrauten und beliebten eines Wiener Komödianten.
Wiener Kurier, 28. 7. 1953, Rudolf Klein

Die vollkommenste Leistung des Abends bietet *Elisabeth Schwarzkopf* als Elvira. Schönheit, Technik, Ausdrucksfähigkeit der Stimme, Stil und Vortrag, die Verteilung der künstlerischen Werte und Maße, die Harmonie in Erscheinung, Haltung und Bewegung, das alles wirkt geschmeidig zusammen und schafft, innerlich und äußerlich, etwas völlig Ausgeglichenes.
Die Presse, Wien, 29. 7. 1953, Heinrich Kralik

Die Neubesetzungen: *Lisa Della Casa* ist eine schöne Donna Elvira, ihr Sopran hat bezaubernden Wohlklang, doch gibt sie die Rolle lyrischer als gewohnt.
Salzburger Volksblatt, 26. 7. 1956, Berta Hehn

Neu *Fernando Corena* als Leporello: kein profunder, mächtiger Baß, aber ein sonores Organ, das delikat behandelt wird. Humor, Delikatesse und Intelligenz zeichneten auch sein Spiel aus.
Neuer Kurier, Wien, 25. 7. 1956, Herbert Schneiber

Lisa Della Casa (Donna Elvira),
Fernando Corena (Leporello).
1956

Dimitri Mitropoulos am Dirigentenpult. 1956

Das Publikum hat mit Recht die Interpreten ausgiebig und herzlich gefeiert. ... *Lisa Della Casas* Donna Elvira hat Persönlichkeit und Format. ... *Fernando Corena* hat ausgezeichnet gesungen, er stellt die Gestalt des Leporello vollsaftig, fast derb auf die Bühne und läßt sich auf keine verfeinerte, psychologische Gestaltung ein. Dagegen wirkt *Rita Streich* als Zerlina feinsinnig und nuancierend. *Walter Berry* (Masetto) macht vor, wie man Mozart singen und gleichzeitig ein ganzer Mensch auf der Bühne sein kann.

Das kleine Volksblatt, Wien, 26. 7. 1956, unbezeichnet

Lisa Della Casa (Donna Elvira), Rita Streich (Zerlina), Walter Berry (Masetto), Fernando Corena (Leporello) im Finale. 1956

Don Giovanni

Altes Festspielhaus 1960, 1961
Dirigent: Herbert von Karajan
Regie: Oscar Fritz Schuh
Bühnenbild: Teo Otto
Kostüme: Georges Wakhevitch

Herbert von Karajan bei seiner Ankunft im Festspielhaus. 1961

Regisseur Oscar Fritz Schuh mit Eberhard Waechter. 1961

Walter Berry, Wilma Lipp, Oscar Fritz Schuh und Eberhard Waechter während einer Probenpause. 1961

Der Don Giovanni von 1960 ist *Eberhard Waechter.* Er hat große Vorgänger und Kollegen, aber er zeigt eigenes Format für diese stolzeste Aufgabe eines Sängerdarstellers. Ein fiebernder Abenteurer mit brennenden Augen und voller Witterungen, die er heißen Herzens oder zynisch quittiert. ... Dem feinnervigen Geist der Darstellung entspricht eine blendende deklamatorische Fähigkeit, die um keinen Ausdruck verlegen ist, zu fesseln, abzuweisen oder herauszufordern. Die Stimme des Helden ist nicht die größte, aber geschliffen und wendig genug, um von Glanz und Palette einiges wettzumachen. ... Künstlerisch ebenbürtig macht der Leporello von *Walter Berry* Furore mit einer stimmlich wie darstellerisch großartigen Leistung. Man darf ihn als die derzeit beste und treffendste Verkörperung dieser Rolle einschätzen.

Salzburger Nachrichten, 5. 8. 1960, Max Kaindl-Hönig

Walter Berry (Leporello), Eberhard Waechter (Don Giovanni). 1960

Das Ereignis des Abends ist *Leontyne Price* als Donna Anna, mag sie auch mit der umwerfenden Wildheit ihres Ausdrucks, mit der Naturbelassenheit ihrer Gefühlskraft ihren technisch und musikalisch makellos geformten Gesang bisweilen hart an die Grenze dessen treiben, was man hierzulande Mozart-Stil nennt – das Elementare, das auch in den wunderbar gebundenen Lyrismen ihres Singens spürbar bleibt, ist so faszinierend wie das Timbre der Stimme. Und jeder Einwand verstummt.
Kurier, Wien, 4.8.1960, Herbert Schreiber

Eine Stimme wie die *Leontyne Prices* ist für die Hochdramatik der Donna Anna ein Novum. Diese Amerikanerin steht auf der Szene wie eine zauberkundige Dämonin. Sie kommt zu immer vollendeterem Belcanto, immer strahlenderem Diskantklang, immer leuchtenderem Ausdruck. Wie sie eine Melodie ansetzt, steigert, phrasiert, wie sie hörbar das Gesungene erlebt, das wird in den Arien und Ensembles zum großen vokalen Ereignis des Abends.
Frankfurter Allgemeine Zeitung, 9.8.1960, Hans Heinz Stuckenschmidt

Cesare Valletti legt den Ottavio als ausgesprochenen Schönsänger an, bleibt blaß und farblos, wie es oft das Los dieser Rolle ist.
Münchner Merkur, 5.8.1960, Helmut Schmidt-Garre

Cesare Valletti (Don Ottavio), Leontyne Price (Donna Anna). 1960

Elisabeth Schwarzkopf als Donna Elvira. Die große Künstlerin übertrifft mit ihrer heutigen Gestaltung ihre eigene Leistung als Elvira bei den Salzburger Festspielen Anfang der fünfziger Jahre. Darstellerisch zeichnet sie diese Figur nun mit Wahrhaftigkeit des Gefühls. ... Der Gesang ist in Ausdruck und Farbigkeit, in den mannigfachsten Schattierungen des dramatischen Pathos, der Kantilene und einer suggestiven mezza voce von geheimnisvoller Empfindungstiefe wohl auf einer höchsten künstlerischen Stufe angelangt. Daß sich damit innere Reife und ästhetische Verfeinerung ebenmäßig paaren, macht den ganzen Genuß des Erlebnisses dieser überragenden Frauenpersönlichkeit aus.

Salzburger Nachrichten, 5. 8. 1960, Max Kaindl-Hönig

Eine Zerlina schließlich von unwiderstehlicher Koketterie in Spiel und Gesang ist *Graziella Sciutti,* eine atemberaubende Gestochenheit des Parlando geht ihr von den Lippen.

Münchner Merkur, 5. 8. 1960, Helmut Schmidt-Garre

Graziella Sciutti (Zerlina), Elisabeth Schwarzkopf (Donna Elvira). 1960

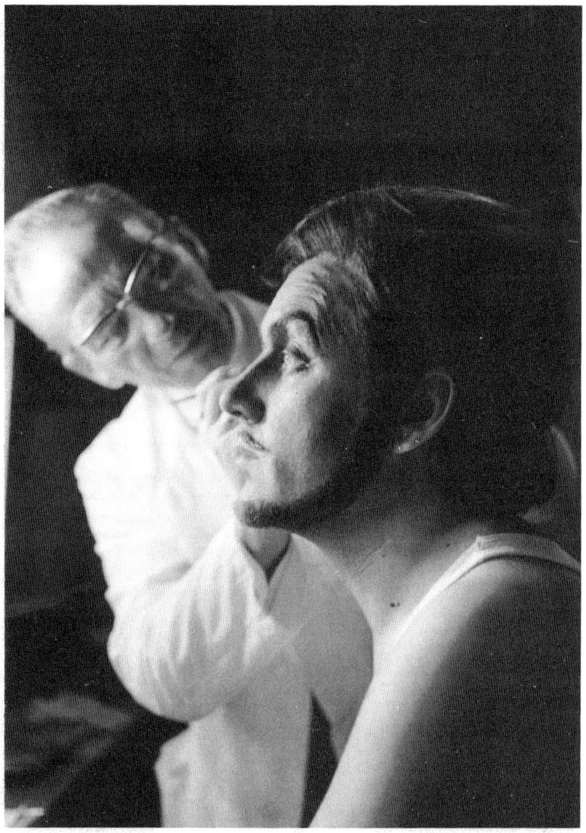

Don Giovanni

Großes Festspielhaus 1968–1970
Dirigent und Regie: Herbert von Karajan
Bühnenbild: Günther Schneider-Siemssen
Kostüme: Georges Wakhevitch

Links: Mirella Freni (Zerlina) in der Garderobe. 1968

Rechts: Nicolai Ghiaurov (Don Giovanni) beim Schminken. 1968

Gundula Janowitz als Donna Anna ist in diese schwere Partie großartig hineingewachsen, ihr voluminöser Sopran strahlt Glanz, Feuer und Temperament aus. ... Gleich ihr bestach die polnische Sopranistin *Teresa Zylis-Gara* als Elvira durch glänzende stimmliche Mittel und hohe Gesangskultur. ...
Alfredo Kraus singt einen sehr lyrisch empfundenen, vorbildlich phrasierenden Don Ottavio.
Süddeutsche Zeitung, München, 29. 7. 1968, Karl Heinz Ruppel

Rolando Panerai (Masetto), Geraint Evans (Leporello), Gundula Janowitz (Donna Anna), Teresa Zylis-Gara (Donna Elvira), Herbert von Karajan, Günther Schneider-Siemssen, Nicolai Ghiaurov (Don Giovanni), Georges Wakhevitch, Mirella Freni (Zerlina), Alfredo Kraus (Don Ottavio) beim Schlußapplaus. 1969

Noch nie habe ich in einer »Don Giovanni«-Inszenierung einen Titelhelden erlebt, der mit einer derart selbstbewußten Unwiderstehlichkeit, playboyhaft-lässig und zugleich zynisch-brutal seine Verführungskünste spielen läßt wie *Nicolai Ghiaurov*. Er gibt sich weniger dämonisch als herrisch-siegesbewußt, seiner erotischen Ausstrahlung sicher. ... Stimmlich beherrscht dieser phänomenale Sänger die virtuose Kunst des dramatischen Ausdrucks in allen Schattierungen, brilliert nicht nur in der hinreißend locker gesungenen Champagner-Arie, sondern auch im vokalen Dialog und geschmeidigsten Rezitativ-Parlando.
Hamburger Abendblatt, 29. 7. 1968, Sabine Tomzig

Mirella Freni als Zerlina: Ein Idealfall von süßester, lieblicher und mit höchster Kunst in Töne umgesetzter Verführbarkeit.
Süddeutsche Zeitung, München, 29. 7. 1968, Karl Heinz Ruppel

Mirella Freni singt ihre Zerlina musikalisch unerhört gleichmäßig und ausgewogen, mit einer Leichtigkeit, die doch nichts Soubrettenhaftes hat.
Frankfurter Allgemeine Zeitung, 29. 7. 1968, Friedrich Hommel

Mirella Freni (Zerlina), Nicolai Ghiaurov (Don Giovanni). 1968

Don Giovanni

Kleines Festspielhaus 1977, 1978
Dirigent: Karl Böhm
Regie, Bühnenbild und Kostüme:
Jean-Pierre Ponnelle

Jean-Pierre Ponnelle und Karl Böhm bei einer Klavierprobe. 1977

Anna Tomowa-Sintow als Donna Anna gefiel mit bezwingender Intensität der Darstellung, eine der besten Mozart- und übrigens auch Strauss-Sängerinnen von heute. Ihre instrumental geführte, blühende und doch dramatische Stimme faszinierte.
Allgemeine Zeitung, Mainz, 8.8.1977, Wolf-Eberhard von Lewinski

Peter Schreier (Don Ottavio) vollbrachte als einziger Mitwirkender das Wunder, seinen musikalischen Stimmausdruck mit der Rollen-Ausstrahlung vollkommen zu verschmelzen. Das war ein rein und innig liebender, dabei sehr vernünftiger Edelmann. Wenn er, nobler Rationalist des 18. Jahrhunderts, sich erst einmal davon überzeugt hat, wie die Dinge liegen, dann handelt und singt er, ganz im ruhigen Einklang mit sich selbst, entsprechend und wunderschön.
Süddeutsche Zeitung, München, 3.8.1977, Joachim Kaiser

Anna Tomowa-Sintow, Teresa Zylis-Gara und Peter Schreier bei der Probe. 1977

Edda Moser (Donna Anna). 1978

Edda Moser singt die Donna Anna – fast übermäßig dramatisch in Spiel und Gesang, mit betäubend-intensiven Gefühlsausbrüchen.
Salzburger Volksblatt, 3. 8. 1978, Walter Müller

Sherrill Milnes sang den Giovanni: sehr schlank und drahtig im Auftritt, abschätzig, grandios von der markanten Stimme her. Hier gefielen Kern und Präsenz außerordentlich, auch wenn es auf Kosten von Zwischentönen ging.
Allgemeine Zeitung, Mainz, 8. 8. 1977, Wolf-Eberhard von Lewinski

Sherrill Milnes hat die Alternative des herben Verführers geschafft. Ein Giovanni mit elegant-geschmeidigen Bewegungen, kühl und präsent, dominierend, wo immer er auftaucht.
tz, München, 3. 8. 1977, Beate Kayser

Walter Berry, mehr als zwei Jahrzehnte lang Spezialist für diese Partie, ist immer noch ein fulminanter Leporello mit dunkel getöntem, buffonesk beweglichem Bariton, großer Bühnenpräsenz, . . .
Frankfurter Allgemeine Zeitung, 6. 8. 1977, Gerhard R. Koch

Sherrill Milnes (Don Giovanni), Walter Berry (Leporello). 1977

Don Giovanni

Großes Festspielhaus
1987, 1988, 1990
Dirigent: Herbert von Karajan
1987, 1988,
Riccardo Muti 1990
Regie: Michael Hampe
Bühnenbild und Kostüme:
Mauro Pagano

Samuel Ramey ist Karajans Wunsch-Giovanni. Wo der alles verzehrende Eros walten soll, ein dämonisches Elementarereignis, waltet ein stimmlich bezwingender Kavaliersbariton, rank und schlank, der die triebhafte Eroberung der Weiblichkeit ... eher sportiv betreibt, ...
Augsburger Allgemeine, 28. 7. 1987, Thea Lethmair

Ferruccio Furlanetto hat als Leporello die entsprechenden Buffonuancen parat, ohne sie zu übertreiben. Sein lebhaftes Spiel und sein in gleichem Sinne engagiertes, treffliches Singen ließen keinen Wunsch offen.
Wiener Zeitung, 28. 7. 1987, Norbert Tschulik

Samuel Ramey (Don Giovanni), Ferruccio Furlanetto (Leporello). 1987

Samuel Ramey ist ein jugendlich selbstbewußter Titelheld, der vor allem aus der Einheit von eleganter Erscheinung und schlankkräftigem Bariton wirkt, ein aufrechter Verführer, eher durch das Äußere denn durch inneren Trieb, vor allem im Parlando von hinreißender Präsenz, bei den Arien am überzeugendsten mit einem ehrlichen »la ci darem la mano«. ... *Kathleen Battle:* eine graziöse Zerlina von traumhaft sicherer Musikalität und gestalterischer Feinheit.

Wiesbadener Kurier, 29. 7. 1987, Bruno Russ

Samuel Ramey (Don Giovanni), Kathleen Battle (Zerlina). 1987

Edita Gruberova (Donna Anna). 1990

Die Donna Anna der bemerkenswert ausdrucksstarken *Edita Gruberova* war der Vollendung nahe. Sie hatte den Rezitativstil begriffen und sang auch die heikleren Koloraturen ihrer letzten Arie so ruhig und überlegt, daß sich in wunderbare Musik zurückverwandelte, was oft genug nur wie quälende Kehlkopf-Artistik klingt.
Süddeutsche Zeitung, München, 13. 8. 1990, Joachim Kaiser

Elvira war *Julia Varady,* die in Höchstform disponiert – die Figur zu dem werden ließ, was sie bei Mozart auch ist: die eigentliche Gegenspielerin Giovannis. Sie durchlebte ihre Rolle in allen emotionalen Höhe- und Tiefpunkten, sang und spielte eine ergreifende Frau.
Regensburger Zeitung, 27. 8. 1988, Jörg Riedlbauer

Anna Tomowa-Sintow (Donna Anna), Gösta Winbergh (Don Ottavio), Julia Varady (Donna Elvira). 1987

Die zwischen Rache und Verzweiflung schwankende, vom Charakter her hoch sensibel anzugehende Partie der Donna Anna war bei *Anna Tomowa-Sintows* schwerer, volumenreicher Stimme sehr gut aufgehoben. Die Koloraturen plazierte sie niemals als virtuosen Schnickschnack, sondern als Affektträger zum Ausdruck des Leidens, wie Mozart deren Einsatz auch verstanden hat.

Regensburger Zeitung, 27. 8. 1988, Jörg Riedlbauer

Anna Tomowa-Sintow ließ sich von Karajan zur Hochdramatischen steigern. In diesem Sinne klang ihr Sopran prachtvoll und durchschlagskräftig. ... Sehr kultivierten, klanglich einwandfreien Mozart-Ton schlug *Gösta Winbergh* als Don Ottavio an.

Wiener Zeitung, 28. 7. 1987, Norbert Tschulik

Anna Tomowa-Sintow (Donna Anna), Gösta Winbergh (Don Ottavio). 1987

Così fan tutte

Così fan tutte

Stadttheater 1922, 1928
Dirigent:
Richard Strauss/Carl Alwin 1922,
Bruno Walter 1928
Regie: Hans Breuer 1922,
Ernst Lert 1928
Bühnenbild: Alfred Roller

Frau *Anday* und Frau *Gerhart* sind ein musikalisches Zwillingspaar; ihre Ergänzung und bald wieder ihre Übereinstimmung der Empfindungen, seelischen Veranlagungen, sie wurden in restloser Schönheit, Kunstfertigkeit wiedergegeben; wie sich ihr Scherz und Ernst in musikalischer Situationsmalerei ausdrückte, war meisterhaft.
Wiener Zeitung, 17. 8. 1928, Rudolf Holzer

Oben: Marie Gerhart (Fiordiligi). 1928

Unten: Elisabeth Schumann (Despina). 1922

Rechts: Rosette Anday (Dorabella). 1928

Così fan tutte

Stadttheater 1931,
Festspielhaus 1932–1936
Dirigent: Clemens Krauss 1931–1934,
Felix von Weingartner 1935, 1936
Regie: Lothar Wallerstein
Bühnenbild: Ludwig Sievert

Josef von Manowarda (Don Alfonso). 1931

Josef Manowarda sang und spielte den Don Alfonso mit der satten Behaglichkeit und mit dem fundierten Temperament seines wohlklingenden Basses.
Wiener Zeitung, 17. 8. 1931, Rudolf Holzer

Flüssig in den Tempi, lebt sich diese Musik der zarten Sinnlichkeit auch klanglich zart und duftig aus. … Frau *Ursuleac* als Fiordiligi, mit stets sich verfeinerndem mozartischen Stilgefühl, auch im Dramatischen voll Zartheit und Zärtlichkeit, Frau *Hadrabova* als Dorabella mit dem schönen dunklen Timbre ihres Organs. … Nicht nur niedlich, sondern in den Geist der zur Einheit verschmolzenen Zweiheit Gesang und Geste vollkommen eingelebt ist Frau *Kern* als Despina.
Salzburger Volksblatt, 17. 8. 1931, Otto Kunz

Franz Völker (Ferrando), Adele Kern (Despina), Eva Hadrabova (Dorabella), Viorica Ursuleac (Fiordiligi), Josef von Manowarda (Don Alfonso), Karl Hammes (Guglielmo). 1931

Klavierprobe mit Elisabeth Schumann, Eva Hadrabova, Jarmila Novotna, Charles Kullmann, Alfred Jerger, Carl Bissuti und Dirigent Felix von Weingartner. 1936

Frau *Novotna* und Frau *Hadrabova* als Fiordiligi und Dorabella haben völlig überzeugt: schöne Frauen, schöne Stimmen, voll entzückender Laune! … Herr *Jerger* (Guglielmo) bringt seine Laune mit, seine Art knapp gezeichneten Humors, der trefflich zum Charakter seiner Stimme paßt.
Wiener Zeitung, 7. 8. 1935, Rudolf Holzer

Jarmila Novotna (Fiordiligi), Elisabeth Schumann (Despina), Alfred Jerger (Guglielmo), Eva Hadrabova (Dorabella). 1936

Die sensationelle Änderung ist *Jarmila Novotna* als Fiordiligi. Eine bildhübsche Erscheinung mit klugen, schönen Augen und mit einem liebreizenden Mund, der gerne lächelt. Die geborene Physiognomie für beseelte Lyrik. Aber das Spiel ist voll dramatischer Schauspielkunst, und die *Novotna* wird wahrscheinlich noch eine große Bühnenkünstlerin sein, wenn sie längst keine Stimme mehr haben wird.… Die Stimme ist mit großer Sorgfalt durchgebildet und gehandhabt. Sie strömt klar, ohne Überanstrengung, warm, voll liebenswürdigem Leuchten. …Ein Sieg unverdorbener, frischer Jugend. Effekte des Hochdramatischen sind nicht gesucht.
Salzburger Volksblatt, 6. 8. 1935, Otto Kunz

Jarmila Novotna (Fiordiligi). 1936

Così fan tutte

Landestheater 1947
Dirigent: Josef Krips
Regie:
Oscar Fritz Schuh
Bühnenbild:
Robert Kautsky

Anton Dermota (Ferrando), Irmgard Seefried (Fiordiligi), Sena Jurinac (Dorabella), Erich Kunz (Guglielmo)

Die oft gerühmte künstlerische Einheit bei den Solisten der »Così fan tutte«-Aufführung war diesmal in musikalischer und bildhafter Hinsicht ebenfalls noch harmonischer. *Anton Dermota* (Ferrando) und *Erich Kunz* (Guglielmo) sind gesanglich und darstellerisch Spitzenleistungen klassischen Mozartstils. *Irmgard Seefried* als Fiordiligi – vielleicht ihre beste Rolle – war ausgezeichnet disponiert. Vorzüglich kontrapunktierte ihr zum erstenmal *Sena Jurinac* (Dorabella) mit mädchenhafter Grazie in Stimme und Erscheinung. Meisterhaft wie immer *Paul Schöfflers* überlegene Herrennatur als Don Alfonso.
Wiener Kurier, 2.8.1947, Peter Lafite

Erich Kunz (Guglielmo), Paul Schöffler (Don Alfonso), Anton Dermota (Ferrando)

Così fan tutte

**Residenz
1953, 1954, 1956–1959
Dirigent: Karl Böhm
Regie:
Oscar Fritz Schuh
Bühnenbild und Kostüme: Caspar Neher**

Oscar Fritz Schuh, Caspar Neher, Festspielpräsident Heinrich Baron Puthon und Karl Böhm bei einer Probe im Carabinierisaal. 1953

Bewundernswert waren die Leistungen der den zu verkörpernden Typen großartig entsprechenden Solisten: ... Unter den beiden Liebhabern wurde einem die Wahl zwischen dem ... betörend schön singenden *Anton Dermota* (Ferrando) und dem alle guten Buffoelemente entfesselnden *Erich Kunz* (Guglielmo) wahrlich schwer.

Salzburger Nachrichten, 3. 8. 1953, Willi Reich

Erich Kunz und Anton Dermota während einer Probenpause im Carabinierisaal. 1953

Paul Schöffler (Don Alfonso),
Lisa Otto (Despina). 1954

Der Despina–*Lisa Otto*–, die als einzige Fremde ins Wiener Mozart-Ensemble trat, kann man nachsagen, daß sie sich sehr geschickt und sehr beherzt im erlesenen Milieu zurechtfand und daß sie mit hübscher, angenehmer Stimme und solider Singtechnik ihre Rolle absolvierte.
Die Presse, Wien, 2. 8. 1953, Heinrich Kralik

Rita Streichs spielfreudige, sich in blitzblankem Arien- und Koloraturgesang ergehende Despina vervollständigte in würdiger Weise das brillante Ensemble.
Bild-Telegraf, Wien, 3. 8. 1957, unbezeichnet

Irmgard Seefried sang die Fiordiligi mit allem empfindungsreichen Liebreiz ihrer Silberglockenstimme. Als Dorabella hat *Christa Ludwig* durch ihr pointiertes Spiel und ihre kultivierte, schöne Mezzostimme wieder ganz für sich eingenommen. Auf dem Höhepunkt des Mozart-Gesanges angelangt war *Anton Dermotas* Ferrando. ...*Erich Kunz'* Guglielmo war nicht nur mit köstlichem, erfrischendem Witz, sondern auch mit einer trefflichen gesanglichen Leistung ausgestattet.
Wiener Zeitung, 6. 8. 1957, -t.-z.

Erich Kunz (Guglielmo),
Anton Dermota (Ferrando),
Rita Streich (Despina),
Irmgard Seefried (Fiordiligi),
Christa Ludwig (Dorabella). 1957

Graziella Sciutti (Despina) beim Schminken. 1958

Besonders herzlich soll die zierliche, pikante und sehr begabte Italienerin *Graziella Sciutti* willkommen geheißen werden. Sie hat die sozusagen naturbelassene Anmut, wie sie einer Despina zukommt. Zudem besitzt sie einen resoluten und wohlklingenden Soubrettensopran und tadellose Gesangsmanieren.
Die Presse, Wien, 13. 8. 1958, Heinrich Kralik

Gesungen wurde an diesem lange im Gedächtnis haften bleibenden, herrlich linden Sommerabend mit unvergleichlicher Stimmkultur und edelstem Wohlklang. Die Palme des Abends gebührt *Elisabeth Schwarzkopf* (Fiordiligi), die ihren silbernen, noblen, warmen Sopran mit bewunderungswürdigster Wandlungs- und Modulationsfähigkeit einsetzte. Ihr ebenbürtig war *Christa Ludwig* (Dorabella) mit ihrem klaren, edlen, weichen und geradezu leuchtenden Mezzosopran und ihrer bestechenden Gestaltungskunst. »Schmeichelnd und weich« sang der mit auffallend heller, schlanker, kultivierter Mozartstimme begabte italienische Tenor *Luigi Alva* den Ferrando, sehr pointiert und witzig der ausgezeichnete Spielbariton *Rolando Panerai* den Guglielmo.
Kulturbeilage zum Tagesdienst, München, 23. 8. 1958, unbezeichnet

Rolando Panerai (Guglielmo), Christa Ludwig (Dorabella), Elisabeth Schwarzkopf (Fiordiligi), Luigi Alva (Ferrando). 1958

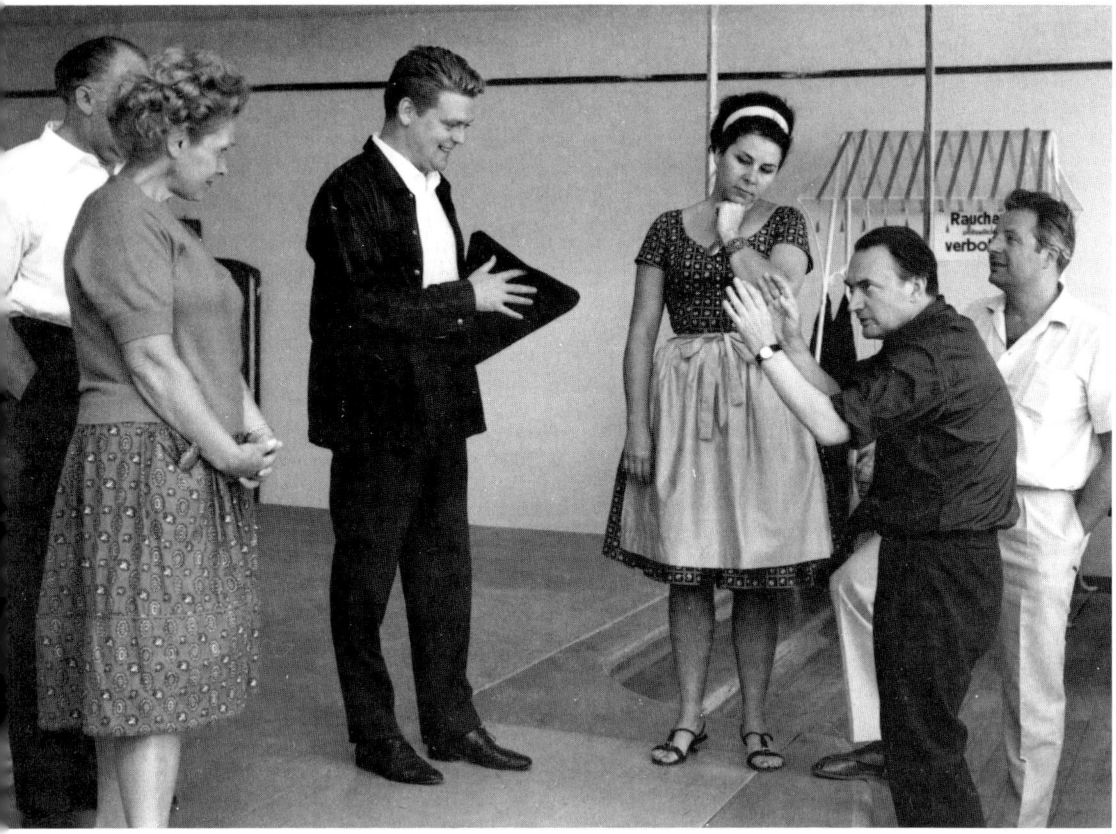

Così fan tutte

Landestheater 1960,
Altes/Kleines Festspielhaus 1961–1965
Dirigent: Karl Böhm
Regie: Günther Rennert
Bühnenbild und Kostüme:
Leni Bauer-Ecsy

Auf der Probebühne: Karl Dönch, Elisabeth Schwarzkopf, Hermann Prey, Christa Ludwig, Waldemar Kmentt mit Regisseur Günther Rennert. 1962

Das Liebhaberduo *Waldemar Kmentt* und *Hermann Prey*. … Daß sie musikalisch und psychologisch differieren, wird sehr reizvoll zum Ausdruck gebracht: *Kmentt*-Ferrando läßt uns überzeugend nachfühlen, daß in sein Gemüt die »Aura amorosa« tiefer dringt, und *Prey*-Guglielmo berührt mit einem kräftigen Zug unbekümmerter Jungenhaftigkeit unser Herz.
Die Presse, Wien, 3. 8. 1961, Heinrich Kralik

Die wirklich ideale Figur der Aufführung ist *Graziella Sciutti* als Despina. Sie verkörpert den Geist, den Sinn, die Anmut, den Witz und die Pfiffigkeit italienischer Buffokunst. Nichts ist da gemacht, alles ist echt. Sie ist in ihrer naturhaften Zierlichkeit die verkörperte Grazie. Mit Recht heißt sie Graziella.
Die Presse, Wien, 9. 7. 1960, Heinrich Kralik

Karl Dönch – sein Alfonso war die größte Überraschung, weil nicht als weise lächelnder Philosoph gezeichnet, sondern als lustvoll drahtziehender Zyniker. …*Dönch* macht das mimisch dezent, mit lebhaften Regieanweisungen für die Verkleidungskomödie, und er singt kultiviert und präzise.
Express, Wien, 29. 8. 1960, Karl Löbl

Karl Böhm mit Graziella Sciutti (Despina), Karl Dönch (Don Alfonso) und Regisseur Günther Rennert während einer Probenpause. 1961

Im stimmlichen Einklang von betörendem Wohllaut sind *Elisabeth Schwarzkopf* (Fiordiligi) und *Christa Ludwig* (Dorabella) im Neben-, Mit- und sogar Ineinander von parodistischer Affektiertheit und quellender Empfindung, von damenhafter Attitüde und gänzlich die Attitüde vergessender Verwirrtheit des Herzens, von Komik und Charme (und nicht zuletzt in der unerhörten Souveränität, mit der sie musikalisch agieren und im Singen die Aktion gleichsam in Melos transformieren) dem innersten Geheimnis Mozartscher Psychologie so nahe, wie man ihm nur nahekommen kann.

Süddeutsche Zeitung, München, 29. 7. 1960, Karl Heinz Ruppel

Christa Ludwig (Dorabella), Elisabeth Schwarzkopf (Fiordiligi). 1960

Così fan tutte

Kleines Festspielhaus 1969, 1970
Dirigent: Seiji Ozawa
Regie, Bühnenbild und Kostüme: Jean-Pierre Ponnelle

Jean-Pierre Ponnelle und Seiji Ozawa mit Anneliese Rothenberger, Walter Berry und Rosalind Elias bei einer Probe. 1969

Anneliese Rothenbergers Fiordiligi, souverän und rein gesungen, war wie eine kandierte Rose, *Rosalind Elias* eine jugendlich charmante, sehr helle Dorabella. *Tom Krause,* stimmlich von Don Juanesker Verführungskraft, und der tenoral grazile *Lajos Kozma* interpretierten Guglielmo und Ferrando. Ein Don Alfonso, der seinen ... Argumenten prachtvollen stimmlichen Nachdruck zu geben wußte: *Walter Berry.*
Abendzeitung, München, 30. 7. 1969, Antonio Mingotti

Walter Berry (Don Alfonso), Lajos Kozma (Ferrando), Tom Krause (Guglielmo), Anneliese Rothenberger (Fiordiligi), Rosalind Elias (Dorabella). 1969

Anneliese Rothenberger vereinigt leichte, perlende Virtuosität mit zarter Gefühlsinnigkeit ... und findet Töne der Leidenschaft und der beseelten, von Affekt belebten Schönheit. In der Dorabella der *Rosalind Elias* hat sie eine Partnerin, die den herben Charme ihres Mezzosoprans auf alle Nuancen des tändelnden Leichtsinns zu stimmen weiß.
Tagesspiegel, Berlin, 1. 8. 1969, Werner Oehlmann

Die beiden Schwestern Fiordiligi und Dorabella, dargestellt von *Anneliese Rothenberger* und *Rosalind Elias,* waren durch Erscheinung und Anmut der Bewegung dem Auge eine helle Freude. Gesanglich mußte sich die *Rothenberger,* deren soubrettenhaftes Organ durch diese schwierige Partie oft zu deutlich überfordert wurde, mit dem zweiten Platz hinter der prominenten Met-Sängerin begnügen, die ihren schönen Mezzo mit dezentem Pathos und hervorragender Atemführung effektvoll zur Geltung brachte.
Kleine Zeitung, Graz, 30. 7. 1969, Hermann Schönegger

Rosalind Elias (Dorabella), Anneliese Rothenberger (Fiordiligi). 1969

In *Teresa Stratas* hatte man eine Sängerin gewonnen, die mit einer geradezu umwerfenden vis comica begabt ist. Sie spielte die keckste Despina, die wir in Salzburg je gehabt haben. ... Dazu sang sie ihre Arien und Rezitative mit einer Leichtigkeit, die ihr mehrmals Beifall auf offener Szene eintrug.
Linzer Tagblatt, 30. 7. 1969, Gerhard Ritschel

Für die Rolle der Despina hat Ponnelle die zierliche, adrette, junge *Teresa Stratas,* und er schlägt Kapital aus der Komik des Gegensätzlichen, läßt sie als Schlampe agieren mit verrutschten knallroten Strümpfen und trampeligem Gang. Und natürlich wird die Stratas vom Soubrettenteufel gepackt und überschlägt sich in kecken und drastischen Effekten.
Neue Zeitschrift für Musik, Wien, 1969, Heft 9, Helmut Schmidt-Garre

Teresa Stratas (Despina). 1969

Bei Ponnelle halten sich die Figuren an die Konvention einer hochkultivierten, bei aller Laxheit gerade darin wieder strengen Gesellschaft. Grundidee ist die Aufwertung Don Alfonsos. Er ist als eiskalte Zwielichtfigur angelegt, fern der leutseligen Verbindlichkeit der übrigen Alfonsos; und *Walter Berry,* prächtig bei Stimme, spielt dies mit fast dämonischer Undurchsichtigkeit, arrangiert das Untreuespiel mit einem hämisch mephistophelischen »Hab ich doch meine Freud daran«.

Neue Zeitschrift für Musik, Wien, 1969, Heft 9, Helmut Schmidt-Garre

Als Don Alfonso vollbringt *Walter Berry* eine Meisterleistung. Er kann sich stimmlich richtig ausleben und tut dies mit hörbarem Behagen, dennoch aber distanziert auch er sich einen Abend lang von vokaler Einseitigkeit und bleibt der große Singschauspieler, den zu bewundern wir schon so oft Gelegenheit hatten.

Wiener FG, 30. 7. 1969, Hellmuth Herrmann

Walter Berry (Don Alfonso). 1969

Così fan tutte

Kleines Festspielhaus 1972–1977
Dirigent: Karl Böhm
Regie: Günther Rennert
Bühnenbild und Kostüme: Ita Maximowna

Reri Grist, Brigitte Fassbaender, Hermann Prey, Peter Schreier, Dietrich Fischer-Dieskau, Gundula Janowitz und Regisseur Günther Rennert bei der Probe. 1972

Wenn *Peter Schreier* als Ferrando von der »Aura amorosa« singt, mit herrlicher Mezza voce, die im Decrescendo so ebenmäßig verklingt, als bediene ein Virtuose das kostbarste aller Musikinstrumente, dann ist es am Zuhörer, den Atem anzuhalten.... Fiordiligi – *Gundula Janowitz* – ist heute unübertrefflich: Sie bietet ein Fest von Können, Verstand und musikalischem Sinn. ...*Brigitte Fassbaender* (Dorabella), *Hermann Prey* (Guglielmo) und *Reri Grist* (Despina) standen dem lyrischen Paar nicht nach, charakterisierten mit stimmlichen Mitteln.
Neue Zeit, Graz, 4.8.1974, Claus-Henning Bachmann

Brigitte Fassbaender (Dorabella), Hermann Prey (Guglielmo), Peter Schreier (Ferrando), Gundula Janowitz (Fiordiligi), Dietrich Fischer-Dieskau (Don Alfonso), Reri Grist (Despina). 1972

Links:
Gundula Janowitz (Fiordiligi), Brigitte Fassbaender (Dorabella). 1972
Rechts:
Reri Grist (Despina), Dietrich Fischer-Dieskau (Don Alfonso). 1972

Brigitte Fassbaender und *Gundula Janowitz* sind ein Traumpaar von Dorabella und Fiordiligi. Geradezu ideal sind hier eine gewisse fröhliche, neugierige Unbekümmertheit bei der einen und Ernstheit bei der anderen mit den einzelnen Sängerinnenpersönlichkeiten verbunden. Die gesangliche Interpretation beider Damen – makellos.
Salzburger Volkszeitung, 8. 8. 1974, alguno

Von einigem »sensationellem« Flair begleitet: die Besetzung des Don Alfonso mit *Dietrich Fischer-Dieskau.* Sie ist in der Tat Ereignis, aber anders als angedeutet: indem der Sänger Distinguiertheit, Zurückhaltung zur äußersten Entfaltung treibt, gibt er der Figur eine Hintergrund-Präsenz, eine dauernde Gegenwart, wie sie noch kaum je erreicht wurde.
Nürnberger Nachrichten, 29. 7. 1972, Claus-Henning Bachmann

Links:
Brigitte Fassbaender (Dorabella), Hermann Prey (Guglielmo). 1973
Rechts:
Gundula Janowitz (Fiordiligi), Peter Schreier (Ferrando). 1972

Così fan tutte

Kleines Festspielhaus 1982–1985, 1990
Dirigent: Riccardo Muti
Regie: Michael Hampe
Bühnenbild und Kostüme: Mauro Pagano

Francisco Araiza, Regisseur Michael Hampe, Bühnen- und Kostümbildner Mauro Pagano, Magda Gstrein, Direktorin der Kostümwerkstätten, und James Morris bei der Probe. 1982

Michael Hampe bei einer Probe mit Kathleen Battle und Margaret Marshall. 1982

Eine große, begnadete Künstlerin auf der Höhe der Karriere, im Vollbesitz ihrer Begabung: *Agnes Baltsa* ist die herausragende Sängerin des Abends. Ihre südländische, temperamentvolle und abenteuerlustige Dorabella ist eine hinreißende Charakterstudie. Ein Gegenpol zur kühleren, distanzierten, auch grüblerischen und ernsthaften Fiordiligi, deren mörderische Arie *Margaret Marshall* souverän meistert. Es ist gewiß auch Hampes Verdienst, daß er die unterschiedlichen Temperamente und das so verschiedene Stimmtimbre beider Sängerinnen richtig erkannt und in seine Konzeption einbezogen hat.

Opernwelt, Zürich, 1982, Nr. 8/9, Imre Fabian

Margaret Marshall (Fiordiligi), Agnes Baltsa (Dorabella). 1982

Francisco Araiza (Ferrando), José van Dam (Don Alfonso), James Morris (Guglielmo). 1982

Welch ein süperber, federleichter und schlanker Mozart-Sänger dieser *José van Dam* doch ist, ein Don Alfonso, ganz ohne das Anstrengungsgebaren seines Holländers, seines Amfortas. Und welch ein tenoraler Sinnlichkeitsverführer *Francisco Araiza* als Ferrando – endlich, *Peter Schreier* in allen Ehren, ein legitimer *Wunderlich*-Nachfolger –, hat er wirklich »Un aura amorosa« gesungen, nicht doch »Un aura sensuale«?
Eine echte Entdeckung aber auch *James Morris* als Guglielmo: ein Westpoint-Offizier, anfangs noch ein bißchen kühl und distanziert, aber dann kommt zunehmend Bitterkeit und Zynismus in seinen eleganten Kavaliersbariton.
Stuttgarter Zeitung, 30. 7. 1982, Horst Koegler

Adelina Scarabelli ist in die Partie des stets munteren Kammerkätzchens Despina (einst Paraderolle der *Reri Grist* und der jungen *Teresa Stratas*) geschlüpft.
Neue Presse, München, 2. 8. 1990, Hannes S. Macher

Adelina Scarabelli (Despina), Ann Murray (Dorabella), Margaret Marshall (Fiordiligi). 1984

Ann Murray (Dorabella),
Margaret Marshall (Fiordiligi).
1990

Margaret Marshall, Fiordiligi von der ersten Stunde an, gibt die Rolle jetzt vielleicht noch leiser, nach innen gekehrter, zerbrechlicher, in dem Maß, als *Ann Murray* die Dorabella jetzt eine Spur gewandter, offenherziger anlegt.
Salzburger Nachrichten, 31. 7. 1990, Reinhard Kriechbaum

Als Despina brauchte sich *Kathleen Battle* vor keiner ihrer besten Vorgängerinnen zu verstecken. Munteres, nicht übertrieben buffoneskes Spiel und blitzblankes Singen gefielen.
Wiener Zeitung, 30. 7. 1982, Norbert Tschulik

Kathleen Battle (Despina).
1983

Kathleen Battle, ein Ausbund an listiger Strategie und männergewitzter Taktik, die mit plapperndem Zungenschlag und schokoladensüßem Ton verkündet: Koketterie, dein Name ist Despina!
Stuttgarter Zeitung, 30. 7. 1982, Horst Koegler

Margaret Marshall (Fiordiligi) ist ein lyrischer, samten weich timbrierter Koloratursopran, der der Figur Profil vor allem durch Kultiviertheit verleiht, ... eine Dame von Kopf bis Fuß und über allem liebender und leidender Mensch.
Salzburger Nachrichten, 30. 7. 1982, Karl Harb

Kathleen Battle (Despina), Margaret Marshall (Fiordiligi). 1982

Stimmlich oft sehr kräftig trugen die beiden Liebhaber auf: *Thomas Hampson,* der als Guglielmo ganz prächtig, wenngleich bisweilen zu voluminöser Diktion neigte, und *Deon van der Walt* in der Partie des Ferrando, der die Arie »Un aura amorosa« wirklich lyrisch (und feinfühlig dazu) sang, sich alles in allem aber nicht nur auf weiche Register des lyrischen Timbres beschränkt.
Wiener Zeitung, 4. 8. 1990, Norbert Tschulik

Deon van der Walt (Ferrando), Thomas Hampson (Guglielmo). 1990

Le nozze di Figaro

Die Hochzeit des Figaro

Stadttheater 1922, 1925, 1927
Dirigent: Franz Schalk 1922, 1925, Robert Heger 1927
Regie: Harry Stangenberg und Hans Breuer 1922, Hans Breuer 1925
Bühnenbild: Alfred Roller

Allseitigen Applaus erntete der Hr. *Jerger* als Figaro. Ein ausnehmend wohllautendes Organ steht bei ihm mit einer äußerst natürlichen Spielweise so glücklich in Verbindung, daß er stets vollen Erfolges sicher sein dürfte.
Salzburger Chronik, 15. 8. 1922, t.

Für den Figaro bringt Herr *Jerger* nicht die üppig quellende Stimme, auch nicht das Gemüt und den quecksilbrigen Humor des Herrn *Mayr* mit. Aber er hat Eigenschaften, die ihn für eine stilvolle Aufführung wertvoll erscheinen lassen. Er hat scharfen Verstand, ist auf seine Weise beweglich und vom Stabe des Kapellmeisters gänzlich unabhängig.
Neue Freie Presse, Wien, 18. 8. 1922, r.

Alfred Jerger (Figaro). 1922

Die Hochzeit des Figaro

Festspielhaus 1930–1936
Dirigent: Clemens Krauss 1930–1934, Felix von Weingartner 1935, 1936
Regie: Lothar Wallerstein
Bühnenbild: Alfred Roller

Wilhelm Rode (Graf Almaviva), Lilli Claus (Barbarina), Erich Zimmermann (Basilio), Regisseur Lothar Wallerstein, Adele Kern (Susanne), Karl Hammes (Figaro), Viktor Madin (Antonio), Viorica Ursuleac (Gräfin), Irene Eisinger (Cherubin), Dirigent Clemens Krauss, Gertrud Rünger (Marcelline), Karl Ettl (Bartolo). 1930

Karl Hammes ist kein gemütlicher, gutmütiger Figaro, wie man ihm oft auf der Bühne begegnet. Schon in der Arie »Will der Herr Graf ein Tänzchen riskieren« ... trat deutlich hervor, daß dem Manne schwer beizukommen sein wird. Die Auffassung war neu, aber durchaus berechtigt. Beweglichkeit und Glätte kamen der Darstellung des stimmlich auf ansehnlicher Höhe stehenden Künstlers sehr zu gute.
Salzburger Wacht, 11. 8. 1930, –ert.

Karl Hammes (Figaro), Adele Kern (Susanne). 1930

Links: Irene Eisinger (Cherubin). 1930

Rechts: Adele Kern (Susanne) in einer Probenpause. 1935

Ein Ensemble von wundervoller Abstimmung, von einem Niveau, das nicht leicht irgendwo anders anzutreffen sein wird, gestaltet die Aufführung zu einem reichen Gewinn für Salzburg. Es blitzt zwar nirgends Genie auf, aber man ist erlesen treu, fleißig und ehrlich. Die berühmten Soubrettenpartien sind ganz vorzüglich besetzt: *Adele Kern* singt voll Stil, mit hohem Kunstausdruck die Susanne; sie ist im Schauspielerischen ganz außerordentlich. *Irene Eisinger* von der Berliner Staatsoper ist ein entzückender und auch gesanglich prächtiger Cherubin. ...Am wenigsten ins Bild wollte sich die Gräfin der Frau *Ursuleac* einfügen; einiges geriet sehr schön, im ganzen schien sie unfrei, auch musikalisch schwer bewegt. *Hans Hermann Nissen* war ein sehr nobler, eindrucksvoller Almaviva.

Tagblatt, Linz, 11.8.1930, Rudolf Holzer

Links: Viorica Ursuleac (Gräfin), Hans Hermann Nissen (Graf Almaviva). 1930

Rechts: Margit Bokor (Cherubin), Alfred Jerger (Graf Almaviva). 1935

Jergers weltmännischer, noch in seinen Schwächen bezaubernder und unwiderstehlicher Almaviva, jeder Zoll ein Grandseigneur, voll Temperament und Laune, steht im Mittelpunkt des Geschehens.
Neue Freie Presse, Wien, 31. 7. 1936, Hermann Ullrich

Das Ereignis des Salzburger »Figaro« hieß *Jarmila Novotna* als Gräfin. Eine höchst liebreizende Gräfin mit einem niedlichen Charme, der etwas von einer Operettengöttin an sich hat. Die klare, technisch ausgezeichnet geführte Stimme vermeidet jede Überanstrengung. Diese liebenswürdige, graziöse Gräfin weiß den adeligen Zauber der Mozart-Musik mit Stilgefühl zu interpretieren.
Der Wiener Tag, 21. 8. 1935, Otto Kunz

Alfred Jerger (Graf Almaviva), Jarmila Novotna (Gräfin). 1935

Le nozze di Figaro

Festspielhaus 1937–1939
Dirigent: Bruno Walter 1937,
Hans Knappertsbusch 1938, 1939
Regie: Lothar Wallerstein 1937,
Guido Salvini 1938, 1939
Bühnenbild: Alfred Roller

Bruno Walter mit Aulikki Rautawaara (La Contessa – im Kostüm der Susanna), Esther Réthy (Susanna – im Kostüm der Contessa) und Regisseur Lothar Wallerstein. 1937

Die Gräfin kommt aus Finnland, *Aulikki Rautawaara* mit Namen, Erscheinung von Adel, Mozart-Melancholie im Herzen, keine gewaltige, alles überstrahlende Primadonna, aber kultivierte Sängerin mit warmer, ergiebiger Stimme, die ein schwebendes Piano hat, wohlausgewogen in allen Lagen, mit ruhigem Stilgefühl bis in die hohen Stimmlagen hinauf. …
Susanna ist *Esther Réthy,* deutsch im Wesen, aber hurtig in der italienischen Sprache, eine Soubrettenfigur, die in die Spieloper weist, mit lustigem Gezwitscher und Spitzbüberei in der Seele, und mit leichter erotischer Note, die sich schon auf den Ehestand freut.
Salzburger Volksblatt, 12. 8. 1937, Otto Kunz

Angelica Cravcenco (Marcellina) und Ezio Pinza (Figaro) im Gespräch mit Hans Knappertsbusch und dem Regisseur Guido Salvini. 1939

Ezio Pinza gibt die Titelrolle. Ein prachtvoller, dunkeltimbrierter Figaro mit lebhaftem Spieltrieb. Er ist kein Scharmeur, er hat Rasse. Das ist kein spanischer Hoflakai des Rokoko, der sich ohne Mucken duckt, das ist ein Spanier, in dem es schon gewaltig nach Revolution knistert, ein Neu-Spanier der Gegenwart sozusagen. Wenn er sein »Will der Herr Graf ein Tänzchen wagen« singt, so ist es eine Rache-Arie mit Blitz und Donner. Das ist ein Mann der Laune, aber auch der scharfen Stimmungen, eine joviale Herrennatur im Dienerkleid, ein Lustigmacher, der auch die Zähne zeigen kann.
Salzburger Volksblatt, 12. 8. 1937, Otto Kunz

Ezio Pinza (Figaro). 1937

Links: Esther Réthy (Susanna). 1937

Rechts: Jarmila Novotna (Cherubino). 1937

Ein Höhepunkt der Darstellung: Der Cherubino der Frau *Jarmila Novotna*. ... Ihr Mezzosopran entspricht der Knabenfigur, die hochaufgeschossene Gestalt ist von einem entzückenden Spieltrieb erfüllt, alles Gehaben zeigt graziös die erwachende Liebeslust, die im Pulsieren der Stimme, in der Hast der seelischen Ergüsse, der überströmenden inneren Bewegtheit zum Ausbruch kommt.
Salzburger Volksblatt, 12. 8. 1937, Otto Kunz

Es muß ein Vergnügen sein, mit so hervorragenden Künstlern zu arbeiten, wie es *Mariano Stabile* ist, dessen Graf Almaviva als Kavalier vom Scheitel bis zur Sohle auf der Bühne steht. Seine reizende Gattin Rosina war der weibliche Stern des Abends. *Maria Cebotaris* Gesangskunst zu schildern, fehlen die Worte. Engelhaft schwebt die süße Stimme durch den Raum, ganz unirdisch, über alle erdgebundene Technik erhaben.
Völkischer Beobachter, München, 3. 8. 1938, Friedrich Bayer

An Stelle *Maria Cebotaris* singt jetzt *Maria Reining* die Gräfin. Ihre voluminöse Stimme und reife Gesangskultur dienen dem Bilde der großen edlen Dame.
Deutsche Allgemeine Zeitung, Berlin, 15. 8. 1939, unbezeichnet

Links: Mariano Stabile (Il Conte Almaviva), Maria Cebotari (La Contessa). 1938

Rechts: Esther Réthy (Susanna), Maria Reining (La Contessa). 1939

Die Hochzeit des Figaro

Festspielhaus 1942
Dirigent: Clemens Krauss
Regie: Walter Felsenstein
Bühnenbild und Kostüme:
Stefan Hlawa

Links: Erich Kunz (Figaro)

Rechts: Hans Hotter (Graf Almaviva), Irma Beilke (Susanne)

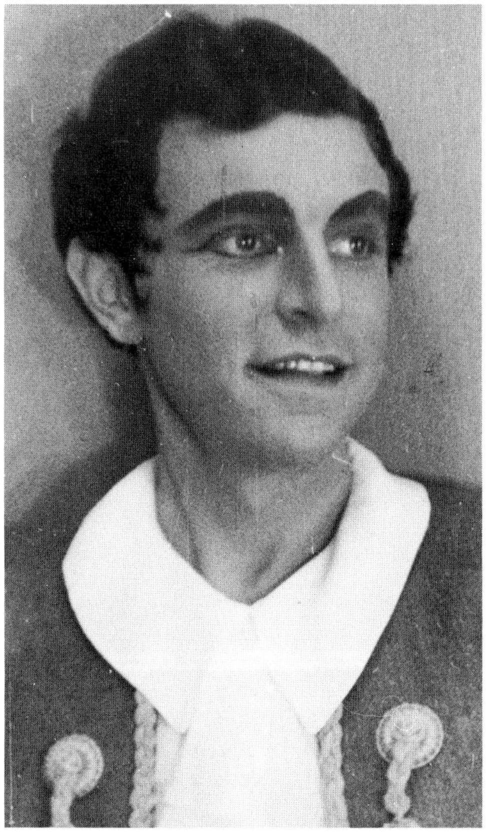

Erich Kunz war ein stimmlich und körperlich höchst beweglicher junger scharmanter Vertreter der Titelrolle, geschmeidig, aufgeweckt und schalkhaft, dabei leidenschaftlich und von jener inneren Verwegenheit, die dem gesellschaftlichen Spiel den ernsten sozialen Hintergrund gibt. *Irma Beilkes* graziöse und temperamentvolle Susanne zeichnete sich durch besonderes musikalisches Stilgefühl aus. ... *Hans Hotters* Almaviva: Eine Herrennatur von imponierender Großartigkeit, ihr »Recht« begehrend aus der Leidenschaft des Geblüts, nicht nur aus seigneuraler Konvention. Das Feudale ist bei diesem Grafen Wesens-, nicht Standesmerkmal. Den beherrschenden Eindruck der Erscheinung steigerte das prachtvoll voluminöse Organ, ein echter Kavaliersbariton von wunderbarer Ausgeglichenheit, zu einem Charakterbild von ungewöhnlicher Plastik und Prägnanz.
Kölnische Zeitung, 2. 9. 1942, Karl Heinz Ruppel

Franz Normann (Antonio), Erich Kunz (Figaro), Hans Hotter (Graf Almaviva), Irma Beilke (Susanne), Helena Braun (Gräfin)

LE NOZZE DI FIGARO

Festspielhaus 1946
Dirigent: Felix Prohaska
Regie: Oscar Fritz Schuh

Irmgard Seefried (Susanna), Maria Cebotari (La Contessa), Erich Kunz (Figaro), Regisseur Oscar Fritz Schuh, Walter Höfermayer (Il Conte Almaviva)

Irmgard Seefried stellt schlechtweg den Idealtyp der Susanna dar. Ihr Spiel hat das Prickelnde, Lockende, Kätzchenartige und offenbart zugleich Treue und Liebe. ... Die Töne schweben rein und glockenhell. Das größte Lob, das wir ihr aussprechen können, ist, daß sie von Anfang bis zum Ende Mozart singt. Ihre Susanna wird selbst bei den glanzvollsten Festspielen Ereignis sein.
Salzburger Nachrichten, 12. 8. 1946, Viktor Reimann

Maria Cebotaris Gräfin entzückt nicht nur durch die Schönheit des Gesanges – alles Kunstfertige, wie schwebende Tongebung in der Kantilene und Klarheit der Melismen, steht ihr wie selbstverständlich zur Verfügung –, sondern auch durch die menschliche Wärme der Empfindung, die das aristokratische Sentiment der »grande dame« frei hält von jeder Sentimentalität.
Wiener Kurier, 12. 8. 1946, unbezeichnet

Maria Cebotari (La Contessa), Irmgard Seefried (Susanna), Elfie Mayerhofer (Cherubino)

Es ist eine schöne Festspieltradition und wurde vor allem von Max Reinhardt gepflegt, zu den Festspielen stets einen Außenseiter heranzuziehen. Dieses Mal fiel die Wahl auf *Elfie Mayerhofer.* Sie ist wohl der entzückendste Cherubino, den man sich vorstellen kann. Ein Page, dem man seine Liebesaffairen glaubt, ja, der sie geradezu haben muß. Kapriziös wirbelt sie über die Bühne und bringt so richtig ein kleines Durcheinander zustande. Die Stimme *Mayerhofers* ist kultiviert und zweifellos sehr entwicklungsfähig.
Erich Kunz ist ein sonniger Figaro. Drohend wirkt er nie, er bleibt stets Kammerdiener, der Intrigen spinnt und auch diese nur wegen seiner geliebten Susanna. Sein Figaro ist stimmlich und schauspielerisch ausgeglichen und wirkt sehr sympathisch.

Salzburger Nachrichten, 12.8.1946,
Viktor Reimann

Erich Kunz (Figaro),
Elfie Mayerhofer (Cherubino)

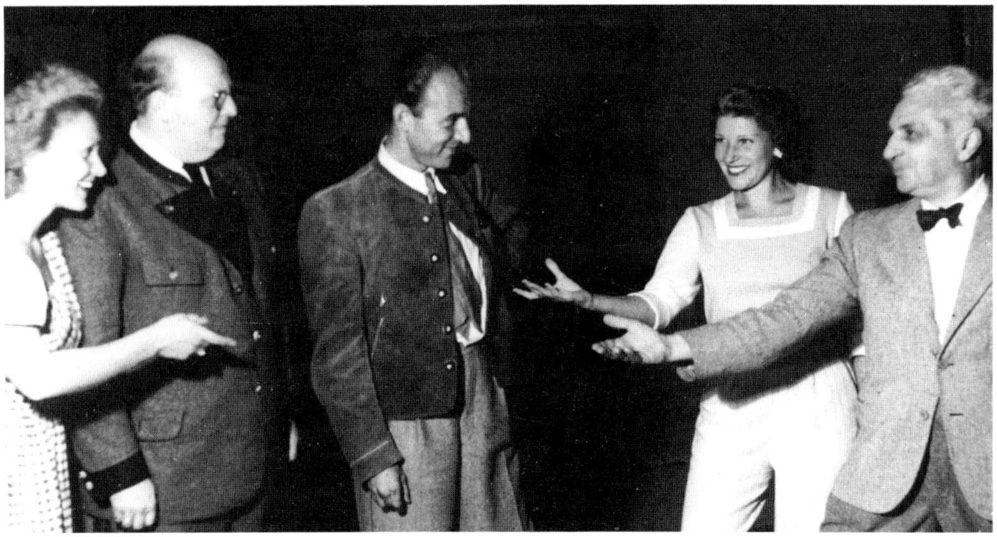

Le nozze di Figaro

Festspielhaus 1947
Dirigent: Josef Krips / Otto Klemperer
Regie: Lothar Wallerstein
Bühnenbild: Alfred Roller

Probenfoto mit Elisabeth Schwarzkopf, Josef Krips, Erich Kunz, Hilde Güden und Lothar Wallerstein

Maria Cebotari (La Contessa), Dirigent Josef Krips, Walter Höfermayer (Il Conte Almaviva)

Das, was die Aufführung zu einer unvergeßlichen gestaltet, ist neben Regie und Orchester die Glanzbesetzung der drei Frauenpartien. *Maria Cebotari* als Gräfin ist der ruhende Pol in dem bewegten Stück. Ihr Spiel ist abgeklärt, von leiser Wehmut überschattet, ihre Stimme satt und edel. ... *Elisabeth Schwarzkopf* ist eine pikante Susanna. Charme und Anmut kennzeichnen ihr Spiel. Die Stimme ist gläsern und zart. ... Unübertrefflich ist die Musikalität dieser Künstlerin, die zu den bedeutendsten ihres Faches zählt. Wundervoll, eine echt mozartsche Gestalt, ist *Hilde Güdens* Cherubino. Verschämt und keck zugleich im Spiel, unerreicht im Gesang. Ihre Canzonette ist das Vollendetste an Gesangskultur und läßt einem das Herz warm werden.
Salzburger Nachrichten, 30. 7. 1947, Viktor Reimann

Elisabeth Schwarzkopf (Susanna – im Kostüm der Contessa), Maria Cebotari (La Contessa – im Kostüm der Susanna), Hilde Güden (Cherubino)

Als neuer Stern unserer Festspiele fügte sich *Elisabeth Schwarzkopf* als Susanna ein. Sie bringt nur alle erdenklich guten Eigenschaften für dieses reizvolle Geschöpfchen mit: ein wohlfundiertes, glockenreines Singen, ein schelmisch-charmantes Spiel und das Äußere, das die Entflammung des Grafen begreiflich werden läßt.
Salzburger Volkszeitung, 30. 7. 1947, aha

Elisabeth Schwarzkopf (Susanna)

Le nozze di Figaro

Festspielhaus 1948
Dirigent: Herbert von Karajan
Regie: Oscar Fritz Schuh
Bühnenbild und Kostüme:
Caspar Neher

Sena Jurinac (Cherubino)

Die abgerundetste Leistung von den Darstellern bietet *Sena Jurinac* als Cherubino. Ihr aufgelockertes Spiel, bald verhalten, bald draufgängerisch, ihre anmutigen Gebärden, ihre gepflegte Stimme und nicht zuletzt ihr anziehendes Äußeres, prädestinieren sie zu dieser Rolle. Von den drei Cherubinos seit 1945 ist sie zwar nicht der schönste, noch der stimmlich beste, wohl aber der vollendetste.
Salzburger Nachrichten, 13. 8. 1948, Viktor Reimann

Irmgard Seefried (Susanna), Elisabeth Schwarzkopf (La Contessa), Sena Jurinac (Cherubino)

Ein erlesenes Ensemble steht zur Verfügung, bei dem es sich gezeigt hat, daß diese junge Sängergeneration, von der ein großer Teil schon Weltruf genießt, heute nicht nur die Vollkommenheit früherer Salzburger »Figaro«-Interpreten besitzt, sondern darüber hinaus sich weit von einem konventionellen Darstellungsstil entfernt hat. ... Kann man sich ein Frauenterzett vorstellen, das auch in ästhetischer Beziehung den idealen Vorstellungen so nahe kommt, wie es hier der Fall ist? *Irmgard Seefried* ist die hinreißende Susanna dieser Aufführung, von einer Beweglichkeit, einem Scharm und einer Kultur des Singens, die heute nicht ein zweitesmal erreicht werden dürfte. *Elisabeth Schwarzkopf* singt mit höchster Vollendung und ist darüber hinaus wirklich die Gräfin Almaviva geworden, elegant, humorvoll, überlegen und jeder Situation in der kleinsten Nuance gewachsen. *Sena Jurinac* ist ein Cherubino, der nichts mehr von dem Zuckerpagen früherer Zeiten an sich hat, hier ist der mit allen Brandstoffen der Erotik ausgestattete Sturm- und Drangjüngling, ebenso leidenschaftlich wie zurückhaltend, wenn es sein muß, und in der Schlußszene des ersten Aktes von darstellerischer Meisterschaft. *Giuseppe Taddei* ist als Figaro wieder die Zentralfigur geworden. Daß er die Arien wirklich singt, sei nur am Rande vermerkt. ... Italienischer Witz, südländische Beweglichkeit und höchste mimische Lebendigkeit lassen ihn ganz besonders im Finale des zweiten Aktes jeden Augenblick mit höchster dramatischer Brillanz und florettartiger Sicherheit der Akzentführung zum Ausdruck bringen.

Wiener Tageszeitung, 13. 8. 1948,
Gottfried von Einem

Giuseppe Taddei (Figaro)

Le nozze di Figaro/
Die Hochzeit des Figaro

Festspielhaus 1952, 1953
Dirigent: Rudolf Moralt 1952, Wilhelm Furtwängler 1953
Regie: Herbert Graf
Bühnenbild und Kostüme: Stefan Hlawa

Wolfgang Schneiderhan, Irmgard Seefried und George London vor dem Festspielhaus. 1952

Irmgard Seefried und *Erich Kunz* dürften als Susanna und Figaro heute kaum überboten werden können. In vollkommener Einheit verbinden sie eine in jeder Bewegungsphase durchdachte, im Ganzen formal gezügelte Spiellaune, voll der schelmischen Pikanterie und des lachenden Grolls, mit makelloser Toneinheit und Phrasierungskunst des Gesangs.
Süddeutsche Zeitung, München, 28. 7. 1952, Johannes Jacobi

Erich Kunz (Figaro) und Irmgard Seefried (Susanna) während einer Probenpause. 1952

Den Grafen gibt *George London*. Alles an ihm ist jung, frisch, voll von Verheißung. Im Gesang, in der Darstellung, überall spürt man die unmittelbare Manifestation seines starken und resoluten Talents. Und wenn er in der Form, in den Allüren nicht immer den letzten gräflichen Schliff erreicht, im Kern, im Wesentlichen trifft er durchaus das Richtige, und seine herzgewinnende Unbefangenheit ist nur ein liebenswerter Zug mehr.

Die Presse, Wien, 29. 7. 1952, Heinrich Kralik

George London war Graf Almaviva. Sein Gesang steht auf der Höhe einer jungen Stimme von persönlichem Timbre, die vorbildlicher Schulung und Zucht unterworfen ist, ohne in der Freiheit eines umfassenden Ausdrucksreichtums eingeengt zu sein.

Salzburger Volkszeitung, 28. 7. 1952, Erik Werba

George London (Il Conte Almaviva). 1952

Irmgard Seefrieds Susanna ist der Stern des Mozart-Abends. Er leuchtet und strahlt stimmlich und darstellerisch, erheitert mit blitzendem Schalk, erwärmt in poesievoller Güte. So viel echtes Herz und so viel wahres Gefühl: das schenkt nur das Leben oder die ganz, ganz große Kunst.
Wiener Montag, 4. 8. 1952, Herbert Schneiber

Irmgard Seefried (Susanna). 1952

Als Gräfin bot *Elisabeth Schwarzkopf* wieder eine Leistung von absoluter Vollendung. ... Die Künstlerin befindet sich auf der Höhe ihrer Kunst, dort wo die stilistisch ideale Verwirklichung im Mozart-Gesang mit der spontanen sinnlichen Belebung völlig übereinstimmt, wo die Schönheit der Stimme und der Tonführung eins wird mit der geistigen und körperlichen Anmut der Darbietung.

Die Presse, Wien, 9. 8. 1953, Heinrich Kralik

Elisabeth Schwarzkopf (La Contessa). 1952

Regisseur Herbert Graf und Wilhelm Furtwängler im Gespräch mit Paul Schöffler (Graf Almaviva). 1953

Der (in dieser Inszenierung neue) Graf *Paul Schöfflers* ist ein Herr, ein Adliger vom Scheitel bis zur Sohle, von leiser Selbstironie, wo er es recht am Platz findet, um den Altersunterschied vornehm spüren zu lassen; als Sänger weiß er zu sparen, um im richtigen Augenblick alle Trümpfe seiner Stimme ausspielen zu können.
Wiener Zeitung, 9. 8. 1953, Erik Werba

Elisabeth Schwarzkopf (Gräfin Almaviva), Irmgard Seefried (Susanne). 1953

Die höchste Übereinstimmung von Gesang und Spiel, von Klang und Sinn erreichte *Hilde Güden* als Cherubino. Mit ihren zwei meisterlich ausgefeilten Kanzonen exponiert sie jedesmal die Figur und die Situation, in welcher sie sich befindet; mit der ersten, die drängend, hastig, förmlich atemlos vorgetragen wird, Cherubinos girrende Verliebtheit, die sich nicht einem Geschöpf, sondern dem ganzen Geschlecht anhaftet, mit der zweiten, deren Vortrag in ruhiger Sammlung und mit völlig beherrschter Linienführung erfolgt, die Bereitschaft des Pagen, sein Gefühl individuell zu fixieren.

Die Presse, Wien, 29. 7. 1952, Heinrich Kralik

Hilde Güden (Cherubino). 1952

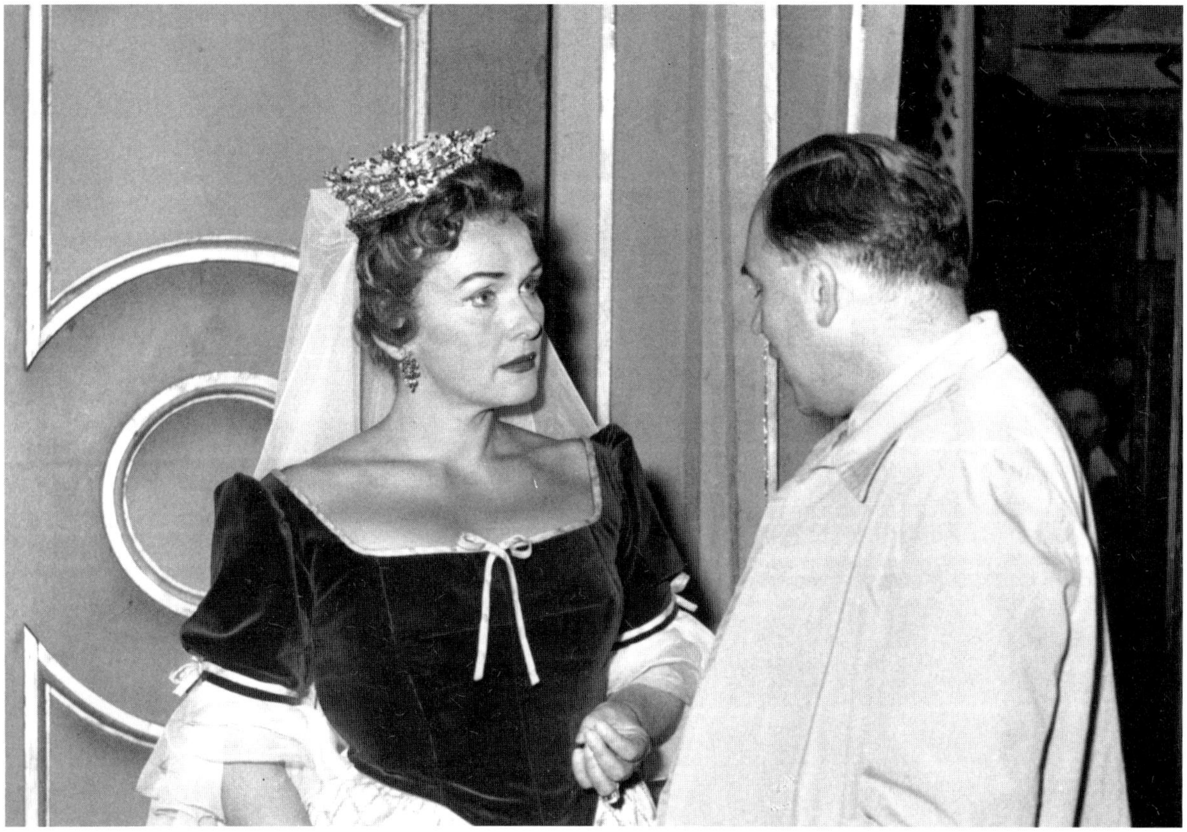

Le nozze di Figaro

Festspielhaus 1956
Dirigent: Karl Böhm
Regie:
Oscar Fritz Schuh
Bühnenbild und Kostüme:
Caspar Neher

Elisabeth Schwarzkopf (La Contessa – im Kostüm der Susanna) im Gespräch mit Regisseur Oscar Fritz Schuh

Figaro und Susanna vor allem sind aus launischen Verliebten ein hellwaches, zielstrebiges, die Situation meist rasch erfassendes Paar geworden, und man weiß nicht recht, ob das ausschließlich Verdienst des Regisseurs ist, oder ob nicht *Irmgard Seefried* und *Erich Kunz* mit ihren Rollen ganz und gar eins geworden sind, durch sie bereits »hindurchsehen«, in ihnen um eine Spur zu wissend heimisch wurden.

Neuer Kurier, Wien, 23. 7. 1956, Herbert Schneiber

Irmgard Seefried (Susanna) und Erich Kunz (Figaro) während einer Probenpause mit Karl Böhm

Aller Augen und Ohren warteten begierig auf *Dietrich Fischer-Dieskaus* Grafen. Der übersensible Liedsänger, der weltentrückte Wolfram in der Opera buffa? Ein schier jugendlicher Feudalherr erschien in Reckengröße, die Rechte gebieterisch in die Hüfte gestützt, das weiche, breite Gesicht in Unmutsfalten gelegt, jeder humorigen Nuance des Parlando genauso mächtig wie der voluminösen Wucht der Kantilene. Der Darsteller *Fischer-Dieskau* schickt sich an, den Sänger gleichen Namens einzuholen. Salzburg hat eine Attraktion mehr.

Süddeutsche Zeitung, München, 23. 7. 1956, Karl Schumann

Dietrich Fischer-Dieskau (Il Conte Almaviva)

Le nozze di Figaro

**Festspielhaus
1957, 1958, 1960
Dirigent: Karl Böhm
Regie:
Günther Rennert
Bühnenbild
und Kostüme:
Ita Maximowna**

Dietrich Fischer-Dieskau (Il Conte Almaviva) und Regisseur Günther Rennert. 1958

Wer hier die drei zauberhaft schönen Frauen mit ihren differenzierten prachtvollen Stimmen: *Elisabeth Schwarzkopf* als Gräfin, *Irmgard Seefried* als Susanna und *Christa Ludwig* als Cherubino singen hörte und spielen sah, ... der wird weit gehen müssen, um ähnliches zu suchen, und er wird es nirgends finden.
Arbeiter-Zeitung, Wien, 1. 8. 1957, Hubalek

Christa Ludwig als Cherubino gibt einen Pagen von kräftig zupackender Sinnlichkeit. Nicht Schwärmerei, die sich ins Ziellose verströmt, sondern eine sehr präzise und lachende Lebenslust teilt sich in allem mit, was sie singt oder spielt, sagt oder nicht sagt.
Die Presse, Wien, 10. 8. 1960, Heinrich Kralik

Elisabeth Schwarzkopf (La Contessa), Irmgard Seefried (Susanna), Christa Ludwig (Cherubino). 1957

Die Gräfin Almaviva war diesmal *Lisa Della Casa,* und sie hatte es gewiß nicht leicht, weil sie in das seit 1952 unverändert bestehende Salzburger »Figaro«-Trio *Schwarzkopf – Seefried – Kunz* einbrach. Man unterschätze nicht jene ganz persönliche und weitgehend von der jeweiligen Regie unabhängige Präzision, die drei Künstler für und mit sich selbst entwickelt haben!

Express, Wien, 9. 8. 1960, Karl Löbl

Lisa Della Casa, bezaubernd im Gesang, entzückend in der Erscheinung, im Spiel, im Aussehen, gibt als Gräfin mit einer Geste, einem Lächeln, einem schalkhaften Augenaufschlag immer wieder zu verstehen, daß unter der Hülle ihres vornehmen Standes noch das pikante und vergnügte, zu jeder Intrige aufgelegte Rosinchen aus dem »Barbier« lebendig ist.

Die Presse, Wien, 10. 8. 1960, Heinrich Kralik

Lisa Della Casa (La Contessa), Irmgard Seefried (Susanna). 1960

Le nozze di Figaro

Altes/Kleines Festspielhaus 1962–1964
Dirigent:
Heinz Wallberg/ Bernhard Conz 1962, Lorin Maazel 1963, 1964
Regie: Gustav Rudolf Sellner
Bühnenbild und Kostüme:
Michael Raffaelli

Graziella Sciutti, Lorin Maazel und Geraint Evans mit Korrepetitor. 1964

Geraint Evans ist als Figaro ein würdiger Nachfolger seiner Salzburger Vorgänger. Zwischen der geistigen Gewandtheit und Überlegenheit blickt – ganz richtig – seine soziale Stellung durch, ein Schuß bäuerlicher Saftigkeit. Mit Witz und Temperament, schlagfertig, nie zu dick auftragend, mit einer Stimme, die vom Buffo bis zu voluminöseren Aufgaben zu reichen scheint, ist dieser treffliche Künstler ein Pluspunkt des Abends.
Wiener Zeitung, 28. 7. 1962, Norbert Tschulik

Lorin Maazel mit Geraint Evans (Figaro). 1963

Evelyn Lear ist das Nonplusultra eines Cherubino, anmutig, pagenhaft, übermütig. Ihr glaubt man einfach jede Situation. Ihr gilt auch, das spürt man, die ganze Liebe des Regisseurs.
Salzburger Nachrichten, 31. 7. 1963, Gottfried Kraus

Überraschend wurde *Graziella Sciutti* mit ihrer ersten Susanna fertig. Grazile Weiblichkeit, südliches Spieltemperament und das lockere Organ mit der leichten Höhe geben der Figur ein reizvolles neues Profil.
Österreichische Neue Tageszeitung, Wien, 28. 7. 1962, Alexander Witeschnik

Evelyn Lear (Cherubino), Geraint Evans (Figaro), Graziella Sciutti (Susanna). 1962

Graziella Sciutti (Susanna), Sena Jurinac (La Contessa). 1962

Bei den Damen dominiert die quicke, grazile Persönlichkeit der reizenden *Graziella Sciutti,* die eine entzückende Soubretten-Susanna auf die Bühne stellt, ohne dabei zu übertreiben, aber resolut und schlagfertig das Regiment ... führt. Ihre aparte Stimme scheint mir kräftiger geworden zu sein; sie kommt im Alten Festspielhaus jedenfalls hübsch zur Geltung und bräuchte bloß für die Rosenarie noch einigen lyrischen Schmelz. *Sena Jurinac* hat diesen Schmelz, und ihrer Gräfin eignet jene eher passive Melancholie, die schon fast mehr zur Marschallin-Psychologie als zur immerhin noch lebenslustigen ehemaligen Rosina paßt. Der schwermütige Tonfall der beiden Arien, die feine Ensemblekultur und die Intensität des Singens beeindruckten sehr.
Express, Wien, 27. 7. 1962, Karl Löbl

Sena Jurinac (La Contessa – im Kostüm der Susanna), Graziella Sciutti (Susanna – im Kostüm der Contessa). 1962

Sena Jurinac ist als Gräfin der wahrhaft seelisch-adelige Pol in diesem Spiel voll der Leidenschaft und der Heiterkeit. Sie drückt den Ernst, der ihre Gefühle bewegt, nie mit larmoyantem Pathos aus, und sie verwechselt sich in der Komödie aber auch nicht mit der Zofe. Wohlklang und Kultur des Singens rücken diese ... Gräfin in den Mittelpunkt der Aufführung.

Wiener Zeitung, 28. 7. 1962, Norbert Tschulik

Sena Jurinac (La Contessa). 1962

...*Hilde Güden,* die ihre erste Gräfin singt: sehr nobel und verhalten in Aussehen, Spiel und Gesang, aber auch um einiges zu blaß. Es hilft nichts, so makellos sie singt, *Hilde Güden* ist ihrem Stimmfach und ihrer Persönlichkeit nach keine Gräfin. Die Stimme klingt zu schlank, zu kühl für diese musikalisch so reich gezeichnete Frauenfigur.
Salzburger Nachrichten, 31. 7. 1963, Gottfried Kraus

Hilde Güden (La Contessa). 1964

Die Bretter beherrscht eindeutig *Dietrich Fischer-Dieskaus* herrlich singender Graf Almaviva. Erstaunlich die Wandlung, die der Künstler in der Rolle vollzogen hat. Nach seinem stürmischen Verführer und herrischen Duodez-Fürsten, vor dem die Frauen zitterten (bei Rennert), steht nun ein eitler Schürzenjäger und aufgeplusterter Donnerer auf der Bühne, der durch die Nase singt, den man ständig hinters Licht führt, der den kürzeren zieht, und der doch mit Prachtstimme, mit seiner kraftvollen erblondeten Männlichkeit die Frauen bannt.
Österreichische Neue Tageszeitung, Wien, 28. 7. 1962, Alexander Witeschnik

John van Kesteren (Basilio), Graziella Sciutti (Susanna), Dietrich Fischer-Dieskau (Il Conte Almaviva). 1963

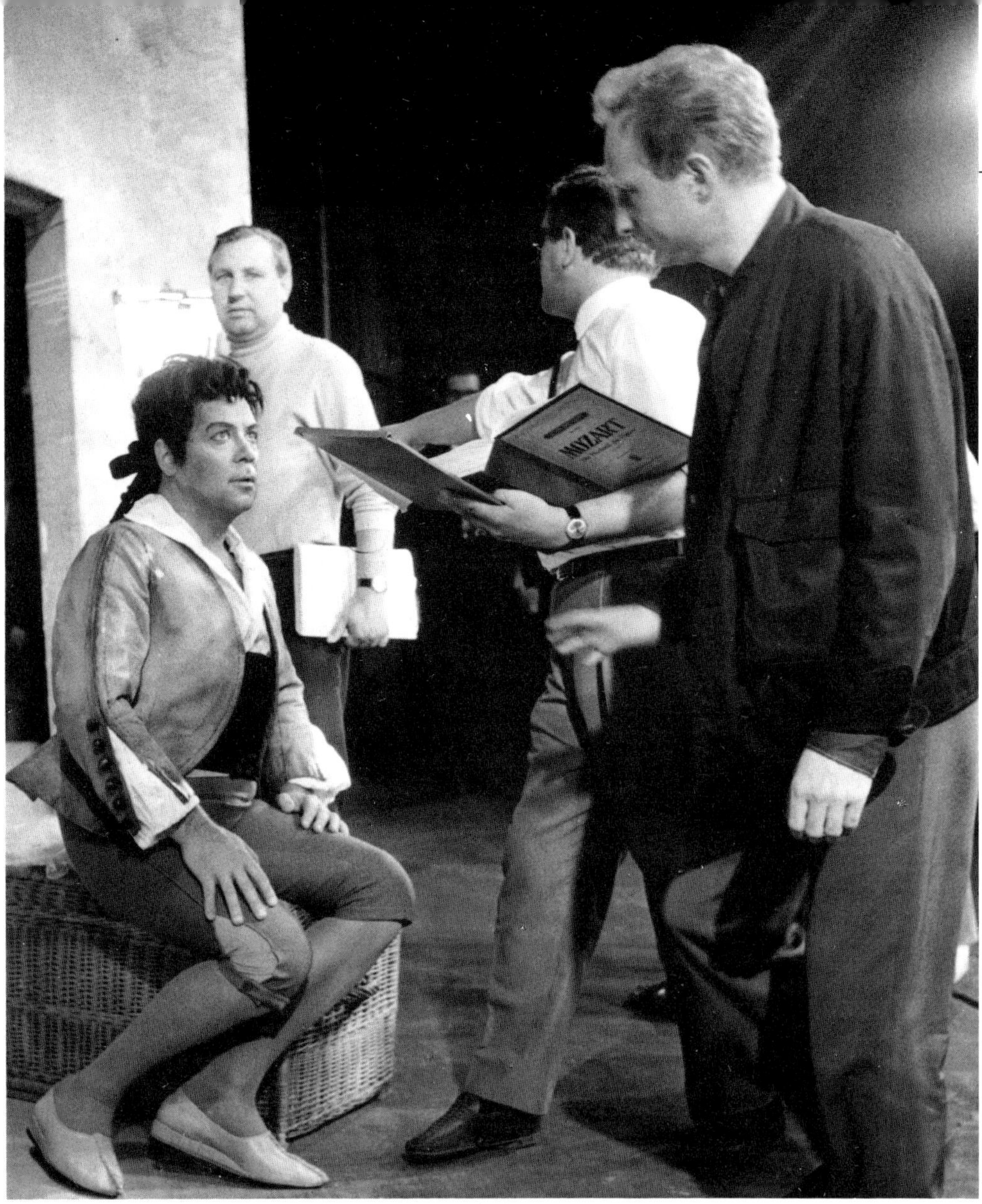

LE NOZZE DI FIGARO

Kleines Festspielhaus 1966–1968, 1970, 1971
Dirigent: Karl Böhm 1966–1968, 1970, 1971, Bernhard Conz 1968
Regie: Günther Rennert
Bühnenbild und Kostüme: Rudolf Heinrich

Walter Berry (Figaro) und Bühnenbildner Rudolf Heinrich bei einer Probe. 1966

Walter Berry ist als Figaro nicht Komiker, sondern revoluzzernder Domestik. Humor kommt nicht zu kurz, verbirgt sich aber häufig hinter Groll, einem steten Auf-der-Hut-sein-Müssen, einem sanguinischen Temperament. *Berry,* in dieser Rolle schon immer gut, ist nun außerordentlich geworden. Auch, was die Einheit von Aktion und Musik betrifft. Man erlebt bei ihm nicht mehr Gesten zur Musik oder Gesang als Steigerung des Spiels, sondern eine vollkommene Verschmelzung aller Komponenten, aus denen eine Bühnenfigur besteht. Überflüssig zu betonen, daß die Prachtstimme Mozart vorbildlich zu Diensten war.
Eine Entdeckung für alle, die sie noch nicht kannten, dürfte wohl *Edith Mathis* sein. Sie hat eine richtige Pagen-Figur und ein schmales, hübsches Gesicht, spielt den Cherubino in der idealen Mischung aus draufgängerischer Keckheit und erotischer Schüchternheit, singt mit einer reinen, herzlichen, schön timbrierten und vorzüglich geführten Stimme und scheint mir in der *Jurinac*- und *Ludwig*-Nachfolge die erste Idealbesetzung dieser Rolle zu sein.
Express, Wien, 26. 7. 1966, Karl Löbl

Regisseur Günther Rennert bei einer Probe mit Edith Mathis (Cherubino). 1966

Reri Grist, die beste Susanna, die ich je sah und hörte. Sie glänzte in Salzburg schon als kehlfertige Zerbinetta und als soubrettenhaftes Blondchen, und nun krönte sie alles Bisherige in einer Partie, die ihrer eminent »geläufigen Gurgel« wenig, ihrer Befähigung zur Mozart-Darstellerin das Höchste abverlangt. Die *Grist* singt so glockenrein, obertonreich, leicht und phrasierungssicher wie *Graziella Sciutti* in ihren besten Jahren. ... ein Urweibchen, instinktiv und intelligent, katzenhaft gewandt, überlegen und hingebungsvoll. Opernsingen als die natürlichste Sache der Welt erscheinen zu lassen – *Reri Grist* löst das Paradoxon auf die denkbar mozartischeste Art.

Berichte und Informationen, Salzburg, Heft 1045/1046, 12. 8. 1966, Kurt Honolka

Walter Berry (Figaro), Reri Grist (Susanna), Ingvar Wixell (Il Conte Almaviva), Claire Watson (La Contessa). 1967

Olivera Miljaković (Susanna), Geraint Evans (Figaro), Ingvar Wixell (Il Conte Almaviva), Claire Watson (La Contessa). 1968

Gundula Janowitz' Sopran scheint mir als Gräfin am wärmsten, am reinsten zu strahlen. Ihre fabulöse Technik, die Registerwechsel unhörbar macht, für die Crescendi, Decrescendi, Pianissimo-Passagen, Staccati, Koloraturen wie Legati, Rezitativ wie Kantilene nicht den Schatten eines Problems aufgeben, erlaubt Konzentration auf Ausdruck, Gestaltung, sie macht Seelenlagen bewußt, verdeutlicht die Gefühle in Gesang. ... Diese Gräfin ist die erste, die das seit 1966 vertraute und hoch gerühmte Personal im Hause Almaviva auf den zweiten Platz verdrängt, obwohl man kaum einen pfiffigeren, nuancenreicheren Figaro als *Geraint Evans* finden wird, keine köstlichere Susanna als *Reri Grist* und keinen ephebenhafteren Cherubino als *Edith Mathis,* der begreiflicherweise alle Pulse schneller schlagen läßt.
Meppener Tagespost, 14. 8. 1970, Klaus Adam

Edith Mathis (Cherubino), Reri Grist (Susanna), Gundula Janowitz (La Contessa). 1970

Gundula Janowitz füllte mit ihrem kostbaren Sopran, der trotz metallischen Timbres auch schwebender Piani fähig ist, mühelos den großen Raum; das Spiel besticht durch Noblesse, die Erscheinung wirkt attraktiv. Solche Eigenschaften sind auch dem eleganten, kultivierten Grafen von *Robert Kerns* nachzusagen, und erkleckliche Musikalität noch dazu.
Kurier, Wien, 3. 8. 1970, Herbert Schneiber

Robert Kerns (Il Conte Almaviva), Gundula Janowitz (La Contessa). 1970

LE NOZZE DI FIGARO

Großes Festspielhaus 1972–1976, 1979, 1980, 1986–1988
Dirigent: Herbert von Karajan 1972–1976, 1979, 1980, Bernhard Klee 1976, 1979, Gustav Kuhn 1980, James Levine 1986–1988
Regie, Bühnenbild und Kostüme: Jean-Pierre Ponnelle

Herbert von Karajan bei einer Probe mit Tom Krause (Il Conte Almaviva), links im Hintergrund Teresa Stratas (Susanna), Walter Berry (Figaro), Elizabeth Harwood (La Contessa). 1972

Tom Krause – ein schöner, eleganter, selbstbewußter Almaviva, der die Kantilene mehr liebt als das Parlando.
Frankfurter Allgemeine Zeitung, 28. 7. 1972, Hans Heinz Stuckenschmidt

▷
Elizabeth Harwood (La Contessa). 1972

Die Partitur Mozarts ... erhielt durch Karajan und die Wiener Philharmoniker eine in höchstem Maße ausgefeilte Wiedergabe. ... Staunenswert war, welches Pianissimo er an den lyrischen Stellen aus dem Orchester hervorzauberte. Dadurch gelangen Arien, wie beispielsweise die der Gräfin *(Elizabeth Harwood)* – »Dove sono« im dritten Akt –, berückend schön.
Tiroler Nachrichten, 28. 7. 1972, Rafael S-r

Kiri Te Kanawa, erstmals bei den Festspielen, ist vorerst noch eine unerfüllte Hoffnung: Eine wunderschöne, farbenreiche Stimme und eine großartige Erscheinung als Gräfin können nicht darüber hinwegtäuschen, daß sie bei den musikalischen Proben offensichtlich alleingelassen wurde und eher unsicher sang. Das allerdings immerhin mit jenem blühenden Stimmvolumen, das man in dieser Besetzung sonst schmerzlich vermißte.
Wochenpresse, Wien, 15. 8. 1979, Gerhard Mayer

Jean-Pierre Ponnelle bei einer Probe mit Kiri Te Kanawa (La Contessa). 1979

Teresa Stratas (Susanna),
Teresa Berganza (Cherubino). 1972

Teresa Stratas stellt das Kammermädchen nicht so zart und graziös dar wie viele ihrer Vorgängerinnen in dieser Rolle, sie ist von rescherem Temperament und zeigt, ohne jedoch grob zu wirken, eine rustikale Nuance. ... Ihr Singen bildet eine Zierde in diesem Mozart-Ensemble.
Wiener Zeitung, 31. 7. 1973, Norbert Tschulik

Liebling des Abends ist *Teresa Berganza* als Cherubino. Kristallklare Tongebung, strahlende Höhe, mühelose Koloratur verbinden sich mit einer bezaubernden Mischung von Knabentum und Mannheit: ein Page, wie man ihn sich träumt.
Frankfurter Allgemeine Zeitung, 28. 7. 1972, Hans Heinz Stuckenschmidt

Sehr verliebt, sehr frech und dann wieder verzagt und vor allem sehr empfindsam *Frederica von Stade* als Cherubino.
Tiroler Tageszeitung, Innsbruck, 1. 8. 1975, Krista Hauser

Mirella Freni, eine zauberhaft singende und auf ihre Art auch herrliche Susanna, deren Spaß allerdings eher im Detail und nicht aus der Persönlichkeit kommt: Manchmal macht sie lachen, meist aber hat man sie etwas zu gerührt lieb, um in ihr die vife Partnerin Figaros zu sehen. Eine allererste Künstlerin in ihrer zweitbesten Partie.
Die Presse, Wien, 2. 8. 1974, Franz Endler

Frederica von Stade (Cherubino),
Tom Krause (Il Conte Almaviva),
Mirella Freni (Susanna). 1974

Unter den Stammsängern ragt *Edith Mathis* als wahrscheinlich ideale Susanna unserer Tage hervor: Unüberbietbar scheint die schwebende Leichtigkeit ihres Soprans, die Musikalität ihrer Gestaltung, die Intelligenz und Integrität ihres Spiels.
Die Presse, Wien, 30. 7. 1976, Gerhard Kramer

Maria Ewings Cherubino: Ein unfrisierter Flederwisch mit schußligen Bewegungen, eine Mischung aus Wilhelm Busch, Nestroy und Mickymaus. ... Sie allein bewies, daß auch »Figaro«-Figuren neu, aufregend, außerhalb der Tradition angelegt werden können.
Kurier, Wien, 30. 7. 1976, Andrea Seebohm

Edith Mathis (Susanna), Walter Berry (Figaro), Maria Ewing (Cherubino). 1976

Links:
José van Dam (Figaro). 1979

Rechts: Tom Krause (Il Conte Almaviva), Teresa Stratas (Susanna). 1980

Figaro ist jetzt *José van Dam,* jung, drahtig, selbstbewußt sich dem Grafen entgegenstellend, mit viel baß-baritonalem Mark in der Stimme, geschmeidig in allen Registern, wendig im Ausdruck; die Domestiken-Schläue ist bei ihm hinauftrainiert zu einer an den feudalen Intrigen der Aristokratie geschärften Intelligenz.
Süddeutsche Zeitung, München, 13. 8. 1974, Karl Heinz Ruppel

Ruggero Raimondi ist ein imposanter Figaro, wenn er seinen stimmlichen Höhepunkt auch schon überschritten hat: nicht mehr ganz jung, männlich und aggressiv. Ein Vertreter der unteren Schicht, der seine Frau schlagen und seinen Herrn der Revolution preisgeben wird.
Tiroler Tageszeitung, Innsbruck, 3. 8. 1987, Ursula Strohal

James Morris (Il Conte Almaviva), Ruggero Raimondi (Figaro). 1987

Erfreulichste Entdekkung ist ohne Zweifel *Anna Tomowa-Sintow,* die neue Gräfin. Die Stimme der jungen Dame vereint eine edel timbrierte Mittellage mit einer ergiebigen Höhe. Das Spiel ist dezent und anmutig. Freilich kam das »Porgi amor« noch ein wenig zaghaft, in der großen Arie des dritten Aktes aber offenbarte sich eine Sängerin, von der man noch viel erwarten darf. Die Weisheit des Herzens, die der Gräfin wohl erst die Jahre gebracht haben, vermag sie allerdings noch nicht zu gestalten.
Salzburger Nachrichten, 30. 7. 1976, Ruediger Engerth

Anna Tomowa-Sintow ist eine Gräfin mit ebensoviel Haltung wie Gefühl, ihr warmer, großer Sopran ist auch des zartesten Pianos fähig.
Westdeutsche Allgemeine, Essen, 18. 8. 1980, Michael Stenger

Anna Tomowa-Sintow (La Contessa). 1976

Diana Montague (Cherubino), Thomas Hampson (Il Conte Almaviva), Marie McLaughlin (Susanna). 1988

Die Entdeckung des Abends, jedenfalls für das Salzburger Publikum, war *Diana Montagues* Cherubino: jeder Zoll ein schmaler Jüngling, fern jeder affektierten oder schelmischen Pose, sang sie so intelligent, so völlig mühelos und wohlklingend, wie man es hier nur von der *Stade* her in Erinnerung hat.
Süddeutsche Zeitung, München, 4. 8. 1986, unbezeichnet

Thomas Hampson, ein junger Graf Almaviva. ... Ein Bariton mit prachtvoll leuchtendem Material, perfekter Diktion und Phrasierung. Fabelhaft im Aussehen und elegant im Spiel.
Neue Kronen-Zeitung, Wien, 31. 7. 1988, Karlheinz Roschitz

Ein großes Versprechen gibt *Ferruccio Furlanetto* in der Titelpartie: eine männlich-kraftvolle, geschmeidige Baritonstimme. Temperament, fabelhafte Spiellaune. Diesem Figaro gehört die Zukunft.
Neue Kronen-Zeitung, Wien, 4. 8. 1986, Karlheinz Roschitz

Links: Kathleen Battle (Susanna), Ferruccio Furlanetto (Figaro), Lucia Popp (La Contessa). 1986

Rechts: Diana Montague (Cherubino), Lella Cuberli (La Contessa). 1986

Frederica von Stade als Cherubino immer noch eine Traumbesetzung.
Salzburger Volkszeitung, 4. 8. 1987, unbezeichnet

Bei der Susanna von *Marie McLaughlin* war es 1987 schon Liebe auf den ersten Ton. Fürs Mozart-Fach geboren und für die Bühne. Ein Temperaments-Bündel, die das ganze Ränkespiel unendlich genießt.
Neues Salzburger Tagblatt, 2. 8. 1988, Linda Zamponi

◁
Lucia Popp, in Gehaben, Aufmachung und Stimmflair eine Vorahnung der Marschallin, widmet sich bedacht der Mozartschen Kantilene, die sie aus reinen, in der Höhe schön gewölbten Soprantönen gleichsam zusammensetzt: schwerelos, aber nicht bedeutungsarm – ein musikalischer Modellfall einer Gräfin Almaviva, vom Timbre und von der Phrasierung her in denkbar großer Übereinstimmung mit der stimmlichen Individualität der Susanna, die von *Kathleen Battle* unnachahmlich biegsam und kunstvoll gesungen wird.
Salzburger Nachrichten, 4. 8. 1986, Peter Cossé

Frederica von Stade (Cherubino), Marie McLaughlin (Susanna). 1987

Die Entführung aus dem Serail

Stadttheater 1922
Dirigent: Franz Schalk
Regie: Hans Breuer
Bühnenbild: Alfred Roller

Frau *Kurz* singt die Marternarie gleich den beiden vorangegangenen Arien mit ihrer bezaubernden Stimme, Mittellage und Höhe blühen und leuchten, die Koloraturen glänzen, ein wahrer Ohrenschmaus! An die Darstellung dürfen keine allzu hohen Anforderungen gestellt werden, noch weniger an die Beherrschung der Prosa, die Primadonna im alten Stil macht eben im Rahmen der modernen Bühne nicht immer die beste Figur.

Wiener Zeitung, 18. 8. 1922, Erwin Schaeffer

Selma Kurz (Konstanze)

Stadttheater 1926
Dirigent: Bruno Walter
Regie: Alois Mora
Bühnenbild: Alfred Roller

Links: Richard Tauber (Belmonte), Paul Bender (Osmin)

Rechts: Hans Duhan (Bassa Selim), Marie Gerhart (Konstanze)

Selbst die absolute gesangliche Vollkommenheit *Richard Taubers*, des siegesgewohnten Belmonte, hat ihre Schattenseiten. ... Wie er singt, wie er phrasiert, wie der Ton sitzt und gebildet wird, das alles ist vorbildlich. Aber sein Ton und sein Gesang wollen sich grundsätzlich nicht mit dem Geist und dem Wesen des Werkes verbinden; immer haftet ihnen etwas vom Charakter virtuoser Selbstbespiegelung an. Den Osmin sang der immer noble, immer korrekte *Paul Bender*.
Neues Wiener Tagblatt, 12. 8. 1926, Heinrich Kralik

Marie Gerhart und *Richard Tauber* sangen das ernste Liebespaar, Frau *Gerhart* als Konstanze besonders sicher und tonschön.
Die Stunde, Wien, 11.8. 1926, unbezeichnet

Marie Gerhart (Konstanze), Richard Tauber (Belmonte), Hans Duhan (Bassa Selim), Hermann Gallos (Pedrillo), Anni Frind (Blonde).

Die Entführung aus dem Serail

Festspielhaus 1932
Dirigent: Fritz Busch
Regie: Carl Ebert
Bühnenbild: Wilhelm Reinking

Probe im Stadtsaal mit Dirigent Fritz Busch, Erna Berger, Karl Norbert, Hermann Gallos, Helge Rosvaenge und Regisseur Carl Ebert

Karl Norbert war der Osmin; seines Basses Fülle wetteiferte mit der des Leibesumfanges; er war ausgezeichnet im musikalischen Ausdrucke wie als wirklich komischer Buffo. . . . *Erna Berger* als Blondchen konnte nur im Gesanglichen, nicht aber durch die Darstellung gefallen.
Neues Wiener Tagblatt, 7. 8. 1932, Rudolf Holzer

Karl Norbert (Osmin), Erna Berger (Blonde)

Die Entführung aus dem Serail

Festspielhaus 1935
Dirigent: Bruno Walter
Regie: Herbert Graf
Bühnenbild: Oskar Strnad

William Wernigk (Pedrillo), Margit Bokor (Blonde), Margherita Perras (Konstanze), Charles Kullmann (Belmonte)

Man sah und hörte das Werk in einer blendenden Besetzung. Sehr eindrucksvoll und mit starker Wirkung sang Fräulein *Perras* die Konstanze; sie meisterte die vielen Schwierigkeiten und Anforderungen der Partie spielend, erfreute durch eine mitschwingende Gemütsinnigkeit. ... Sie hatte an *Charles Kullmann* einen sehr fein gestimmten Partner; er war nicht nur ein schöner Liebhaber, sondern auch ein empfindungsvoller, kultivierter Mozart-Sänger. Sehr wirkte Herr *Wernigk* als Pedrillo, der namentlich sein Ständchen und die Bacchusverherrlichung mit aller Verve sang. ... Sehr anmutig und von echter Mozartscher Leichtigkeit Frau *Bokor* als Blondchen.

Wiener Zeitung, 15. 8. 1935, Rudolf Holzer

Charles Kullmann (Belmonte), Margherita Perras (Konstanze)

Die Entführung aus dem Serail

Stadttheater 1939
Dirigent: Karl Böhm
Regie: Wolf Völker
Bühnenbild: Robert Kautsky
Kostüme: Ulrich Roller

Den Hauptanteil an dem rauschenden Erfolg der Aufführung hatten die Darsteller der Hauptpartien. Schöner im Ton, wahrer und reicher im Ausdruck, freier von jedweder Sentimentalität, meisterlicher im Technischen kann man den Belmonte überhaupt nicht singen als *Rosvaenge*: eine unvergleichliche, unvergeßliche künstlerische Leistung.
Wiener Mittag, 9. 8. 1939, Hubert Ritter

Belmonte wurde von *Helge Rosvaenge* verkörpert. Der jugendlich-heldische Tenor gewinnt seiner Stimme hier auch die lyrisch-zarte Tongebung, Biegsamkeit und Beweglichkeit ab. Er spielt den noblen Liebhaber empfindsam und doch nicht weichlich.
Frankfurter Zeitung, 10. 8. 1939, Karl Holl

Helge Rosvaenge (Belmonte)

Links: Maria Cebotari (Konstanze)

Rechts: Anton Dermota (Belmonte)

Maria Cebotari als Konstanze. Die jugendlich-lyrische Sopranistin trifft auch die dramatischen Akzente und bewältigt – nicht spielend leicht, aber mit um so respektablerem Können – auch die hohen Ansprüche im Koloraturgesang. Musikalität, Intelligenz, Spieltalent und echt weibliches Empfinden ergeben in enger, organischer Bindung eine abgerundete, unmittelbar ansprechende und fesselnde Leistung.

Frankfurter Zeitung, 10. 8. 1939, Karl Holl

Maria Cebotari schuf eine vortreffliche liebenswürdige Konstanze, die mit leicht beweglicher Stimme den schwierigsten Koloraturen gewachsen war. Der längere, gute Schauspieler erfordernde Übergang zur sogenannten Marternarie wurde von ihr und ihrem ausgezeichneten Partner *Albin Skoda* (Bassa Selim) aufs glücklichste überwunden.

Wiener Neueste Nachrichten, 8. 8. 1939, Friedrich Rücker

Albin Skoda (Bassa Selim), Maria Cebotari (Konstanze)

Die Entführung aus dem Serail

Landestheater 1945, 1948
Dirigent: Felix Prohaska 1945, Josef Krips 1948
Regie: Herbert Waniek
Bühnenbild: Wilhelm Reinking

Regisseur Herbert Waniek, Dirigent Felix Prohaska, Albin Skoda, Maria Cebotari, Julius Patzak, Rosl Schwaiger, Walter Carnuth bei einer Ensembleprobe. 1945

Walther Ludwig (Belmonte) ist heute als Belcantist der reinste Gewinn. Groß, schlank, mit einem sympathischen, klugen Gesicht, besitzt er einen Tenor, der alle Register beherrscht. Die Einsätze kommen mit einer Selbstverständlichkeit ohnegleichen, das Piano ist weich und verhauchend, das Forte sparsam gebraucht, metallisch unterlegt, in der Arie wie im Ensemble richtig dosiert, der Ton mit schönstem Wohllaut versendet.
Neues Österreich, Wien, 3. 8. 1948, Wolfgang Schneditz

Regisseur Herbert Waniek, Walther Ludwig (Belmonte) und Dirigent Josef Krips bei einem Probengespräch. 1948

Links: Rosl Schwaiger (Blonde). 1945

Rechts: Julius Patzak (Belmonte). 1945

Julius Patzak ist der Belmonte. Sein ebenmäßig klarer Tenor, in Höhe und Tiefe von gleichem Wohllaut, dazu eine Wortbehandlung, in der jede Silbe an ihrem Platz steht, prädestiniert ihn für diese Rolle. Das Ebenmaß Mozartscher Musik bestimmte auch den Stil seiner Gestaltung. Dann ist da *Rosl Schwaiger*: ein Blondchen, wie Mozart es sich vorgestellt haben könnte. Die federnde Schmiegsamkeit dieser Stimme, der muntere Parlandostil und das Temperament, mit dem sie die Bühne erfüllte, klangen aufs glücklichste zusammen.
Salzburger Nachrichten, 18. 8. 1945, Otto Fritz Beer

Peter Klein ist ein feinst nuancierender Pedrillo, ein Spieltenor Mozartscher Art; *Emmy Loose* ein Blondchen voll Anmut, Übermut, Witz.
Wiener Zeitung, 7. 8. 1948, Rudolf Holzer

Wilma Lipp (Konstanze) hat ... als Mozart-Sängerin von Format überrascht. ... Berückend ließ sie ihre großen Möglichkeiten nicht nur im heiklen Koloraturgesang, sondern auch in der dramatisch-intelligenten Deklamation, verbunden mit einer tadellosen Atemführung, vernehmen. Sie wurde von Mal zu Mal freier und erreichte schließlich auch darstellerisch die beherrschende Würde der geborenen Mozart-Sängerin.
Neues Österreich, Wien, 3. 8. 1948, Wolfgang Schneditz

Links: Peter Klein (Pedrillo), Emmy Loose (Blonde). 1948

Rechts: Wilma Lipp (Konstanze). 1948

Die Entführung aus dem Serail

Landestheater
1955–1957
Dirigent:
Karl Böhm 1955,
George Szell 1956,
Joseph Keilberth/
Bernhard Conz 1957
Regie:
Oscar Fritz Schuh
Bühnenbild und
Kostüme:
Caspar Neher

Karl Böhm und Oscar Fritz Schuh. 1955

Erika Köth (Konstanze) offenbart ein ungewöhnliches Maß an Musikalität, sie vermittelt mit der Arie »Martern aller Art« den stärksten Eindruck ihrer mehr dem dramatisch akzentuierten Gesang aufgeschlossenen Kunst. Ihre Koloratur ist makellos.
Salzburger Volksblatt, 4. 8. 1955, Hans Kutschera

Links: George Szell mit Regisseur Oscar Fritz Schuh. 1956

Rechts: Erika Köth mit Joseph Keilberth. 1957

Murray Dickie (Pedrillo), Anton Dermota (Belmonte), Kurt Böhme (Osmin). 1955

Den Pedrillo gibt – stimmlich bestechend – *Murray Dickie*. ... *Anton Dermota*, Mozarttenor der Salzburger Festspiele schlechthin, singt den Belmonte mit all dem heroisch-sentimentalen Glanz, den diese Partie erfordert. ... *Kurt Böhme* als Osmin. Stimmlich souverän ausgestattet und begabt mit einem wachen Empfinden für das angemessen Komische, ist er der rechte Mann am rechten Platz.
Salzburger Volksblatt, 4. 8. 1955, Hans Kutschera

Hannelore Steffek (Blonde) gefiel außerordentlich. Ihre Stimme ist gut geführt, klingt locker und leicht und hat ein sehr anmutiges Timbre.
Bild-Telegraf, Wien, 4. 8. 1955, unbezeichnet

Glanzpunkt der Besetzung ist wiederum die Konstanze *Erika Köths*. ... *Nicolai Gedda*, der sich als Belmonte vorstellte, hat eine angenehm weiche, sich für Mozart ihrem Klangcharakter nach sehr eignende Tenorstimme.
Wiener Zeitung, 4. 8. 1957, Norbert Tschulik

Links: Kurt Böhme (Osmin), Hannelore Steffek (Blonde). 1955
Rechts: Erika Köth (Konstanze), Nicolai Gedda (Belmonte). 1957

Die Entführung aus dem Serail

Residenz 1961–1963
Dirigent: Istvan Kertesz 1961, 1962, Bernhard Conz 1963
Regie: Hans Hartleb 1961, Karlheinz Haberland 1962, 1963
Bühnenbild: Hans Ulrich Schmückle
Kostüme: Hans Ulrich Schmückle 1961, Liselotte Erler 1962, 1963

Ruth Margret Pütz (Konstanze) und Fritz Wunderlich (Belmonte) mit Istvan Kertesz. 1961

Wunderlichs Belmonte versucht nicht, aus der rollenbedingten Passivität schauspielerisch auszubrechen; was ihm die Librettisten an Handlung versagt haben, drückt er durch noble Empfindung, Feuer und Wärme des Singens aus. Sein kultivierter, in der Höhe strahlender, im Legatovortrag ungemein geschmackvoller Tenor ist schon heute allererste Klasse.
Express, Wien, 5. 8. 1961, Karl Löbl

Links: Georg Littasy (Osmin), Renate Holm (Blonde). 1961

Rechts: Ludwig Welter (Osmin), Gerhard Unger (Pedrillo). 1963

Die Salzburger Aufführung hat in *Erika Köth* nicht nur eine ideale Besetzung, sondern ihren eigentlichen erlebnishaften Mittelpunkt. Makellos in der technischen wie musikalischen Beherrschung, ... weiß die Sängerin ihre Gesangskunst stets dem Ausdruck unterzuordnen. Das süße und edle Timbre ihrer Stimme vermag die Traurigkeit und den verzweifelten Stolz ebenso zu charakterisieren wie das innige Glück der Liebe. Dazu kommt der Eindruck einer auch mit sparsamsten Mitteln wirkungssicheren Schauspielerin, die der Figur in Bewegung und Erscheinung etwas unendlich Rührendes zu geben vermag.
Salzburger Nachrichten, 29. 7. 1963, Gottfried Kraus

Erika Köth (Konstanze). 1963

Die Entführung aus dem Serail

Kleines Festspielhaus 1965–1967, 1970–1975
Dirigent: Zubin Mehta 1965–1967, 1970, Bernhard Conz 1965, 1971, John Pritchard 1966, Leif Segerstam 1971–1975
Regie: Giorgio Strehler
Bühnenbild und Kostüme: Luciano Damiani

Luciano Damiani, Giorgio Strehler, Zubin Mehta. 1965

Michael Heltau, Reri Grist, Fritz Wunderlich und Anneliese Rothenberger während einer Probenpause. 1965

Ein Mozart-Ensemble, wie man es idealer kaum finden wird. Innigkeit und Leidenschaft, Schwermut und freudiger Überschwang kommen in *Anneliese Rothenbergers* Konstanze mit wunderbarer Beseeltheit zum Ausdruck, von der souveränen Kunst der Stimmführung, der Feinheit der deklamatorischen Nuancierung, der Intelligenz des Vortrags nicht zu reden. Dazu die deliziöse Erscheinung, die Noblesse der Haltung, die in jedem Augenblick inneren Adel offenbart. ... Ihr ebenbürtig an Kunst und Wärme des Gesangs *Fritz Wunderlichs* Belmonte, feurig und sehnsüchtig ungeduldig bei aller äußeren Zurückhaltung, ein Kavalier und ein Liebhaber aus der Zeit des Sturms und Drangs. Hinreißend das Buffopaar, *Reri Grists* graziles, elektrisierend temperamentvolles Blondchen und *Gerhard Ungers* behender, witziger Pedrillo. Ihre Stimmen mit denen von *Anneliese Rothenberger* und *Fritz Wunderlich* vereint – so hat man das herrliche Quartett am Schluß des zweiten Akts noch nie gehört: ein Triumphgesang auf die Liebe, inspiriert, lustvoll und überschwenglich. Wenn irgendwo, so war hier Mozarts überwältigender Eros gegenwärtig.
Süddeutsche Zeitung, München, 30. 7. 1965, Karl Heinz Ruppel

Giorgio Strehler mit Anneliese Rothenberger (Konstanze) und Fritz Wunderlich (Belmonte). 1965

Giorgio Strehler probt mit Reri Grist (Blonde) …

Strehler kann stundenlang proben ohne Ermüdungserscheinungen. Immer fröhlich oder aufmunternd arbeitet er mit starker Konzentration, und es entgeht ihm nicht die geringste Mogelei oder Unsicherheit auf der Bühne. Da stürmt er sofort wieder hinauf, spielt vor oder spielt mit, ist abwechselnd Konstanze oder Belmonte, verkörpert gleichsam die ideale Interpretation. … Ein Komödiant, ein Verwandlungskünstler, der auch sensible Liebesszenen mit aller Poesie darzustellen weiß, ein Regisseur, dem die Einfälle nicht und nicht ausgehen. Ein Regisseur obendrein, der ein scharf umrissenes Konzept hat, das er aber jeder Situation, jedem Charakter anpaßt. Und wenn er am Detail arbeitet, werden seine Ideen noch von Tag zu Tag vielfältiger und phantasievoller. Aus dem kleinsten, banalsten Satz entfaltet Strehler Farbigkeit und Komik. Hinterher schiebt er das alles Mozart in die Schuhe: »… das will Mozart damit sagen, das steht doch in den Noten!«

Neues Österreich, Wien, 29. 7. 1965, Babette Raitmayr

… und Fernando Corena (Osmin). 1965

Giorgio Strehler bei einer Probe mit Kurt Moll und Gerhard Unger. 1971

Das größte Experiment der Besetzung war *Fernando Corena* als Osmin – erstens, weil er der deutschen Sprache nicht mächtig, und zweitens, weil er ein Baßbariton, keinesfalls aber ein tiefer Baß ist, wie man ihn hier bräuchte. Aber er ist auch ein großer, kluger Künstler, und als solcher meisterte er zunächst die sprachlichen Schwierigkeiten erstaunlich gut, bezog sogar aus mancher Akzentuierung zusätzliche komische Effekte, und wurde auch mit allen stimmlichen Problemen überraschend sicher fertig.
Express, Wien, 29. 7. 1965, Karl Löbl

Fernando Corena (Osmin), Gerhard Unger (Pedrillo). 1966

Reri Grist ist ein kicherndes Blondchen und die herrlichste Sängerin, die man sich nur denken kann.
Die Presse, Wien, 30. 7. 1965, Franz Endler

Zu sagen ist . . ., daß *Fernando Corena* die Figur des Osmin zum Truffaldino der italienischen Stegreifkomödie hin korrigiert und der Rolle mit drolligem deutschen Akzent gewachsen ist.
Frankfurter Allgemeine Zeitung, 4. 8. 1965, Hans Heinz Stuckenschmidt

Reri Grist (Blonde), Fernando Corena (Osmin). 1965

Elizabeth Harwood (Konstanze), Michael Heltau (Bassa Selim). 1971

Elizabeth Harwood zeichnet sich als Konstanze durch hohe Stimmkultur und »Geläufigkeit der Gurgel« bei den schwierigen Koloraturen aus. ... *Michael Heltau* fügt sich mit dem schwierigen Part des Bassa Selim durch überlegte sprachliche Stilisierung in das Operngeschehen.
Salzburger Nachrichten, 30. 7. 1971, Werner Thuswaldner

Eine Entwicklung hat *Kurt Molls* Osmin durchgemacht, der zum grotesken Habitus seines martialischen Türken immer bestechendere stimmliche Qualitäten entfaltet. Die extreme Tiefe der Partie hat schon berühmte Vorgänger an die Grenzen ihrer Möglichkeiten geführt.
... einem guten Blondchen fliegen die Herzen zu. *Norma Burrowes* ist wortwörtlich die Engländerin, zur Freiheit geboren, stimmlich wie gestisch nahm sie das Publikum im Sturm.
Salzburger Nachrichten, 7. 8. 1973, Elisabeth Effenberger

Kurt Moll (Osmin), Norma Burrowes (Blonde). 1973

Links: Anneliese Rothenberger (Konstanze). 1970

Rechts: Margaret Price (Konstanze). 1975

Werner Hollweg singt nun den Belmonte: mit hübschen lyrischen Qualitäten, wenngleich ein wenig starr und unpersönlich.
Kronenzeitung, Wien, 30. 7. 1971, Karlheinz Roschitz

Auf der Bühne begegnete man wieder dem idealen, wie je stimmfrischen Pedrillo *Gerhard Ungers* und *Werner Hollweg*, der in glücklicher Disposition den Belmonte männlich kraftvoll, dynamisch nuanciert und mit Kultur des Tones und der Phrasierung sang.
Salzburger Nachrichten, 2. 8. 1975, Hermann Schönegger

Gerhard Unger (Pedrillo), Werner Hollweg (Belmonte). 1970

Die Entführung aus dem Serail

Kleines Festspielhaus 1980, 1981
Dirigent: Lorin Maazel
Regie, Bühnenbild und Kostüme: Filippo Sanjust

Ileana Cotrubas (Konstanze) mit Filippo Sanjust bei der Probe. 1981

Von einem merkwürdigen Osmin wäre noch zu berichten. *Martti Talvela* hat gewiß die Gewalt und Tiefe des Basses und die allesüberragende Mächtigkeit der Gestalt. Aber er singt seine lyrischen Anwandlungen und seine wutschnaubenden und triumphierenden Tiraden alle aus dem Stand, vorbildlich zwar, doch ohne jede Umsetzung in körperliche Aktivität, wodurch jene sonst vielfach aufgesetzte Komik vermieden wird. ... In der Partie des Pedrillo: *Norbert Orth* mit problemlos klarer Höhe ...
Wiesbadener Kurier, 31. 7. 1980, Bruno Russ

Martti Talvela (Osmin), Norbert Orth (Pedrillo). 1981

Ileana Cotrubas, die ihre großen Arien zwar nicht bravourös, aber mit wunderbarem Ausdruck gesungen hatte, gab wirklich »ihr ganzes Herz dahin«. Daß die Konstanze sie an die Grenzen ihrer stimmlichen und technischen Möglichkeiten führt, war nicht zu überhören.
Doch ist Konstanze ja immer wieder wirklich am Ende, und so scheint mir eine gewisse Anstrengung in dieser mörderischen Partie sogar legitim. Nichts ist schlimmer, als wenn hier geläufige Gurgeln über alle Schwierigkeiten mühelos hinwegturnen und den seelischen (und stimmlichen) Ausnahmezustand der Figur nicht mitvollziehen. Insofern schien mir die *Cotrubas* eine ideale Konstanze.
Kurier, Wien, 31. 7. 1980, Andrea Seebohm

Ileana Cotrubas (Konstanze). 1980

Die Entführung aus dem Serail

Kleines Festspielhaus 1987–1989
Dirigent: Horst Stein
Regie: Johannes Schaaf
Bühnenbild: Andreas Reinhardt
Kostüme: Peter Pabst

Dirigent Horst Stein im Gespräch mit Wolfgang Holzherr vom Wiener Staatsopernchor. 1987

Das junge, hierorts weithin unbekannte Sängerteam, das sich Schaaf für seine »Entführung« gewünscht hatte, entsprach den exorbitanten darstellerischen Anforderungen überzeugender als den stimmlichen.
Stuttgarter Zeitung, 29. 7. 1987, Linda Zamponi

Regisseur Johannes Schaaf probt mit Deon van der Walt (Belmonte) und Kurt Rydl (Osmin). 1987

Ulrich Wildgruber (Bassa Selim), Inga Nielsen (Konstanze). 1989

Salzburgs »Entführung« stellt einen neuen Typus von Mozart-Sängern vor, bei dem es mehr auf das Zusammentreffen verschiedener Fähigkeiten und Komponenten ankommt als auf stimmliche Opulenz. *Deon van der Walt* (Belmonte) erwies sich als ein Mozart-Sänger mit beachtlichen stimmlichen und musikalischen Qualitäten, der sich auch in der meist gestrichenen »Baumeister-Arie« eindrucksvoll behaupten konnte. *Inga Nielsen* bringt sowohl die lyrischen Farben wie die dramatische Ausdruckskraft für die Konstanze auf. ... *Julie Kaufmanns* emanzipiertes Mädchen Blondchen gewann Eigengewicht, sängerisch und darstellerisch eine Aufwertung der Figur. *Heinz Zedniks* musikalische und schauspielerische Intelligenz und Ausstrahlung beeindruckten auch diesmal, ein Pedrillo mit vielen neuen Zügen und Facetten. Dem zur zentralen Gestalt avancierten Osmin verlieh *Kurt Rydl* entsprechendes Gewicht, gewiß ein Höhepunkt in der Karriere dieses hochbegabten Bassisten.

Opernwelt, Zürich, 1987, Nr. 10, Imre Fabian

Links: Deon van der Walt (Belmonte), Inga Nielsen (Konstanze), Julie Kaufmann (Blonde). 1987
Rechts: Heinz Zednik (Pedrillo), Kurt Rydl (Osmin). 1987

Die Zauberflöte

DIE ZAUBERFLÖTE

Festspielhaus 1928
Dirigent: Franz Schalk
Regie: Lothar Wallerstein
Bühnenbild: Oskar Strnad

Frau *Gerhart* sang die Königin der Nacht in verklärter und edler Schönheit. Man sah in Frau *Rajdl* eine bildhaft schöne, anmutig jugendliche Pamina; gesanglich ein wenig unpersönlich.
Wiener Zeitung, 23. 8. 1928, Rudolf Holzer

Marie Gerhart (Königin der Nacht), Maria Rajdl (Pamina)

Links: Margarethe Krauß (Papagena), Hans Duhan (Papageno)

Rechts: Richard Mayr (Sarastro)

Herr *Duhan*, der Papageno: im gesanglichen Ausdrucke korrekt, wohl abgestimmt, aber ein paar Nuancen von lebhafterer Beweglichkeit hätten das Bild belebt. ... *Richard Mayrs* Sarastro hat das volle Format, die in jeder Hinsicht imposante Vollendung, die der Tradition der Wiener Oper entspricht.
Wiener Zeitung, 23. 8. 1928, Rudolf Holzer

DIE ZAUBERFLÖTE

Festspielhaus 1931–1933
Dirigent: Bruno Walter
Regie: Karl Heinz Martin 1931, Franz Ludwig Hörth 1932, Oskar Strnad 1933
Bühnenbild: Oskar Strnad

Neu waren *Hans Fidesser,* ein prachtvoller Tamino, und *Lotte Schöne,* die als Pamina in ihrem rührenden Ernst überraschte...
Allgemeine Musikzeitung, Wien, 4. 9. 1931, Roland Tenschert

Links: Hans Fidesser (Tamino), Lotte Schöne (Pamina). 1931

Rechts: Helge Rosvaenge (Tamino). 1932

DIE ZAUBERFLÖTE

Festspielhaus 1937
Dirigent: Arturo Toscanini
Regie: Herbert Graf
Bühnenbild: Hans Wildermann

Arturo Toscanini mit Herbert Graf, Willi Domgraf-Fassbaender und Begleitung in der Hofstallgasse

Alexander Kipnis gibt dem Sarastro großes Format, stimmliches und darstellerisches Gewicht. Er ist voll Würde und milder Menschlichkeit, ohne je ins Salbungsvolle zu geraten. Von herzerquikkender Fröhlichkeit ist der Papageno des Herrn *Domgraf-Fassbaender*. Ein schöner, warmer, vollklingender Sängerton quillt ihm leicht und frei aus der Kehle, und in Spiel und Vortrag manifestiert sich ein naturhaftes, ursprüngliches Temperament. Keine falsche, fremde Nuance trübt die Reinheit dieses Humors, der kein gesuchter, gemachter, sondern ein wirklich naiver ist und die drollige Figur des befiederten Erdensohnes in lachender, strotzender Lebensfülle hervorgehen läßt.
Neues Wiener Tagblatt, 1. 8. 1937, Heinrich Kralik

Links: Willi Domgraf-Fassbaender (Papageno)

Rechts: Alexander Kipnis (Sarastro)

Rosvaenges Tamino gehörte schon der Aufführung von 1932 an. Sein edles, beseeltes Organ, die Vorzüge einer makellosen Atemführung und Stützung feiern Triumphe und verbreiten strahlenden Glanz von der Bildnisarie bis zum letzten Takte. Auch diesmal ist er freilich mehr Prinz als Mensch, als Liebhaber der schönsten Märchenprinzessin.

Neue Freie Presse, Wien, 1. 8. 1937, Hermann Ullrich

Als leibhaftige Märchenprinzessin wandelt *Jarmila Novotna* über die blumigen Pfade der Oper. Sie ist als Pamina von bildhafter Schönheit und singt mit heller, frischer Stimme. Alles Formale erscheint individuell gefärbt und belebt, besonders auch Ornament und Zierat der Melodie, dem die Espressivotechnik der Sängerin geradezu tonmalerische und sinnbildliche Bedeutung verleiht.

Neues Wiener Tagblatt, 1. 8. 1937, Heinrich Kralik

Helge Rosvaenge (Tamino), Jarmila Novotna (Pamina)

Die Zauberflöte

Festspielhaus 1941
Dirigent: Karl Böhm
Regie: Heinz Arnold
Bühnenbild und Kostüme:
Ludwig Sievert

An der Spitze des Ensembles stand, ein stilistisch vorbildlicher Mozart-Sänger, *Peter Anders* als männlich nobler Tamino, ein Prinz, dem man die seelische Stärke zum Bestehen der Prüfungen und den inneren Adel des zur Weisheit Berufenen glaubt.
Kölnische Tageszeitung, 7. 8. 1941, Karl Heinz Ruppel

Besonders hervorzuheben ist der lyrische Schmelz und tenorale Glanz, den *Peter Anders* (von der Berliner Staatsoper) in der Rolle des Tamino entfaltete.
B.Z. am Mittag, Berlin, 5. 8. 1941, Walter Steinhauer

Ausgezeichnete Gesangsleistungen trugen die Aufführung. *Peter Anders* war ein strahlender Tamino. ... Sehr eindrucksvoll der substanzreiche Baß von *Kurt Böhme* (Sprecher).
Berliner Börsenzeitung, 5. 8. 1941, Heinz Joachim

Kurt Böhme (Sprecher), Peter Anders (Tamino)

Die Zauberflöte

Festspielhaus 1943
Dirigent und Regie: Clemens Krauss
Bühnenbild: Stefan Hlawa
Kostüme: Erni Kniepert

Ein Nichtsänger, ein berühmter, feiner Wiener Komiker, *Paul Hörbiger,* gab den Papageno, diskret im Spiel, mit feinpointiertem Humor, und was ihm an Stimme fehlt (er hat sich eine Art in sich sinnierenden Sprechgesang zurechtgelegt), ersetzt er durch souveränen, reichnuancierten Ausdruck in Spiel und Sprache. Ein geadelter Papageno, der sein Vocabularium an Urwüchsigkeit und Laune mitgebracht hat und davon vergnüglichst in kleinen, aber vielen Dosierungen Gebrauch macht. So ist *Hörbiger* wohlig und selig in dieser »Zauberflöte« zuhaus, und ist ein Gebender bis auf dort, wo in Duett und Terzett Mozart Papagenos Bariton in das wunderbare Stimmgefüge der Gesänge eingebaut hat. ... Die zweite Sensation war *Gusti Huber* als Papagena. Sie legte in die kleine Rolle ein prickelndes Trio des Neckischen, Frischen, Koketten.
Salzburger Zeitung, 29. 8. 1943, Otto Kunz

Gusti Huber (Papagena),
Paul Hörbiger (Papageno)

Die Zauberflöte

Felsenreitschule 1949–1952
Dirigent: Wilhelm Furtwängler 1949–1951,
Rudolf Moralt 1952
Regie: Oscar Fritz Schuh
Bühnenbild und Kostüme: Caspar Neher

Wilhelm Furtwängler und Oscar Fritz Schuh bei einer Probe. 1949

Vom Dirigentenpult her erwächst in das Fluidum der Felsenreitschule die eine Komponente des starken Erfolges dieser »Zauberflöte«, die andere dankt man einer Reihe von Solisten, in erster Linie der Pamina *Irmgard Seefrieds.*
Der beseelte und beseeligende Wohllaut ihres Singens läßt jedes Wort der Würdigung schal erscheinen, es ist eine Manifestation des Begriffes »Festspiel« schlechthin.
Salzburger Volksblatt, 31. 7. 1950, Hans Kutschera

Pamina und Tamino waren *Irmgard Seefried* und *Anton Dermota,* der herrliche lyrische Sopran und der etwas dunkelgolden timbrierte lyrische Tenor unserer Oper, die den Mozart-Stil so völlig kennen.
Neues Österreich, Wien, 2. 8. 1952, Y.

Anton Dermota (Tamino) und Irmgard Seefried (Pamina) mit Wilhelm Furtwängler. 1951

Szene mit Josef Greindl (Sarastro). 1951

Weder Furtwängler noch Sarastros Geist vermöchte eine solche Vollkommenheit der Aufführung zu erreichen, wenn ihm nicht auch ein so erlesenes »Zauberflöten«-Ensemble zur Verfügung stünde: Ein Tamino, der wie *Anton Dermota* die Stimme, den Tonfall, das Edeltimbre und den gepflegten Vortrag eines geborenen Märchenprinzen besitzt, eine Pamina, die wie *Irmgard Seefried* mit meisterlich und instrumental geführtem Sopran den rechten Herzenston, den rechten volksliedhaften Ausdruck zu treffen weiß, ... ein Sarastro, der wie *Josef Greindl* sich feierlich-milde, mit klangvollem Baß und menschlicher Güte mitzuteilen weiß. ... Das hohe Niveau der Besetzung dokumentiert sich ferner ... im Knabenterzett: *Hannelore Steffek, Luise Leitner* und *Friedl Meusburger.*
Die Presse, Wien, 3. 8. 1951, Heinrich Kralik

Hannelore Steffek (1. Knabe), Luise Leitner (2. Knabe), Irmgard Seefried (Pamina), Friedl Meusburger (3. Knabe). 1950

… endlich *Erich Kunz*, der den Papageno in wahrhaft idealer Weise verkörpert, Mozarts und Schikaneders Vogelfänger, wie er singt und spielt, wie er leibt und lebt. Aufs reizendste trifft er den Volksliedton der Gesangstücke und das naturhafte Wesen der Figur. Vergnügt und ungeniert freut er sich seines Daseins und kehrt in seiner Daseinsfreude eine so drollige Art, selbstbewußt und trotzig zu sein, hervor, daß auch darin ein Zug persönlicher und herzgewinnender Liebenswürdigkeit liegt.
Die Presse, Wien, 2. 8. 1952, Heinrich Kralik

Erich Kunz (Papageno). 1952

Wilma Lipp als Königin der Nacht hat wieder einen weiteren Perfektionsgrad erreicht. Ihre sternflammenden Koloraturen glitzern und funkeln faszinierend, und immer entschiedener leuchtet nun auch das Licht ihrer eigenen jungen, frischen und so resoluten künstlerischen Persönlichkeit. Sie ist wahrhaftig Königin in ihrem Fach.
Die Presse, Wien, 1. 8. 1950, Heinrich Kralik

Wilma Lipp – in ihrer derzeitigen bestechenden Form, die sie zu einem der strahlendsten Gestirne am Tag- und Nachthimmel der Oper macht, singt die Königin der Nacht, die man getrost an den größten Vorbildern messen darf.
Weltpresse, Wien, 5. 8. 1952, unbezeichnet

Wilma Lipp (Königin der Nacht). 1952

Links: Fritz Wunderlich (Tamino), Eberhard Waechter (Sprecher). 1960

Rechts: Erika Köth (Königin der Nacht). 1959

Tamino ist zunächst Prinz und dann erst Liebhaber. *Fritz Wunderlich* hat diese Rangordnung der Gefühle großartig herausgearbeitet. Elegant in Erscheinung und Auftreten, dezent und doch sehr bestimmt im Agieren, mit Noblesse in der Prosa und einem ungemein kultivierten, klaren Mozart-Stil, mit geschmeidigem, schlankem Tenor und klugem Aufbau seiner Solonummern – so präsentierte sich der sympathische junge Sänger als Idealbesetzung einer Partie, in der er große, renommierte Vorbilder hat, ohne daß sie ihm jedoch gefährlich werden konnten.
Express, Wien, 13. 8. 1960, Karl Löbl

Es erscheint eine nachtblau gewandete Königin – *Erika Köth* – mit silbern erstrahlendem Diadem. Sie täuscht fast unser wie des Tamino Vertrauen, so herrlich rein erglänzt die Sopran-Koloratur.
Salzburger Volksblatt, 28. 7. 1959, Berta Hehn

...eine zum Großteil neue Besetzung, in der *Gottlob Frick* als prachtvoll ausgeglichen singender Sarastro auch mit seiner Schlichtheit als Darsteller und Sprecher weit vorne rangiert.
Kurier, Wien, 16. 8. 1960, Herbert Schneiber

Gottlob Frick (Sarastro), Liselotte Fölser (Pamina). 1960

Wilma Lipp als Königin der Nacht hat wieder einen weiteren Perfektionsgrad erreicht. Ihre sternflammenden Koloraturen glitzern und funkeln faszinierend, und immer entschiedener leuchtet nun auch das Licht ihrer eigenen jungen, frischen und so resoluten künstlerischen Persönlichkeit. Sie ist wahrhaftig Königin in ihrem Fach.
Die Presse, Wien, 1. 8. 1950, Heinrich Kralik

Wilma Lipp – in ihrer derzeitigen bestechenden Form, die sie zu einem der strahlendsten Gestirne am Tag- und Nachthimmel der Oper macht, singt die Königin der Nacht, die man getrost an den größten Vorbildern messen darf.
Weltpresse, Wien, 5. 8. 1952, unbezeichnet

Wilma Lipp (Königin der Nacht). 1952

Die Zauberflöte

Felsenreitschule
1955, 1956
Dirigent: Georg Solti
Regie: Herbert Graf
Bühnenbild
und Kostüme:
Oskar Kokoschka

Georg Solti. 1955

▷
Von Bedeutung ist die Neuausgabe des Papageno, wie sie *Walter Berry* heuer an Stelle des unnachahmlich originellen *Erich Kunz* darbietet: *Berrys* Vogelmensch ist vitaler, aber er hat die Vitalität eines Fauns, die nicht unbedingt der »Lustigen Person« der Volksbühne verpflichtet bleibt, wenn es ihn nach einfachem Menschenrecht gelüstet (ein lauerndes Begehren gibt den Ton an).

Salzburger Nachrichten, 4. 8. 1956, Max Kaindl-Hönig

Herbert Graf und Oskar Kokoschka mit Gustav Vargo, dem Ausstattungsleiter der Salzburger Festspiele, in der Felsenreitschule. 1955

Anton Dermota (Tamino), Walter Berry (Papageno), Gerda Scheyrer (1. Dame), Christa Ludwig (2. Dame), Rosl Zapf (3. Dame). 1956

Unter den Sängern muß diesmal *Anton Dermota* (Tamino) als erster genannt werden, da er sich aufs neue als idealer Mozart-Sänger erwies. Jede Phrase, die diese reine und kultivierte Stimme singt, ist eine bis zum letzten geformte Gesangleistung und ein uneingeschränkter Genuß.
Wiener Zeitung, 27. 7. 1955, Norbert Tschulik

Auch Pamina konnte begeistern: die bildhaftschöne *Elisabeth Grümmer* vermochte mit ihrem kultivierten, seelenvollen und wunderbar ruhig fließenden Gesang selbst die Erinnerung an die unvergleichliche *Irmgard Seefried* zu verscheuchen.
Neuer Kurier, Wien, 26. 7. 1955, Herbert Schneiber

Ein idealer Sarastro war *Gottlob Frick:* stimmlich in allen Registern edel und markig.
Salzburger Nachrichten, 26. 7. 1955, Willi Reich

Eberhard Waechter (2. Priester), Gottlob Frick (Sarastro), Elisabeth Grümmer (Pamina), Waldemar Kmentt (1. Priester). 1956

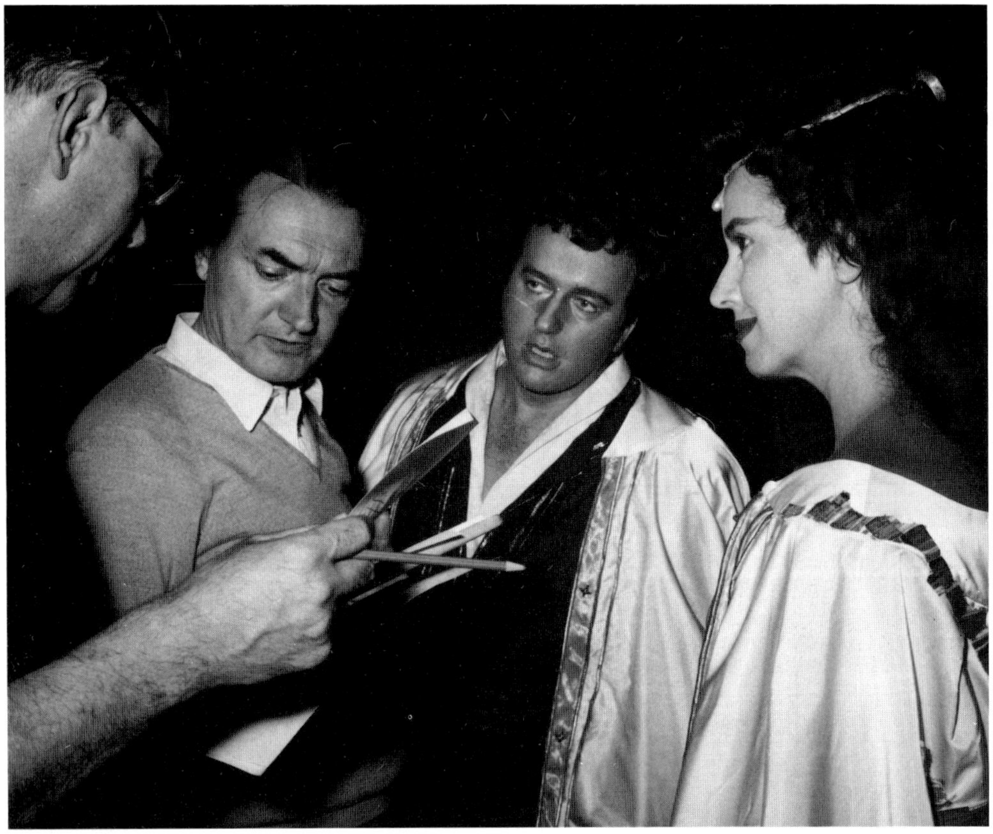

Die Zauberflöte

Festspielhaus 1959, 1960
Dirigent: George Szell 1959,
Joseph Keilberth 1960
Regie: Günther Rennert
Bühnenbild und Kostüme:
Ita Maximowna

Regisseur Günther Rennert bei einer Probe mit Léopold Simoneau (Tamino) und Lisa Della Casa (Pamina). 1959

Lisa Della Casa ist neu in der Partie der Pamina, sehr mädchenhaft, ganz Prinzessin, bezaubernd in der Art, wie sie Kühle und Wärme des Ausdrucks zu mischen weiß. ... *Walter Berry* ist ein mehr naiver als komischer Papageno, was dieser Inszenierung durchaus ansteht.

Frankfurter Allgemeine Zeitung, 30. 7. 1959, Ernst Thomas

Lisa Della Casa (Pamina), Walter Berry (Papageno). 1959

Star des Abends war *Lisa Della Casa* als Pamina. So schön, so nuanciert, fließend und ausdrucksvoll glaubte man die g-Moll-Arie, die chromatisch auf Selbstmord hinauslaufende Verzweiflung dieses tapfer liebenden Mädchens, noch nie gehört zu haben. Jeder Ton bestätigte, daß bloße Präzision bei Mozart noch längst kein Interpretationsprinzip ist, sondern nur eine Conditio sine qua non, eine unumgängliche Voraussetzung.
Süddeutsche Zeitung, München, 29. 7. 1959, Joachim Kaiser

Léopold Simoneau ist mit einer einzigen Einschränkung ein idealer Tamino: er spielt zuviel mit seiner Stimme. Er läßt sie, aus bloßer Freude am Gesang, zu sehr in allen Farben schillern, wo Tönungen genügen würden.
Illustrierte Kronen-Zeitung, Wien, 28. 7. 1959, Franz Endler

Léopold Simoneau (Tamino), Lisa Della Casa (Pamina). 1959

Links: Fritz Wunderlich (Tamino), Eberhard Waechter (Sprecher). 1960

Rechts: Erika Köth (Königin der Nacht). 1959

Tamino ist zunächst Prinz und dann erst Liebhaber. *Fritz Wunderlich* hat diese Rangordnung der Gefühle großartig herausgearbeitet. Elegant in Erscheinung und Auftreten, dezent und doch sehr bestimmt im Agieren, mit Noblesse in der Prosa und einem ungemein kultivierten, klaren Mozart-Stil, mit geschmeidigem, schlankem Tenor und klugem Aufbau seiner Solonummern – so präsentierte sich der sympathische junge Sänger als Idealbesetzung einer Partie, in der er große, renommierte Vorbilder hat, ohne daß sie ihm jedoch gefährlich werden konnten.
Express, Wien, 13. 8. 1960, Karl Löbl

Es erscheint eine nachtblau gewandete Königin – *Erika Köth* – mit silbern erstrahlendem Diadem. Sie täuscht fast unser wie des Tamino Vertrauen, so herrlich rein erglänzt die Sopran-Koloratur.
Salzburger Volksblatt, 28. 7. 1959, Berta Hehn

... eine zum Großteil neue Besetzung, in der *Gottlob Frick* als prachtvoll ausgeglichen singender Sarastro auch mit seiner Schlichtheit als Darsteller und Sprecher weit vorne rangiert.
Kurier, Wien, 16. 8. 1960, Herbert Schneiber

Gottlob Frick (Sarastro), Liselotte Fölser (Pamina). 1960

Walter Berry (in einem netten Kostüm) ist der sympathischeste Papageno unserer Zeit, dem man *Graziella Sciutti* wohl vergönnen muß; ausgeruht und sehr dezent wird die Stimme, vornehm und sympathisch wird das Vogelfängernetz von Pointen ausgelegt.

Illustrierte Kronen-Zeitung, Wien, 28. 7. 1959, Franz Endler

Locker ist das ganze Gehaben Papagenos angelegt, ein jungenhaftes, niemals outriertes Naturburschentum ohne allzu betonte wienerische Note und ohne dick aufgetragene Dümmlichkeit. Wie *Walter Berry* das macht, das zeigt, wie diese Musik wahrhaft das Leben selbst ist, und daß man sie nur richtig zu hören verstehen muß, um den Schlüssel zu einer ihrem Wesen entsprechenden Darstellung zu finden. ... Seine Papagena wurde von *Graziella Sciutti* mit wahrhaft graziösem Charme stimmlich und darstellerisch gleich vorzüglich verkörpert.

Salzburger Nachrichten, 28. 7. 1959, Hans Georg Bonte

Walter Berry (Papageno), Graziella Sciutti (Papagena). 1960

Die Zauberflöte

Neues/Großes Festspielhaus 1963, 1964
Dirigent: Istvan Kertesz
Regie: Otto Schenk
Bühnenbild: Jörg Zimmermann
Kostüme: Hill Reihs-Gromes

Regisseur Otto Schenk, Roberta Peters (Königin der Nacht), Dirigent Istvan Kertesz und Walter Berry (Papageno) bei einer Probe. 1963

Das etwas kalte Timbre des Organs der Königin der Nacht, *Roberta Peters*, kommt vor allem der Rachearie ihrer nächtlichen Königin zustatten. Die Koloraturen perlen bestechend makellos.
Salzburger Volksblatt, 29. 7. 1963, Hans Kutschera

Roberta Peters gefiel mir weitaus besser als im Vorjahr, beide Arien der Königin waren technisch sehr exakt und im Ausdruck durchaus überzeugend gesungen (die zweite, wie üblich, noch besser als die erste). *Pilar Lorengar* war eine kultivierte, schön singende, etwas kühle Pamina.
Express, Wien, 29. 7. 1964, Karl Löbl

Roberta Peters (Königin der Nacht), Pilar Lorengar (Pamina). 1964

Hildegard Rütgers (3. Knabe), Pilar Lorengar (Pamina), Lucia Popp (1. Knabe), Yvonne Helvey (2. Knabe). 1964

Untersuchen wir, welchen der Solopartien der leicht verfängliche Hang der Regie nichts schadete, so steigt das edle Paar Pamina-Tamino, *Pilar Lorengar* und *Waldemar Kmentt,* musikalisch und darstellerisch am besten heraus. Der Papageno *Walter Berrys* hat, von einigen typischen Kleinkunst-Quodlibets abgesehen, ... ein so kapitales mozartisches Format in sich, daß der trefflichen Figur nichts zustoßen konnte, schon gar nicht im gesanglichen Stil. Ein bißchen zu puppig, zu salonhaft für den älplerischen Findling unter den Ägyptern mutet als Dirndl-Partnerin *Anneliese Rothenberger* (Papagena) an. ... die Drei Knaben ... sind mit süßen Mädchenstimmen begabt und spielen richtiges Märchen: *Lucia Popp, Yvonne Helvey* und *Hildegard Rütgers.*

Salzburger Nachrichten, 29. 7. 1963, Max Kaindl-Hönig

Links: Walter Berry (Papageno), Anneliese Rothenberger (Papagena). 1963

Rechts: Waldemar Kmentt (Tamino). 1963

Die Zauberflöte

Großes Festspielhaus, 1967, 1968, 1970
Dirigent: Wolfgang Sawallisch
Regie: Oscar Fritz Schuh
Bühnenbild und Kostüme: Teo Otto

Oscar Fritz Schuh im Gespräch mit Wolfgang Sawallisch. 1967

Bühnenbildner Teo Otto und Oscar Fritz Schuh mit Festspielpräsident Bernhard Paumgartner. 1967

Helen Donath als Pamina. Ihre Stimme verströmt alle Süße und mädchenhafte Innigkeit, die sich Mozart für die Partie erträumt haben kann. Ihr »Tamino, o welch ein Glück« ist der Inbegriff an Liebesseligkeit. Mit biegsamem, leicht heldisch leuchtendem Tenor singt *Peter Schreier* den Tamino. Nichts, was sich gegen ihn sagen ließe, sicher ist er heute einer der Besten.
Münchner Merkur, 28. 7. 1967, Helmut Schmidt-Garre

Helen Donath (Pamina), Peter Schreier (Tamino). 1967

Szene mit Helen Donath (Pamina), Hermann Prey (Papageno), Gerhard Unger (Monostatos) und Sklaven. 1970

Das Ensemble, international wie stets in Salzburg, überraschte am beglückendsten mit Salzburger Neulingsnamen. Die amerikanische Hannoveranerin *Helen Donath* glänzte als schlechthin vollkommene Pamina; ihre Arie, Zitterstück von Meisterinnen wie der großen *Lotte Lehmann*, gelang absolut makellos. *Peter Schreier* aus Dresden-Ostberlin ist, nach *Wunderlichs* Tode, der deutsche Belcantotenor Nummer eins, dazu ein nobler Spieler. *Hermann Prey* wiederholte seinen New Yorker Papageno-Triumph; er bringt das Kunststück fertig, Schikaneder-Komik ohne alle Mätzchen in unserer Zeit zur Wirkung zu bringen, ohne albern zu wirken.

Stuttgarter Nachrichten, 28. 7. 1967, Kurt Honolka

Peter Schreier (Tamino). 1970

Dwyla Donohue (3. Knabe), Monique Lobasà (1. Knabe), Helen Donath (Pamina), Ileana Cotrubas (2. Knabe). 1968

Hermann Prey, kultivierter Charmeur, ... ist der Papageno des Abends. Kein wienerischer, auch kein österreichischer, der herumkasperlt, doch ebensowenig ein humorloser. Er spielt den Vogelfänger lieb und lustig und mit einigen feinen, für uns neuen Späßen, er bewegt sich sehr geschmeidig und singt ebenso, mit einem Schmelztimbre, daß einem die Noten im Ohr zergehen. Er gefiel im Laufe des Abends immer mehr.
Kurier, Wien, 27. 7. 1967, Herbert Schneiber

Reizend *Judith Blegen* als silbrig zwitschernde Papagena.
Süddeutsche Zeitung, München, 28. 7. 1967, Karl Heinz Ruppel

Judith Blegen (Papagena), Hermann Prey (Papageno). 1967

Die Zauberflöte

Großes Festspielhaus 1974
Dirigent:
Herbert von Karajan
Regie: Giorgio Strehler
Bühnenbild und Kostüme:
Luciano Damiani

Giorgio Strehler und Herbert von Karajan bei einer Probe

▷
René Kollo (Tamino), Louise Lebrun (Königin der Nacht)

Da ist an erster Stelle die Pamina von *Edith Mathis* zu nennen, die auch in dieser Aufführung bewies, daß sie zu den ganz großen Persönlichkeiten der Opernbühne und zu den erlesensten Mozart-Sängerinnen zählt. Tamino sang zum ersten Mal in seiner bisherigen Laufbahn *René Kollo.* Der eher dramatische Tenor löste die musikalischen Anforderungen mit erstaunlich gutem Resultat, während er in den Strehlerschen Bahnen, obwohl er zweifellos ein guter Schauspieler ist, mit wenig Engagement agierte.
Salzburger Volkszeitung, 29. 7. 1974, Hans Baumgartner

Links: Edith Mathis (Pamina)

Rechts: Hermann Prey (Papageno)

Die Zauberflöte

Felsenreitschule 1978–1986
Dirigent: James Levine
Regie, Bühnenbild und Kostüme:
Jean-Pierre Ponnelle

Jean-Pierre Ponnelle und James Levine bei einer Probe in der Felsenreitschule. 1978

Als Mozart-Entdeckung möchte ich *Eric Tappy,* den Salzburger Alessio und den erfahrenen Interpreten alter Musik, hervorheben, dessen Tamino … manch gestandenen Mozart-Tenor vergessen läßt.
Frankfurter Rundschau, 1. 8. 1978, Peter Cossé

Eric Tappy als Tamino, der sich zwar mit dem deutschen Dialog ein wenig schwer tut, aber herrlich tenoralen Wohllaut verbreitet. Er singt erstaunlich viele offene Vokale, eine Singweise, mit der einst die großen italienischen Sänger Ruhm einheimsten und die seit dem Sieg der Wagnerschule mit ihren gedeckten Vokalen in den tiefsten Keller verbannt wurde und als Häresie gilt – hier feiert sie fröhliche Triumphe.
Der Tagesspiegel, Berlin, 1. 8. 1978, Otto Fritz Beer

Eric Tappy und Ileana Cotrubas während einer Probenpause in der Felsenreitschule. 1978

Auf dem Boden der Klassik – »mit Würd' und Hoheit angetan« – bewegten sich Tamino und Pamina. Der hochgewachsene, gertenschlanke und jugendlich heldisch timbrierte *Eric Tappy* verstand es, auf humane Weise zu strahlen. Die Pamina der ungemein lyrisch und mit breitem Atem singenden *Ileana Cotrubas* entsprach in zierlicher Gestalt und scheuer Haltung akkurat dem Bild der trauten Gefährtin, wie es Empfindsamkeit und Klassik gezeichnet haben.

Süddeutsche Zeitung, München, 31. 7. 1978, Karl Schumann

Ileana Cotrubas: Ihre Pamina ist vielschichtig: scheu und kokett, anschmiegsam und herb, sehnsüchtig und zuletzt sogar etwas heroinenhaft – und all das nur angedeutet, nur sparsam dosiert, um der Rolle unterschiedliche Facetten zu geben. Dazu der Klang eines himmlisch schönen Soprans und der Herzschlag einer dominierenden Bühnenpersönlichkeit.

Kurier, Wien, 30. 7. 1978, Karl Löbl

Ileana Cotrubas (Pamina), Eric Tappy (Tamino). 1978

Edita Gruberova als Königin der Nacht: Als leidende Mama wie als rachedürstende schwarze Gottheit gleicherweise ausdrucksvoll, bringt sie das Wunder fertig, sogar noch ihre haarsträubenden Koloraturen in beiden großen Arien »beseelt«, mit dynamischer Nuancierung zu singen, um den Preis jener kleinen Unsicherheiten, die lebende Koloraturmaschinen als größte Sünde ansehen würden.
Frankfurter Allgemeine Zeitung, 1. 8. 1978, Dietmar Polaczek

Phänomenal wieder *Edita Gruberova* als Königin der Nacht, deren Koloraturfeuerwerk von Jahr zu Jahr leuchtendere Funken versprüht und nicht nur Pyromanen, sondern auch Sängerkollegen, Stimmlehrer und Zuhörer in Atem hält. Perfekter geht's nun wirklich nicht mehr.
Kurier, Wien, 11. 8. 1980, Andrea Seebohm

Edita Gruberova (Königin der Nacht). 1978

Dieser junge *Christian Boesch* von der Wiener Volksoper war die Entdeckung und zugleich der Star des Abends. Was für ein Allerweltskerl! Klein, aber fesch mit seinem Lausbubengesicht, tirolerische Hosenträger überm Federgewand, Purzelbäume schlagend, zwanglos wienerisch parlierend und ohne allen Operettenblödsinn die ewige Gaudi wienerischen Volkstheaters lebendig machend. Mühelos bestand er neben der etablierten Prominenz.
Stuttgarter Nachrichten, 1. 8. 1978, Kurt Honolka

Christian Boesch als Papageno. Einen besseren hab' ich zuvor nie gesehen. Schlauheit und Beschränktheit, Mutterwitz und Selbstbewußtsein glaubt man ihm, die Dialoge werden fast behäbig, bedächtig, wie nachdenklich gesprochen, auf spekulative Gags wird verzichtet. Dieser Papageno ist volkstümlich, doch nie derb, ein liebenswerter Naturbursche mit Neigung zu kulinarischen Genüssen – und dazu ein vorzüglicher Sänger mit kerniger, aber geschmeidiger Stimme.
Kurier, Wien, 30. 7. 1978, Karl Löbl

Christian Boesch (Papageno). 1982

Martti Talvela (Sarastro), Ileana Cotrubas (Pamina). 1984

Martti Talvela ist Sarastro, klangschönster Weisheitsverkünder noch immer. Ton um Ton führt er künstlerisch der Eintracht entgegen, die er singend für die ganze Menschheit heraufbeschwört. *Talvelas* gesegnetes Singen besitzt eine Würde, die gar nicht mehr erspielt werden muß. Sein Sarastro regiert mit der Stimme.
Die Welt, Hamburg, 31. 7. 1978, Klaus Geitel

Lucia Popp, die nun die Pamina singt, steht ihrer Rollenvorgängerin *Ileana Cotrubas* nicht nach: Herbe Innigkeit und ganz unsentimentales Gefühl zeichnen auch ihre Rollengestaltung aus.
Wochenpresse, Wien, 13. 8. 1980, Gerhard Mayer

Christian Boesch (Papageno), Lucia Popp (Pamina). 1981

Zauber(Flöten)-Reich Theater/ Zauberflöte für Kinder

**Felsenreitschule
1980, 1982
Idee und Buch:
Christian Boesch
Präsentation:
Christian Boesch und
Jean-Pierre Ponnelle
Dirigent: James Levine**

Regisseur Jean-Pierre Ponnelle und Christian Boesch (Papageno) als Mitwirkende in der »Zauberflöte für Kinder«. 1982

Christian Boesch (Papageno), Jean-Pierre Ponnelle. 1982

Peter Schreier (Tamino), Kurt Moll (Sarastro). 1983

Ungemein sonor und in jeder Lage über Reserven verfügend, verkündet *Kurt Moll* seine Einsichten und Forderungen. Ein Sarastro, mit dem sich »Zauberflöte« spielen läßt...
Salzburger Nachrichten, 8. 8. 1983, Peter Cossé

Selbst Mozart hätte mit der Pamina 1985, *Angela Maria Blasi,* seine Freude haben können. Das zarte Persönchen überrascht mit glockig schwingendem, in jeder Nuance modulationsfähigem Sopran.
Salzburger Volkszeitung, 30. 7. 1985, Annemarie Schobesberger

Zdzislawa Donat, als Königin der Nacht, setzt ihre Koloraturen wie selbstverständlich in den Raum.
Salzburger Nachrichten, 11. 8. 1981, Karl Harb

Links: Angela Maria Blasi (Pamina), Kurt Moll (Sarastro). 1986

Rechts: Zdzislawa Donat (Königin der Nacht), Gösta Winbergh (Tamino). 1985

Edda Moser (1. Dame), Peter Schreier (Tamino). 1983

Peter Schreiers Tamino enthält eine Fülle von dramatisch-herrischen Aspekten, wohl auch infolge stimmlicher Fortentwicklung. Nicht mehr allein die weichen Kurven der »Bildnis-Arie« rücken diesen Tamino in den »Blickpunkt«, sondern die Vitalität des Beharrens, wobei der quasi-rezitativische Vortrag zum Stärksten gehört, was Operntenöre derzeit zu bieten haben.
Salzburger Nachrichten, 8. 8. 1983, Peter Cossé

Gösta Winbergh ist mit seinem Tamino auf dem besten Weg, ein erster Mozart-Tenor zu werden.
Kurier, Wien, 16. 8. 1985, Walter Gürtelschmied

Der strahlende Märchenprinz Tamino kann strengem Maßstab unerschrocken begegnen, da *Gösta Winbergh* mit seinem zwar schlanken, doch kraftvollen, durchaus flexiblen Tenor die Partie differenziert und betont männlich zu gestalten weiß.
Salzburger Nachrichten, 29. 7. 1985, Hermann Schönegger

Gösta Winbergh (Tamino). 1986

La clemenza di Tito

Titus

Landestheater 1949
Dirigent: Josef Krips
Regie: Hans Curjel
Bühnenbild und Kostüme: Hans Erni

Dirigent Josef Krips bei einer Probe mit Marta Rohs, Julius Patzak, Richard Holm und dem Chor

Julius Patzak als Titus ist eine prachtvolle Cäsarenerscheinung. Denken wir an seinen kürzlich bewunderten Florestan, so muß seine Wandlungsfähigkeit und seine Individualisierungskraft, die sich stets der einfachsten Mittel bedient, wahrhaftig in Erstaunen versetzen. Die weiche Lyrik seines ausdrucksvollen Tenors ... in Verbindung mit der Noblesse und Geistigkeit seiner Gesangskunst prädestiniert ihn zur Personifikation jenes Herrschers, der aus tiefer ethischer Überlegung und nicht aus angeborener Schwäche verzeiht.
Wiener Kurier, 12. 9. 1949, Peter Lafite

Szene mit Marta Rohs (Sextus), Julius Patzak (Titus), Richard Holm (Annius) u.a.

Links: Hilde Zadek (Vitellia), Marta Rohs (Sextus)

Rechts: Wilma Lipp (Servilia), Richard Holm (Annius)

Die Gegenspielerin des Titus, Vitellia, gibt *Hilde Zadek* mit stark bewegter Leidenschaft, vielleicht mitunter etwas zu scharf profiliert, auch gesanglich bietet sie eine eindrucksvolle Leistung. Hohes Lob verdienen auch alle übrigen: *Marta Rohs* als Sextus, *Wilma Lipp* als Servilia, *Richard Holm* als Annius und *Otto Edelmann* als Publius.
Österreichische Musikzeitschrift, Wien, 1949, Heft 8, Peter Lafite

Marta Rohs bewältigte die schwierige Rolle des Sextus gesanglich und darstellerisch ausgezeichnet, und eine gewisse unmozartische Härte in ihrer Stimme war in diesem Falle ihrer Rolle nur dienlich. Sehr hübsch, leicht und schwebend sang *Wilma Lipp* die Servilia.
Wiener Zeitung, 12. 8. 1949, unbezeichnet

Hilde Zadek (Vitellia), Marta Rohs (Sextus), Julius Patzak (Titus), Wilma Lipp (Servilia), Richard Holm (Annius)

La clemenza di Tito

Felsenreitschule 1976, 1977, 1979
Dirigent: James Levine
Regie, Bühnenbild und Kostüme:
Jean-Pierre Ponnelle

Jean-Pierre Ponnelle mit Carol Neblett und Tatiana Troyanos bei der Probenarbeit. 1977

Königin des Abends in vokaler wie in darstellerischer Hinsicht war *Tatiana Troyanos* als Sesto, die die Gewissensnöte des ... jungen Römers ergreifend eindringlich und mit dem vollen Schmelz ihres mächtig ausschwingenden Mezzosoprans zur Geltung brachte. Eine Vitellia von primadonnenhafter Allüre und expansivem Sopranschmelz war *Carol Neblett*, eine barocke Schönheit voll leidenschaftlicher Emphase im gestischen Ausdruck.
Augsburger Allgemeine, 31. 7. 1976, Karl Ganzer

Tatiana Troyanos (Sesto), Carol Neblett (Vitellia). 1977

Anne Howells (Annio), Catherine Malfitano (Servilia). 1977

Den Solisten ist gemeinsam, daß sie musikalisch der gleichen Klasse ernst gereiften Künstlertums zugehören, auch die Soprane der kleinen Partien, der Servilia, mit *Catherine Malfitanos* warmem, glockenreinem Timbre, des Annio von *Anne Howells'* kraftvoll schlankem Ton und herbem Ausdruck.
Salzburger Nachrichten, 31. 7. 1976, Max Kaindl-Hönig

Werner Hollweg ist... Tito. Er trägt den Abend vor allem dank seiner Persönlichkeit und schauspielerischen Präsenz. Stimmlich ist die Tendenz zum Heldischen nicht zu überhören, schmiegsame Mozart-Kantilene, Koloratur und Höhe sind seine Sache nicht unbedingt. Um so bewundernswerter, wie überzeugend er dennoch die Figur als Ganzes auf die Bühne stellt.
Die Presse, Wien, 31. 7. 1976, Gerhard Kramer

Anne Howells (Annio), Werner Hollweg (Tito), Tatiana Troyanos (Sesto). 1977

La clemenza di Tito

Felsenreitschule 1988, 1989
Dirigent: Riccardo Muti
Regie: Peter Brenner
Bühnenbild und Kostüme:
Enrico Job und Benito Persico

Peter Brenner und Riccardo Muti. 1988

Delores Ziegler (Sesto), Lászlo Polgár (Publio) mit Ausstatter Enrico Job und Regisseur Peter Brenner bei einer Probenbesprechung. 1988

Delores Ziegler (Sesto), Carol Vaness (Vitellia). 1988

Zu hören gab es vier wunderbare flexible, schlanke, dabei ansprechende, substanzreiche und sich im Ensemble vortrefflich mischende Frauenstimmen: *Carol Vaness* als dominierende und reife Vitellia, *Delores Ziegler* als koloraturgeläufiger Sesto, *Christine Barbaux* als lyrisch-verinnerlichte Servilia und *Martha Senn* als bewußt agierender Annio. *Gösta Winbergh* erwies sich in der Titelrolle einmal wieder als Mozart-Fachmann ersten Ranges.

Regensburger Zeitung, 27. 8. 1988, Jörg Riedlbauer

Gösta Winberghs Tenor verströmt in der Partie des Tito einen weichen, milden Glanz und zeichnet die Gesangslinien mit klarem, bestimmtem Duktus. Vitellia, als Figur passiv, erhält durch *Carol Vaness'* bravourösen Sopran eine Intensität und Strahlkraft, die sie ganz selbstverständlich als die eigentliche Gegenspielerin des milden Kaisers ausweisen. Wirkungsvoll hebt sich von ihrer Stimme die dunklere, schwerere des Sesto von *Delores Ziegler* ab. ... Der kleinen Rolle des Prätorianerpräfekten Publio schließlich verhilft *Lászlo Polgár* mit seinem warmen, agilen Baß und seiner darstellerischen Präsenz zu überraschender Lebendigkeit.

Neue Zürcher Zeitung, 29. 7. 1988, m.v.

Links: Gösta Winbergh (Tito), Delores Ziegler (Sesto). 1988

Rechts: Martha Senn (Annio), Christine Barbaux (Servilia). 1988

Idomeneo

Idomeneo

Felsenreitschule 1951
Dirigent: Georg Solti
Regie: Josef Gielen
Bühnenbild und Kostüme: Caspar Neher
Choreographie: Erika Hanka

Georg Solti bei einer Probe in der Felsenreitschule

Als Ilia gelangt *Hilde Güden* zu einer sehr bemerkenswerten künstlerischen Entwicklung, die sie förmlich in einen neuen weiteren Rollenkreis hebt. Die vorbildlich geführte Stimme hat an Volumen gewonnen, und die dramatische Figur, die die Künstlerin auf die Bühne stellt, wird innerlich und belebt, sie wird erfüllt mit Gefühls- und Ausdruckskraft.
Die Presse, Wien, 29. 7. 1951, Heinrich Kralik

Szene mit Hilde Güden (Ilia)

Idomeneo

Festspielhaus 1956
Dirigent: Karl Böhm
Regie: Oscar Fritz Schuh
Bühnenbild und Kostüme: Caspar Neher

Links: Rudolf Schock (Idomeneo), Gerda Scheyrer (Ilia)

Rechts: Hildegard Hillebrecht (Ilia), Waldemar Kmentt (Idamante)

Den Idomeneo sang *Rudolf Schock* ungemein effektvoll im Ausdruck, elastisch im Einsatz seines schönen Tenors, der lyrisches Timbre, strahlende Spitzentöne und erstaunliche Kraft besaß.
Bild-Telegraf, Wien, 28. 1. 1956, Karl Löbl

An erster Stelle wäre *Christel Goltz'* großartige, leidenschaftlich bewegte, racheerfüllte Elettra zu nennen, beinahe eine Vorstudie zu Strauss' mykenischer Prinzessin. Reizvoll, gut aussehend und erfreulich singend, ... *Hildegard Hillebrecht* als mädchenhaft-schüchterne Ilia.
Neues Österreich, Wien, 1. 8. 1956, Hermann Ullrich

Links: Rudolf Schock (Idomeneo), Christel Goltz (Elettra)

Rechts: Waldemar Kmentt (Idamante), Rudolf Schock (Idomeneo)

Idomeneo

Neues Festspielhaus 1961, 1962
Dirigent: Ferenc Fricsay 1961, Peter Maag 1962
Regie: Paul Hager
Bühnenbild: Stefan Hlawa
Kostüme: Charlotte Flemming
Choreographie: Heinz Rosen

Waldemar Kmentt und Ferenc Fricsay bei einer Klavierprobe. 1961

Den Konflikt, in den der Vater durch ein vorschnelles Gelübde gerät, zeichnete *Waldemar Kmentt* als Idomeneo mit ergreifenden Tönen nach. Seiner kräftigen, klaren Stimme gelang beides: der Schmerz über den möglichen Verlust des Sohnes und die unnahbare königliche Würde.
Stuttgarter Zeitung, 28. 7. 1961, Rolf Michaelis

Diesem Idomeneo war in *Ernst Haefliger* als Idamante ein »Sohn« von ebenso ansprechender Musikalität wie hoher Künstlerschaft gegeben.
Salzburger Volkszeitung, 28. 7. 1961, Gisela Pellegrini

Ilia, der Trojanerin, hat Mozart die ganze lyrische Werbekraft seiner Musik geschenkt, alle Süße, Zärtlichkeit und Innigkeit seiner Melodie. *Pilar Lorengar* besitzt ganz das richtige Organ dafür, einen Zärtlichkeitssopran, der sich leicht und beweglich entfaltet, der sich der musikalischen Phrase nicht nur anschmiegt, sondern eindringt in die Melodie und sich deren Schönheit zu eigen macht.
Die Presse, Wien, 28. 7. 1961, Heinrich Kralik

Links: Waldemar Kmentt (Idomeneo), Ernst Haefliger (Idamante). 1961

Rechts: Ernst Haefliger (Idamante), Pilar Lorengar (Ilia). 1961

Auf Elettra, die stolze und leidenschaftliche Griechin, hat Mozart die volle Kraft seines dramatischen Gestaltungswillens konzentriert. . . . Sie ist mehr oder weniger ein Fremdkörper in Idomeneos kretensischem Revier, allerdings ein faszinierender Fremdkörper, und wenn durch eine Künstlerin wie *Elisabeth Grümmer* alles, was ihr an Faszination innewohnt, zum Glühen und Leuchten gebracht wird, so ist die Wirkung derart unmittelbar, daß niemand nach Sinn und Ziel des grandiosen Temperamentausbruchs fragt.

Die Presse, Wien, 28. 7. 1961, Heinrich Kralik

Elisabeth Grümmer. . . singt die Elettra mit einer unglaublichen Intensität des dramatischen Ausdrucks, mit größter Spannung und gewaltigem Stimmeinsatz. Obwohl sie alles eher denn ein tragischer Typ ist, formt sie in ihren großen Arien ein Drama – das der ungeliebten Frau.

Express, Wien, 28. 7. 1961, Karl Löbl

Elisabeth Grümmer verwandelte ihre Agathenstimme bravourös in ein Feuerwerk dramatischer Koloratur.

Süddeutsche Zeitung, München, 20. 7. 1962, Karl Schumann

Elisabeth Grümmer (Elettra). 1962

IDOMENEO

Kleines Festspielhaus 1973, 1976
Dirigent: Karl Böhm
Regie: Gustav Rudolf Sellner
Bühnenbild und Kostüme:
Jörg Zimmermann

Regisseur Gustav Rudolf Sellner bei einer Probe mit Peter Schreier (Idamante), Wieslaw Ochman (Idomeneo) und Helen Donath (Ilia). 1973

Ein wahrhaft festspielwürdiges Sänger-Ensemble. ... Aufs feinste abgestimmt in der Differenzierung des Timbres die beiden großen Tenorpartien des Königs Idomeneo von *Wieslaw Ochman* ... und des Sohnes Idamante von *Peter Schreier.* Stimmkultur (sein Legato) und Kunstverstand (seine Phrasierung) im Verein mit einer hochsensiblen Musikalität machen *Schreier* zu einem idealen Mozart-Sänger, dem zuzuhören ein ungetrübter Genuß ist.
Süddeutsche Zeitung, München, 28. 7. 1973, Karl Heinz Ruppel

Ein besonderes Glück der Aufführung ist *Helen Donath* als Ilia, eine der raren amerikanischen Sängerinnen, die im deutschen Fach ihre echte künstlerische Heimat fanden. Innigkeit, Schlichtheit, Zartgefühl mischen sich auf bezaubernd leichte, anmutige Weise in ihrem Gesang. Er klingt auf, wie ein Festspiel für alle Tage.
Die Welt, Hamburg, 4. 8. 1976, Klaus Geitel

Peter Schreier (Idamante), Helen Donath (Ilia). 1976

Selbst gedanklich und formal klar disponierter Gestaltung fähig, hat die junge dramatische Sopranistin *Julia Varady* als Elettra mit diesem Rollendebüt in Salzburg zu großer, einprägsamer Entfaltung gefunden. Ihre genau gesteuerte Emotion im Rezitativ, der aufflammende Schwung im Affekt und der schöne, makellose Fluß der Kantilene hätten alle Erwartungen gewiß noch in der dritten Elettra-Arie (»D'Oreste, d'Aiace«) aufs glänzendste erfüllt, wenn der Dirigent sie nicht (abermals) gestrichen hätte.

Salzburger Nachrichten, 4. 8. 1976, Max Kaindl-Hönig

Die *Varady* (Elettra) ist eine große Sängerin und Schauspielerin. Was sie mit ihrem wahrhaft dramatischen Sopran aus den Arien und Ensembles herausholt, fesselt in jedem Moment. ... Das hohe C, fortissimo die Flucharie beschließend, hat erschreckende Kraft, die Intensität des Spiels reißt mit.

Frankfurter Allgemeine Zeitung, 5. 8. 1976, Hans Heinz Stuckenschmidt

Julia Varady (Elettra). 1976

Idomeneo

Felsenreitschule 1983, 1984
Dirigent: James Levine
Regie, Bühnenbild und Kostüme: Jean-Pierre Ponnelle

Trudeliese Schmidt (Idamante), Dirigent James Levine, Regisseur Jean-Pierre Ponnelle und Elizabeth Connell (Elettra) bei einer Probe. 1983

Lucia Popp und Luciano Pavarotti während einer Probenpause. 1983

In Salzburg hatte Ponnelle wie in New York, einen der größten Sänger der Gegenwart, *Luciano Pavarotti,* für die Titelpartie gewonnen, einen Künstler, dessen Stärke gewiß nicht in seiner Mozart-Erfahrung und in der Darstellung liegt. Um es vorwegzunehmen: *Pavarotti* strafte alle Mozart-Puristen Lügen; sein Idomeneo bestach nicht nur durch sängerische Potenz und Größe, sondern auch mit musikalischer Kultur und zurückhaltender schauspielerischer Gestaltung. ... Tenorstar *Pavarotti* verdient Anerkennung für seine Disziplin und sein Einfühlungsvermögen, mit dem er sich in das Ensemble eingepaßt, die stilistischen Hürden der Mozart-Partitur gemeistert hat. ... Zum Höhepunkt der Aufführung wurde seine Abschiedsarie »Torna la pace«, hinreißend in der vollkommenen Stimmführung und in ihrer Kunstfertigkeit. Sie erleben zu können, machte diesen Abend allein zum Festspielereignis.

Opernwelt, Zürich, 1983, Nr. 8/9, Imre Fabian

Luciano Pavarotti singt den Idomeneo. Mit großer Intensität und Leidenschaft und durchaus ernsthaft, es glücken ihm immer wieder Passagen, die seine begnadete Stimme erblühen lassen, es passieren ihm immer wieder Phrasen, die bei aller Hochachtung vor *Pavarotti* als eher fremd in einer Mozart-Interpretation bezeichnet werden müssen, immerhin, der Allergrößte hat es sich nicht leicht gemacht, er ordnet sich in ein Ensemble ein und wann hört man das schon?

Die Presse, Wien, 30. 7. 1983, Franz Endler

Luciano Pavarotti (Idomeneo). 1983

Eine wundervoll-wahnsinnige Elettra ist zu bestaunen. *Elizabeth Connell* schwingt mit ihrem Reifrock aggressiv eifersüchtig und drohend über die Bühne. In Stimme wie Darstellung bringt sie eine ganz neue Art von Mozart-Stil nach Salzburg: Sie beherrscht ein außerordentlich breites Spektrum, aber ihr Ideal liegt nicht im perfekten Schöngesang, sondern im kompromißlosen Einsatz aller stimmlichen wie darstellerischen Mittel für die Essenz der Rolle. Wer sich wie sie erdverloren durch eine Arie träumen kann, um im nächsten Moment furios loszubrennen, der ist fürs Musiktheater viel, für die Opera seria sehr viel wert.
AZ, München, 30./31. 7. 1983, Helmut Lesch

Elizabeth Connell (Elettra). 1983

Lucia Popp hüllte die Ilia in einen mädchenhaften Sehnsuchtsschleier, verkörperte deren Gefühlsgewißheit wie Leidensfähigkeit gleichermaßen, sang die Partie mit berückend lyrischem Ausdruck. Als Idamante überzeugte *Trudeliese Schmidt* mit eher herbem Spiel und warm ansprechendem Mezzo.
Süddeutsche Zeitung, München, 30. 7. 1983, Wolfgang Schreiber

Trudeliese Schmidt ist ganz gewiß ein idealer Idamante. Sie rührt in ihrer Knabenhaftigkeit, sie hat die reine, sichere Stimme für den Königssohn, sie singt Mozart. Wie neben und mit ihr *Lucia Popp,* die als Ilia in Ketten wie in Liebesbanden von Mozart mit den herrlichsten Momenten verwöhnt wird.
Die Presse, Wien, 30. 7. 1983, Franz Endler

Lucia Popp (Ilia), Trudeliese Schmidt (Idamante). 1983

Idomeneo

Felsenreitschule 1990
Dirigent: Seiji Ozawa
Regie: Nikolaus Lehnhoff
Bühnenbild und Kostüme:
Ezio Toffolutti

Cheryl Studer (Elettra) und Regisseur Nikolaus Lehnhoff bei einer Probe in der Felsenreitschule

Sylvia McNair (Ilia), Dirigent Seiji Ozawa, Regisseur Nikolaus Lehnhoff und Cheryl Studer (Elettra) bei einer Probenbesprechung in der Felsenreitschule

Ein attraktives Ensemble ist aufgeboten, in dem *Cheryl Studer* als Elettra an erster Stelle steht. Sie hat fabelhaft an ihrer Stimme gearbeitet, gehört heute zu jenen raren Sopranistinnen, die für Wagners Elisabeth und Sieglinde ebenso kompetent sind, wie für Mozarts Konstanze. Die Elettra singt sie mit dramatischer Kraft, sie bringt leuchtende Töne, zeichnet Mozarts edle Linie glasklar nach.
Münchner Merkur, 30. 7. 1990, Hans Göhl

Cheryl Studer ist eine Elettra, die nicht nur in ihrer großen Wahnsinnsarie wegen ihrer über die Maßen beweglichen, zu hochdramatischen wie zu lyrischen Melismen in gleicher Weise fähigen Stimme fasziniert. Ihr subtiles Rollenverständnis, ihre gestischen Möglichkeiten und eine in jeder Lage wundervoll ausgebildete, selbst in den kraftvollsten Koloraturen nie schrill wirkende, ungemein warme Stimme machen sie schon jetzt zu einem der ganz großen Mozart-Soprane.
Frankfurter Allgemeine Zeitung, 30. 7. 1990, Wolfgang Sandner

Studers Kunst, noch in schwierigen Koloraturen unterschiedlichste Ausdruckswerte mitschwingen zu lassen, wächst zur hohen Schule dramatischen Gestaltungsvermögens: Kein Ton mehr ohne Botschaft an den Hörer.
Die Presse, Wien, 30. 7. 1990, Wilhelm Sinkovicz

Cheryl Studer (Elettra)

Links: Cheryl Studer (Elettra), Diana Montague (Idamante)

Rechts: Cheryl Studer (Elettra)

Welche Farben-, welche Temperamentsfülle bei den drei Frauenrollen! Als Ilia, Prinzessin von Troja, verführt *Sylvia McNair* geradezu zum Schwärmen – der Sopran eines Engels, keusch, rein, gebettet in ein Air überirdischen Strahlenglanzes. Ideal dazu kontrastierend: der knabenhafte, dunkler timbrierte, gertenschlanke, federnd gespannte Mezzo *Diana Montagues* als Idamante, und der Kometenschweif, den *Cheryl Studers* nächtliche Brillantfeuerwerke als Elettra nach sich ziehen.
Stuttgarter Zeitung, 6. 8. 1990, Horst Koegler

In der Titelrolle glänzte *Philip Langridge*, der derzeitige Londoner Liebling und Star. Seine Stimme mag in der Höhe, zumal wenn es lyrisch wird, ihre Begrenzungen haben, aber was er an energischem Ausdruck, an mythischer und gestischer Beigabe lieferte, war allemal intelligent, überzeugend und wenig übertreibend.
Süddeutsche Zeitung, München, 30. 7. 1990, Albrecht Roeseler

Werner Hollweg, seinerzeit ein grandioser Darsteller des Idomeneo, liefert mit dem Oberpriester eine beeindruckende Studie hoheitsvoll respektgebietenden Selbstverständnisses.
Die Presse, Wien, 30. 7. 1990, Wilhelm Sinkovicz

Links: Diana Montague (Idamante), Sylvia McNair (Ilia)

Rechts:
Werner Hollweg (Gran Sacerdote), Diana Montague (Idamante), Philip Langridge (Idomeneo)

Als Sensation schlechthin ist *Sylvia McNairs* Ilia zu bezeichnen. Die innige Weise, auf die sie mit anhaltender musikalischer Souveränität ihre Bühnengestalt zu überwältigender Menschlichkeit beseelte, wurde nur noch von *Cheryl Studers* gewohnt souveräner Elettra erreicht.
Der Standard, Wien, 30. 7. 1990, Peter Vujica

Der klare, helle, tadellos geführte Sopran von *Sylvia McNair* machte aus der Ilia eine bezaubernde Lichtgestalt.
Opernwelt, Zürich, 1990, Nr. 9, Imre Fabian

Glockenrein und innig ist *Sylvia McNair* (Ilia) eine Entdeckung für Salzburg, eine Mozartsopranistin von Geblüt.
Frankfurter Neue Presse, 30. 7. 1990, Klaus Adam

Sylvia McNair (Ilia)

La finta semplice

LA FINTA SEMPLICE

Residenz 1960
Dirigent: Bernhard Conz
Regie: Georg Reinhardt
Bühnenbild: Heinrich Wendel
Kostüme: Xenia Chris

Auf der Bühne stehen lauter junge – hierorts noch unbekannte – Kräfte, vielfach am Beginn ihrer Karriere.
... *Edith Mathis* (die sich Schuh bereits nach Köln geholt hat) singt die liebliche Zofe Ninetta.
Österreichische Neue Tageszeitung, Wien, 7. 8. 1960, Alexander Witeschnik

Reizend ist *Edith Mathis* als Ninetta, eine zwitschernde Zofe in Despinanähe, mit silbriger Soubrettenstimme und filigraner Statur.
Express, Wien, 8. 8. 1960, Karl Löbl

Edith Mathis (Ninetta)

Edith Mathis (Ninetta),
Ingeborg Hallstein (Rosina)

Die Titelpartie sang die bezaubernd aussehende *Ingeborg Hallstein* …, in ihrer Amoretten-Arie von schalkhafter Grazie, mit Spitzentönen von *Erna-Sackscher* Höhenlage, munter zwitschernd sekundiert von *Edith Mathis*, deren kleine, schlaue Kammerzofe Ninetta sozusagen die Despina aus »Così fan tutte« im allerersten Blütenstand ahnen ließ.

Süddeutsche Zeitung, München, 10. 8. 1960,
Karl Heinz Ruppel

Dirigent Bernhard Conz
mit Edith Mathis (Ninetta)
und Ingeborg Hallstein (Rosina)

Lucio Silla

LUCIO SILLA

Residenz 1964
Dirigent: Bernhard Conz
Regie: Christoph Groszer
Bühnenbild und Kostüme:
Ekkehard Grübler

Szene mit Melitta Muszely (Giunia)

Eindeutiger Star ist *Melitta Muszely* als Giunia, ...dekorativ in der Erscheinung, intensiv im Spiel und mustergültig in der stimmlichen Beherrschung ihrer Arien mit den halsbrecherischen Sprüngen.
Münchner Merkur, 30. 7. 1964, Helmut Schmidt-Garre

Szene mit Melitta Muszely (Giunia), Tugomir Franc (Aufidio), William Dooley (Lucio Silla), Elisabeth Witzmann (Celia)

Da ist *William Dooley* in der Titelrolle des Diktators Lucio Silla: seine Stimme besticht genauso wie sein Spiel. Da ist *Melitta Muszely* (Giunia): eine jugendlich-dramatische Sopranistin von Überzeugungskraft und Format. ... Da erinnert uns *Elisabeth Witzmann* (Celia) mit ihrem soprano leggiero an die junge *Wilma Lipp* von einst, ... so klar und schön ist die Stimme geführt, so gefühlsreich ist der Ausdruck. *Tugomir Franc* (Aufidio) schließlich führt eine schöne Baß-Stimme ins Treffen und macht seine Rezitative geradezu zu Angelpunkten des Geschehens.

Salzburger Volkszeitung, 30. 7. 1964, Erik Werba

Tugomir Franc (Aufidio), William Dooley (Lucio Silla)

La finta giardiniera

DIE GÄRTNERIN AUS LIEBE

Residenz 1965, 1966
Dirigent: Bernhard Conz
Regie: Ernst Poettgen
Bühnenbild und Kostüme:
Leni Bauer-Ecsy

Bernhard Conz mit Colette Boky (Violante/Sandrina) und Donald Grobe (Graf Belfiore), dahinter Evelyn La Bruce (Don Ramiro). 1965

Colette Boky sieht in der Rolle der als Gärtnerin verkleideten Marchesa ... wie ein Meißner Porzellanfigürchen aus; und Ernst Poettgen nutzt die Chance und läßt sie von einer schönen Pose in die andere gleiten. Ganz zu ihrem preziösen Spiel paßt ihre süß effektvolle Stimme. Einen hitzigen, von der Wirrnis seiner Gefühle hin- und hergerissenen Liebhaber gibt *Donald Grobe* (Graf Belfiore), männlich im Spiel und kraftvoll bestimmt im Gesang.
Jean Cook geht die sich temperamentvoll in Szene setzende Arminda mit einer mächtigen Stimme an, deren Aplomb allerdings größer ist als ihr Schmelz. ...
Graziella Sciutti ist ein vielbewährter Salzburger Star. Ihren Susannen, Despinen und Zerlinen reiht sie nun das »Schlänglein« Serpetta an, ein besonders schnippisches und kratzbürstiges Kammerkätzchen, wenn auch voll Grazie. *Thomas Tipton* (Nardo) betet dieses kleine Persönchen mit Stentorstimme an und entfaltet einen originellen, bärenhaften Humor. Nur einer geht leer aus, der zunächst so selbstsichere Podestà, den *Cesare Curzi* ganz als Pantalone, also den immer wirkungsvollen ältlichen Trottel der Commedia dell'arte hinstellt.
Münchner Merkur, 3. 8. 1965, Helmut Schmidt-Garre

Links: Thomas Tipton (Nardo), Graziella Sciutti (Serpetta). 1965

Rechts: Colette Boky (Violante/Sandrina), Cesare Curzi (Don Anchise). 1965

Jean Cook (Arminda),
Colette Boky (Violante/Sandrina). 1965

Das Ensemble, neben *Graziella Sciutti* bewährte Mozart-Sänger aus Übersee, nahm sich der einfallsreichen Arien, der launigen Ensembles, der beiden hübschen Finali mit Lust und Liebe an. *Colette Boky* war eine klangschöne Gärtnerin und verkleidete Marchesa Violante, *Jean Cook* eine stolze, stimmlich sehr gute Arminda.

Frankfurter Allgemeine Zeitung, 12. 8. 1965, Hilde Spiel

Den als Gärtnerburschen verkleideten Diener der Marchesa (Nardo) gab der prächtig voluminöse Stuttgarter Baßbariton *Thomas Tipton* mit strahlender Buffolaune als gutmütigen Schwergewichtler.

Süddeutsche Zeitung, München, 5. 8. 1965, Karl Heinz Ruppel

Thomas Tipton (Nardo). 1965

Ascanio in Alba

Ascanio in Alba

Residenz 1967
Dirigent: Leopold Hager
Regie: Hellmuth Matiasek
Bühnenbild und Kostüme:
Ekkehard Grübler

Leopold Hager bei einer Probe im Residenzhof

Vollends froh wurde man der schönen, warmen und ausdrucksvollen Stimme *Edith Gabrys* als Nymphe Silvia.
Frankfurter Allgemeine Zeitung, 3.8.1967, Hilde Spiel

Werner Krenn (Aceste), Edith Gabry (Silvia)

Szene mit Gertrude Jahn (Ascanio), Richard van Vrooman (Fauno)

Musikalisch ist das Problem groß, weil Salzburg auf dem »zweiten« Gleis jüngere, weniger erfahrene Sänger aufbietet. Doch gerade die Ausdrucksweise des jungen Mozart ist auf die damals geforderte, heute schwer zu bewältigende Virtuosität eingestellt – gar nicht zu reden von den akustischen Widrigkeiten der Freiluft-Aufführung. Mit diesem Vorbehalt überzeugten die Leistungen von *Gertrude Jahn* (Ascanio) und *Edith Gabry* (Silvia) vollauf, die von *Simone Mangelsdorff* (Venere) und *Richard van Vrooman* (der Hirt Fauno) mit Einschränkungen. *Werner Krenns* (Aceste) schöne, aber zarte Stimme wurde vom Winde verweht.

Saarbrücker Landeszeitung, 9. 8. 1967, Lothar Sträter

Szene mit Simone Mangelsdorff (Venere), Gertrude Jahn (Ascanio)

Zaide

ZAIDE

Residenz 1968
Dirigent: Bernhard Conz
Regie: Gandolf Buschbeck
Bühnenbild und Kostüme:
Erni Kniepert

Monique Lobasà, die springlebendige Wienerin, setzt sich mit Temperament à la *Ott* für die drollige Figur eines Stubenmadls aus der Weanastadt ein.
Salzburger Volksblatt, 10. 8. 1968, Berta Hehn

Robert Granzer in der Rolle des Osmin versuchte seinem großen Vorbild aus der »Entführung« zu ähneln und vergab, wohl aus Nervosität, einiges von dem, was an Wirkung dennoch in seiner Rolle steckt. Am ungeniertesten bewegte sich *Monique Lobasà* (Sklavin) ... als wienerisches Stubenmädl und auch ihr Singen klang frisch und ungeniert.
Salzburger Nachrichten, 10. 8. 1968, Gottfried Kraus

Monique Lobasà (Sklavin), Robert Granzer (Osmin)

Horst Laubenthal (Gomatz),
Ingeborg Hallstein (Zaide)

Glücklicherweise hatte man die »kleine Zaide« groß besetzt. *Ingeborg Hallstein in der Titelrolle,* zart und innig, charmant und überschwenglich gefühlvoll, bezauberte durch anmutigstes Spiel und glockenreinen Gesang. Schwerer tat sich ihr Partner *Horst Laubenthal* als Gomatz, muß er doch erst ein langatmiges Melodram hinter sich bringen, bis er sich endlich freisingen darf. Osmin *(Robert Granzer)* brauchte in seiner komischen Rolle nur an den Namensvetter zu erinnern, schon hat er gewonnen. Allazim *(Barry McDaniel)*: ernst und edel. Sultan Soliman *(James Harper)*: düster und brutal – so einfach und drastisch ist die musikalische Charakterisierung, und viel mehr kann man daraus auch darstellerisch nicht machen.
Hamburger Abendblatt, 5. 8. 1968, Sabine Tomzig

Ingeborg Hallstein (Zaide),
Horst Laubenthal (Gomatz),
Barry McDaniel (Allazim)

Bastien und Bastienne

Bastien und Bastienne

Residenz 1969, 1970
Dirigent: Leopold Hager
Regie und Bühnenbild:
Ladislav Štros
Kostüme: Marcel Pokorný

In Mozarts kleinem Singspiel »Bastien und Bastienne« ist diesmal die Rolle des Liebhabers nicht mit einer Tenorstimme, sondern als Altpartie besetzt. *Agnes Baltsa* begann »Großen Dank dir abzustatten« zwar in fliegendem Tremolo (das muß beim Debüt erlaubt sein), aber sie stattete stimmlich wie musikalisch dann auch soviel Können an ihre Aufgabe ab, daß die Richtigkeit der Altlage glänzend erwiesen war.
... Bastienne-*Cotrubas* ist der reine Glücksfall eines Rollenmodells. Das schmiegsame, farblich kostbare Organ gehorcht einer Führung zwischen Intellekt und Emotion, die völlig abgestimmt ist und noch die ganz seltene Gabe kennt, das Lyrische mit Facetten des Komischen zu beleben.
Salzburger Nachrichten, 5. 8. 1970, Max Kaindl-Hönig

Agnes Baltsa und Ileana Cotrubas während einer Probenpause. 1970

Regisseur Ladislav Štros bei einer Probe mit Ileana Cotrubas (Bastienne). 1969

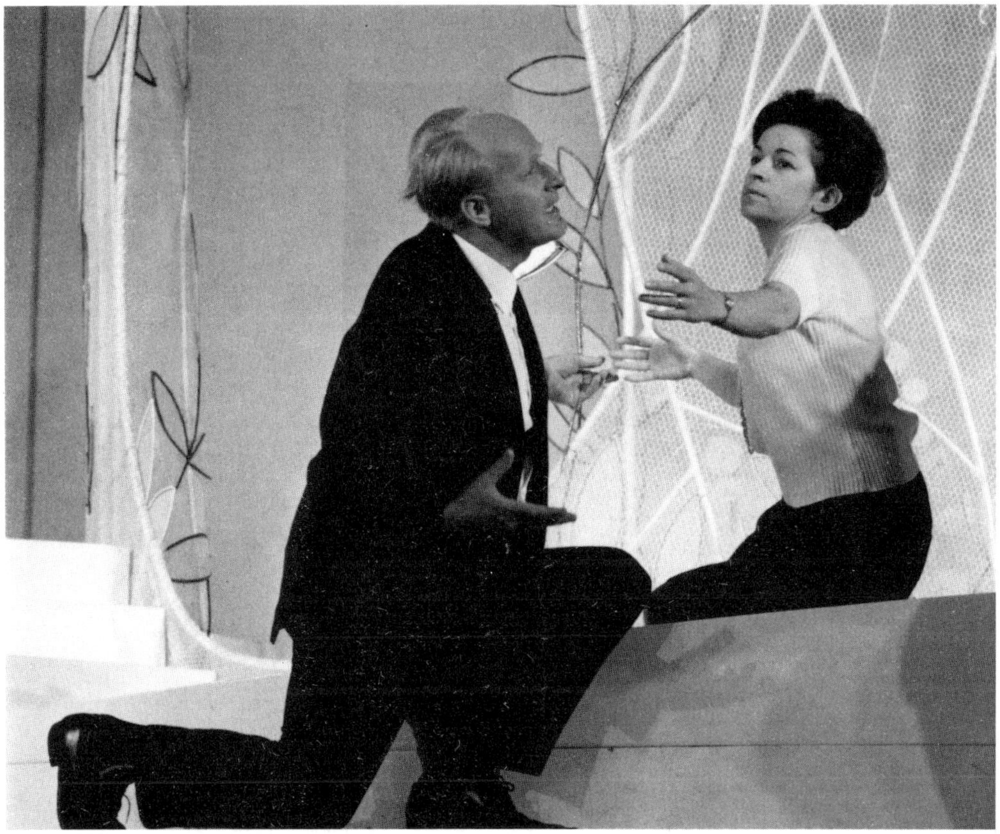

Ileana Cotrubas, die trotz aller Stilisiertheit und Puppenhaftigkeit der von Ladislav Štros erdachten Bewegungsregie eine bezaubernde und berührende Bastienne gibt, hat in Stimme, Ausdruck und Phrasierung längst schon Anrecht auf eine Zerlina, Despina und Susanna. Hoffentlich läßt man uns (und sie) nicht zu lange warten. *Agnes Baltsa* ist dieses Jahr in die Hosenrolle des Bastien geschlüpft und macht der leidigen Tenorallüre dieser Figur charmant ein Ende. Klanglich ist die Wahl eines Mezzos – zumal er so interessant gefärbt ist wie hier – ein Gewinn.

Express, Wien, 21. 8. 1970, Andrea Seebohm

Herbert Lackner (Colas), Agnes Baltsa (Bastien), Ileana Cotrubas (Bastienne). 1970

Mitridate, re di Ponto

MITRIDATE, RE DI PONTO

Felsenreitschule 1971
Dirigent: Leopold Hager
Regie: Wolfgang Weber
Bühnenbild und Kostüme:
Peter Heyduck

Dirigent Leopold Hager mit Peter Schreier

Peter Schreier als Mitridate, der einzige Mann unter den Protagonisten, hatte zunächst einige Anlaufschwierigkeiten zu überwinden, die Kultur seines Singens und die Qualität seines Tenors setzten sich dann aber entscheidend durch, obwohl er die Partie für seinen Stimmcharakter etwas zu dramatisch angelegt hatte.
Die Presse, Wien, 9. 8. 1971, Gerhard Kramer

Daß Salzburg hochkarätige Mozart-Sänger aufbieten konnte, machte die Aufführung der Oper zu einem musikalischen Genuß ersten Ranges. *Peter Schreier* verband als Mitridate heroischen dramatischen Elan mit schönstem lyrischen Wohlklang. ... *Pilar Lorengars* Ismene bewährte erneut alle Tugenden und Vorzüge der erprobten Mozart-Sängerin.
Augsburger Allgemeine, 14. 8. 1971, Karl Ganzer

Links: Peter Schreier (Mitridate)

Rechts: Helen Watts (Farnace), Pilar Lorengar (Ismene)

Mit weitem Abstand am besten gefiel der Sopran von *Arleen Augér* (Sifare), mit mühelos »geläufiger Gurgel« (wie Mozart das ausdrückte) das Dickicht der Koloraturen durcheilend.

Neue Zeit, Graz, 10. 8. 1971, Dietmar Polaczek

Man bedenke, daß in dieser Aufführung gleich zwei Sängerinnen eingesetzt werden konnten, die sich als Königin der Nacht (»Zauberflöte«) einen Namen gemacht haben: Diese herrlichen Stimmen von *Edda Moser* (Aspasia) und *Arleen Augér* (Sifare) bewältigten ihre geradezu instrumental empfundenen Partien mit ebensoviel Bravour wie Intelligenz. Das große Duett der beiden Koloratursopranistinnen, ein Höhepunkt der Vorstellung, wird noch lange in den Ohren derjenigen Mozart-Freunde nachklingen, die in der Ausgrabung des »Mitridate« eine der überraschendsten Neuentdeckungen Salzburgs der letzten Jahre feierten.

Hannoversche Allgemeine Zeitung, 16. 8. 1971, unbezeichnet

Arleen Augér (Sifare), Edda Moser (Aspasia)

DIE BESETZUNGEN

BASIEREND AUF ZUSAMMENSTELLUNGEN VON HANS JAKLITSCH

STADTTHEATER → AB 1940 LANDESTHEATER

FESTSPIELHAUS → AB 1960 ALTES
→ AB 1963 KLEINES FESTSPIELHAUS

NEUES FESTSPIELHAUS → AB 1964 GROSSES FESTSPIELHAUS

Wenn nicht anders angegeben

ORCHESTER: DIE WIENER PHILHARMONIKER

CHOR: CHOR DER WIENER STAATSOPER
→ AB 1982 KONZERTVEREINIGUNG WIENER STAATSOPERNCHOR

WS = AUFFÜHRUNG DER WIENER STAATSOPER
NI = NEUINSZENIERUNG
NE = NEUEINSTUDIERUNG
OF = ÜBERNAHME VON DEN OSTERFESTSPIELEN SALZBURG

Angabe der Sprache nur bei Abweichung vom Original
Wo Angaben zu Regie, Bühnenbild und Kostümen fehlen, konnten diese den Unterlagen nicht entnommen werden.

DON GIOVANNI

Dramma giocoso in zwei Akten KV 527
Text von Lorenzo Da Ponte

1922 14., 18., 22., 23., 26. August – Stadttheater — WS
(in deutscher Sprache)

Don Juan	Alfred Jerger (14., 22. 8.) Hans Duhan (18., 23., 26. 8.)
Donna Elvira	Claire Born (14., 18., 26. 8.) Felicie Hüni-Mihacsek (22., 23. 8.)
Der Komtur	Franz Markhoff
Donna Anna	Gertrud Kappel (14., 22., 26. 8.) Rose Pauly (18., 23. 8.)
Don Ottavio	Richard Tauber (14.–23. 8.) Georg Maikl (26. 8.)
Leporello	Richard Mayr (14., 18., 26. 8.) Karl Norbert (22., 23. 8.)
Zerline	Lotte Schöne (14.–23. 8.) Editha Fleischer (26. 8.)
Masetto	Viktor Madin (14., 18., 23., 26. 8.) Julius Betetto (22. 8.)
Dirigent	Richard Strauss (14.–23. 8.) Carl Alwin (26. 8.)
Regie	Hans Breuer
Bühnenbild	Alfred Roller

1925 24., 28. August – Stadttheater — WS
(in deutscher Sprache)

Don Juan	Alfred Jerger
Donna Elvira	Claire Born
Der Komtur	Franz Markhoff
Donna Anna	Helene Wildbrunn
Don Ottavio	Hermann Gallos
Leporello	Richard Mayr
Zerline	Lotte Schöne (24. 8.) Maria Ivogün (28. 8.)
Masetto	Viktor Madin
Dirigent	Karl Muck
Regie	Hans Breuer
Bühnenbild	Alfred Roller

1926 10., 22. August – Stadttheater — WS/NE
(in deutscher Sprache)

Don Juan	Hans Duhan
Donna Elvira	Claire Born
Der Komtur	Franz Markhoff
Donna Anna	Maria Németh
Don Ottavio	Richard Tauber
Leporello	Richard Mayr
Zerline	Maria Rajdl
Masetto	Viktor Madin
Dirigent	Franz Schalk
Regie	Marie Gutheil-Schoder
Bühnenbild	Alfred Roller

1927 10., 22. August – Stadttheater — WS/NE
(in deutscher Sprache)

Don Juan	Hans Duhan
Donna Elvira	Claire Born
Der Komtur	Franz Markhoff
Donna Anna	Maria Németh
Don Ottavio	Alfred Piccaver
Leporello	Richard Mayr
Zerline	Elisabeth Schumann (10. 8.) Adele Kern (22. 8.)
Masetto	Viktor Madin
Dirigent	Franz Schalk
Regie	Josef Hietz

1929 6., 10., 14., 22., 28. August – Festspielhaus — NI
(in deutscher Sprache)

Don Juan	Karl Hammes
Donna Elvira	Claire Born
Der Komtur	Franz Markhoff
Donna Anna	Maria Németh (6.–22. 8.) Felicie Hüni-Mihacsek (28. 8.)
Don Ottavio	Koloman von Pataky
Leporello	Richard Mayr
Zerline	Adele Kern
Masetto	Viktor Madin
Dirigent	Franz Schalk
Regie	Lothar Wallerstein
Bühnenbild	Oskar Strnad

1930 6., 29. August – Festspielhaus
(in deutscher Sprache)

Don Juan	Karl Hammes (6. 8.) John Forsell (29. 8.)
Donna Elvira	Luise Helletsgruber
Der Komtur	Franz Markhoff
Donna Anna	Maria Németh
Don Ottavio	Koloman von Pataky
Leporello	Richard Mayr
Zerline	Lotte Schöne (6. 8.) Adele Kern (29. 8.)
Masetto	Karl Ettl
Dirigent	Franz Schalk
Regie	Lothar Wallerstein
Bühnenbild	Oskar Strnad

1931 3., 22. August – Festspielhaus
(in deutscher Sprache)

Don Juan	Karl Hammes
Donna Elvira	Luise Helletsgruber
Der Komtur	Emanuel List
Donna Anna	Germaine Lubin
Don Ottavio	Koloman von Pataky
Leporello	Richard Mayr
Zerline	Lotte Schöne
Masetto	Karl Ettl
Dirigent	Bruno Walter
Regie	Lothar Wallerstein
Bühnenbild	Oskar Strnad

1934 4., 8., 16., 20., 25. August – Festspielhaus — NI

Don Giovanni	Ezio Pinza
Donna Elvira	Maria Müller (4., 16. 8.) Luise Helletsgruber (8., 20., 25. 8.)
Il Commendatore	Emanuel List
Donna Anna	Dusolina Giannini (4., 16.–25. 8.) Elisabeth Feuge (8. 8.)
Don Ottavio	Dino Borgioli
Leporello	Virgilio Lazzari
Zerlina	Lotte Schöne
Masetto	Karl Ettl
Dirigent	Bruno Walter
Regie	Karl Heinz Martin
Bühnenbild	Oskar Strnad

1935 1., 8., 15., 23., 28. August – Festspielhaus

Don Giovanni	Ezio Pinza
Donna Elvira	Luise Helletsgruber
Il Commendatore	Emanuel List
Donna Anna	Giannina Arangi-Lombardi (1.–15. 8.) Dusolina Giannini (23., 28. 8.)
Don Ottavio	Dino Borgioli

Leporello	Virgilio Lazzari (1. 2–15., 28. 8.) Fernando Autori (23. 8.)	
Zerlina	Lotte Schöne (1., 23., 28. 8.) Aenne Michalsky (8., 15. 8.)	
Masetto	Karl Ettl	
Dirigent	Bruno Walter	
Regie	Karl Heinz Martin	
Bühnenbild	Oskar Strnad	

1936 28. Juli, 4., 13., 24. August – Festspielhaus

Don Giovanni	Mariano Stabile
Donna Elvira	Luise Helletsgruber (28. 7., 4. 8.) Hilde Konetzni (13., 24. 8.)
Il Commendatore	Herbert Alsen
Donna Anna	Dusolina Giannini
Don Ottavio	Dino Borgioli
Leporello	Virgilio Lazzari
Zerlina	Aenne Michalsky
Masetto	Karl Ettl
Dirigent	Bruno Walter
Regie	Karl Heinz Martin
Bühnenbild	Oskar Strnad

1937 2., 13., 28. August – Festspielhaus

Don Giovanni	Ezio Pinza
Donna Elvira	Luise Helletsgruber
Il Commendatore	Herbert Alsen
Donna Anna	Elisabeth Rethberg
Don Ottavio	Dino Borgioli
Leporello	Virgilio Lazzari
Zerlina	Margit Bokor
Masetto	Karl Ettl
Dirigent	Bruno Walter
Regie	Karl Heinz Martin
Bühnenbild	Oskar Strnad

1938 25. Juli, 3., 15., 27. August – Festspielhaus NI

Don Giovanni	Ezio Pinza
Donna Elvira	Luise Helletsgruber
Il Commendatore	Herbert Alsen
Donna Anna	Elisabeth Rethberg
Don Ottavio	Anton Dermota
Leporello	Virgilio Lazzari
Zerlina	Maria Cebotari
Masetto	Karl Ettl
Dirigent	Karl Böhm
Regie	Wolf Völker
Bühnenbild	Robert Kautsky

1939 9., 18., 27. August – Festspielhaus

Don Giovanni	Ezio Pinza
Donna Elvira	Hilde Konetzni
Il Commendatore	Ludwig Weber
Donna Anna	Elisabeth Rethberg (9., 18. 8.) Felicie Hüni-Mihacsek (27. 8.)
Don Ottavio	Anton Dermota
Leporello	Virgilio Lazzari
Zerlina	Maria Cebotari
Masetto	Karl Ettl
Dirigent	Clemens Krauss
Regie	Wolf Völker
Bühnenbild	Robert Kautsky

1941 8., 13., 18., 22. August – Festspielhaus (in deutscher Sprache)

Don Juan	Paul Schöffler
Donna Elvira	Hilde Konetzni
Der Komtur	Herbert Alsen
Donna Anna	Helena Braun
Don Ottavio	Anton Dermota
Leporello	Fritz Krenn
Zerline	Dora Komarek (8., 13. 8.) Elisabeth Rütgers (18., 22. 8.)
Masetto	Erich Kunz
Dirigent	Hans Knappertsbusch
Regie	Wolf Völker
Bühnenbild	Robert Kautsky

1946 1., 8., 13., 20. August – Festspielhaus NE

Don Giovanni	Hans Hotter
Donna Elvira	Maud Cunitz
Il Commendatore	Ludwig Weber
Donna Anna	Ljuba Welitsch
Don Ottavio	Anton Dermota
Leporello	Georg Hann
Zerlina	Hilde Güden
Masetto	Karl Dönch
Dirigent	Josef Krips

1950 27., 31. Juli, 4. 18., 29. August – Festspielhaus NI

Don Giovanni	Tito Gobbi
Donna Elvira	Elisabeth Schwarzkopf (27. 7.–18. 8.) Esther Réthy (29. 8.)
Il Commendatore	Josef Greindl
Donna Anna	Ljuba Welitsch (27. 7.–18. 8.) Annelies Kupper (29. 8.)
Don Ottavio	Anton Dermota
Leporello	Erich Kunz
Zerlina	Irmgard Seefried
Masetto	Alfred Poell
Dirigent	Wilhelm Furtwängler
Regie	Oscar Fritz Schuh
Bühnenbild	Clemens Holzmeister
Kostüme	Caspar Neher

1953 27. Juli, 3., 8., 18., 28. August – Felsenreitschule NI

Don Giovanni	Cesare Siepi
Donna Elvira	Elisabeth Schwarzkopf
Il Commendatore	Raffaele Arié
Donna Anna	Elisabeth Grümmer
Don Ottavio	Anton Dermota
Leporello	Otto Edelmann
Zerlina	Erna Berger
Masetto	Walter Berry
Dirigent	Wilhelm Furtwängler
Regie	Herbert Graf
Bühnenbild	Clemens Holzmeister

1954 3., 6., 10., 13., 18. August – Felsenreitschule

Don Giovanni	Cesare Siepi
Donna Elvira	Elisabeth Schwarzkopf
Il Commendatore	Deszö Ernster
Donna Anna	Elisabeth Grümmer
Don Ottavio	Anton Dermota
Leporello	Otto Edelmann
Zerlina	Erna Berger
Masetto	Walter Berry
Dirigent	Wilhelm Furtwängler
Regie	Herbert Graf
Bühnenbild	Clemens Holzmeister

1956 24. Juli, 4., 11., 18., 27. August – Felsenreitschule

Don Giovanni	Cesare Siepi
Donna Elvira	Lisa Della Casa
Il Commendatore	Gottlob Frick
Donna Anna	Elisabeth Grümmer
Don Ottavio	Léopold Simoneau
Leporello	Fernando Corena
Zerlina	Rita Streich
Masetto	Walter Berry
Dirigent	Dimitri Mitropoulos
Regie	Herbert Graf
Bühnenbild	Clemens Holzmeister
Kostüme	Rolf Gérard

1960 3., 10., 17., 25., 29. August – Altes Festspielhaus NI

Don Giovanni	Eberhard Waechter
Donna Elvira	Elisabeth Schwarzkopf
Il Commendatore	Nicola Zaccaria
Donna Anna	Leontyne Price
Don Ottavio	Cesare Valletti
Leporello	Walter Berry
Zerlina	Graziella Sciutti
Masetto	Rolando Panerai
Dirigent	Herbert von Karajan
Regie	Oscar Fritz Schuh
Bühnenbild	Teo Otto
Kostüme	Georges Wakhevitch

1961 2., 5., 11., 19., 22. August – Altes Festspielhaus

Don Giovanni	Eberhard Waechter
Donna Elvira	Wilma Lipp
Il Commendatore	Nicola Zaccaria

Donna Anna	Leontyne Price
Don Ottavio	Nicolai Gedda
Leporello	Walter Berry
Zerlina	Graziella Sciutti
Masetto	Rolando Panerai
Dirigent	Herbert von Karajan
Regie	Oscar Fritz Schuh
Bühnenbild	Teo Otto
Kostüme	Georges Wakhevitch

1968 26., 30. Juli, 13., 17., 24., 27. August – Großes Festspielhaus NI

Don Giovanni	Nicolai Ghiaurov (26. 7.–13. 8.) Tom Krause (17.–27. 8.)
Donna Elvira	Teresa Zylis-Gara
Il Commendatore	Martti Talvela
Donna Anna	Gundula Janowitz
Don Ottavio	Alfredo Kraus
Leporello	Geraint Evans
Zerlina	Mirella Freni (26. 7.–17. 8.) Jeanette Pilou (24., 27. 8.)
Masetto	Rolando Panerai
Dirigent	Herbert von Karajan
Regie	Herbert von Karajan
Bühnenbild	Günther Schneider-Siemssen
Kostüme	Georges Wakhevitch

1969 1., 4., 14., 18., 25., 29. August – Großes Festspielhaus

Don Giovanni	Nicolai Ghiaurov (1.–25. 8.) Tom Krause (29. 8.)
Donna Elvira	Teresa Zylis-Gara
Il Commendatore	Victor von Halem
Donna Anna	Gundula Janowitz
Don Ottavio	Alfredo Kraus
Leporello	Geraint Evans
Zerlina	Mirella Freni (1.–25. 8.) Olivera Miljaković (29. 8.)
Masetto	Rolando Panerai
Dirigent	Herbert von Karajan
Regie	Herbert von Karajan
Bühnenbild	Günther Schneider-Siemssen
Kostüme	Georges Wakhevitch

1970 27. Juli, 11., 28. August – Großes Festspielhaus

Don Giovanni	Nicolai Ghiaurov (27. 7.) Tom Krause (11., 28. 8.)
Donna Elvira	Teresa Zylis-Gara
Il Commendatore	Victor von Halem
Donna Anna	Gundula Janowitz
Don Ottavio	Stuart Burrows
Leporello	Geraint Evans
Zerlina	Olivera Miljaković
Masetto	Rolando Panerai
Dirigent	Herbert von Karajan
Regie	Herbert von Karajan
Bühnenbild	Günther Schneider-Siemssen
Kostüme	Georges Wakhevitch

1977 1., 4., 8., 14., 18., 27. August – Kleines Festspielhaus NI

Don Giovanni	Sherrill Milnes
Donna Elvira	Teresa Zylis-Gara
Il Commendatore	John Macurdy
Donna Anna	Anna Tomowa-Sintow
Don Ottavio	Peter Schreier
Leporello	Walter Berry
Zerlina	Edith Mathis
Masetto	Dale Düsing
Dirigent	Karl Böhm
Regie	Jean-Pierre Ponnelle
Bühnenbild	Jean-Pierre Ponnelle
Kostüme	Jean-Pierre Ponnelle

1978 1., 7., 13., 21., 27. August – Kleines Festspielhaus

Don Giovanni	Sherrill Milnes
Donna Elvira	Teresa Zylis-Gara
Il Commendatore	John Macurdy
Donna Anna	Edda Moser (1. 8.) Anna Tomowa-Sintow (7.–27. 8.)
Don Ottavio	Peter Schreier
Leporello	Walter Berry
Zerlina	Edith Mathis
Masetto	Dale Düsing
Dirigent	Karl Böhm
Regie	Jean-Pierre Ponnelle
Bühnenbild	Jean-Pierre Ponnelle
Kostüme	Jean-Pierre Ponnelle

1987 26., 29. Juli, 1., 12., 17., 25. August – Großes Festspielhaus OF

Don Giovanni	Samuel Ramey
Donna Elvira	Julia Varady
Il Commendatore	Paata Burchuladze
Donna Anna	Anna Tomowa-Sintow
Don Ottavio	Gösta Winbergh
Leporello	Ferruccio Furlanetto
Zerlina	Kathleen Battle
Masetto	Alexander Malta
Dirigent	Herbert von Karajan
Regie	Michael Hampe
Bühnenbild	Mauro Pagano
Kostüme	Mauro Pagano

1988 6., 10., 16., 19., 22., 26. August – Großes Festspielhaus

Don Giovanni	Samuel Ramey
Donna Elvira	Julia Varady
Il Commendatore	Paata Burchuladze
Donna Anna	Anna Tomowa-Sintow
Don Ottavio	John Aler
Leporello	Ferruccio Furlanetto
Zerlina	Kathleen Battle
Masetto	Alexander Malta
Dirigent	Herbert von Karajan (6.–16. 8.) Bruno Weil (19.–26. 8.)
Regie	Michael Hampe
Bühnenbild	Mauro Pagano
Kostüme	Mauro Pagano

1990 10., 13., 16., 20., 23., 30. August – Großes Festspielhaus

Don Giovanni	Samuel Ramey
Donna Elvira	Carol Vaness
Il Commendatore	Dimitri Kavrakos
Donna Anna	Edita Gruberova
Don Ottavio	Frank Lopardo
Leporello	Ferruccio Furlanetto
Zerlina	Susanne Mentzer
Masetto	Natale de Carolis
Dirigent	Riccardo Muti
Regie	Michael Hampe
Bühnenbild	Mauro Pagano
Kostüme	Mauro Pagano

Così fan tutte

Opera buffa in zwei Akten KV 588
Text von Lorenzo Da Ponte

1922 15., 19., 27. August – Stadttheater (in deutscher Sprache) WS

Fiordiligi	Felicie Hüni-Mihacsek
Dorabella	Rosette Anday (15., 27. 8.) Claire Born (19. 8.)
Guglielmo	Hermann Wiedemann
Ferrando	Fritz Krauß
Despina	Elisabeth Schumann (15., 19. 8.) Charlotte Brunner (27. 8.)
Don Alfonso	Josef von Manowarda (15., 19. 8.) Karl Norbert (27. 8.)
Dirigent	Richard Strauss (15., 19. 8.) Carl Alwin (27. 8.)
Regie	Hans Breuer
Bühnenbild	Alfred Roller

1928 12., 15., 25. August – Stadttheater (in deutscher Sprache) NI

Fiordiligi	Marie Gerhart
Dorabella	Rosette Anday
Guglielmo	Alfred Jerger
Ferrando	Josef Burgwinkel
Despina	Lotte Schöne (12., 15. 8.) Fritzi Jokl (25. 8.)
Don Alfonso	Josef von Manowarda
Dirigent	Bruno Walter
Regie	Ernst Lert

1931 14., 19. August – Stadttheater (in deutscher Sprache) WS/NE

Fiordiligi	Viorica Ursuleac
Dorabella	Eva Hadrabova
Guglielmo	Karl Hammes
Ferrando	Franz Völker
Despina	Adele Kern
Don Alfonso	Josef von Manowarda
Dirigent	Clemens Krauss
Regie	Lothar Wallerstein
Bühnenbild	Ludwig Sievert

1932 4., 30. August – Festspielhaus (in deutscher Sprache)

Fiordiligi	Viorica Ursuleac
Dorabella	Eva Hadrabova
Guglielmo	Karl Hammes
Ferrando	Franz Völker
Despina	Adele Kern
Don Alfonso	Josef von Manowarda
Dirigent	Clemens Krauss
Regie	Lothar Wallerstein
Bühnenbild	Ludwig Sievert

1933 5., 18. August – Festspielhaus (in deutscher Sprache)

Fiordiligi	Viorica Ursuleac
Dorabella	Eva Hadrabova
Guglielmo	Karl Hammes
Ferrando	Franz Völker
Despina	Adele Kern
Don Alfonso	Josef von Manowarda
Dirigent	Clemens Krauss
Regie	Lothar Wallerstein
Bühnenbild	Ludwig Sievert

1934 28. August – Festspielhaus (in deutscher Sprache)

Fiordiligi	Viorica Ursuleac
Dorabella	Gertrud Rünger
Guglielmo	Karl Hammes
Ferrando	Franz Völker
Despina	Adele Kern
Don Alfonso	Josef von Manowarda
Dirigent	Clemens Krauss
Regie	Lothar Wallerstein
Bühnenbild	Ludwig Sievert

1935 5., 19. August – Festspielhaus (in deutscher Sprache)

Fiordiligi	Jarmila Novotna
Dorabella	Eva Hadrabova
Guglielmo	Alfred Jerger
Ferrando	Charles Kullmann
Despina	Adele Kern
Don Alfonso	Karl Norbert
Dirigent	Felix von Weingartner
Regie	Lothar Wallerstein
Bühnenbild	Ludwig Sievert

1936 29. Juli, 25. August – Festspielhaus (in deutscher Sprache)

Fiordiligi	Jarmila Novotna
Dorabella	Eva Hadrabova
Guglielmo	Alfred Jerger
Ferrando	Charles Kullmann
Despina	Elisabeth Schumann
Don Alfonso	Carl Bissuti
Dirigent	Felix von Weingartner
Regie	Lothar Wallerstein
Bühnenbild	Ludwig Sievert

1947 1., 8., 19., 26. August – Landestheater (in deutscher Sprache) WS/NE

Fiordiligi	Irmgard Seefried
Dorabella	Sena Jurinac
Guglielmo	Erich Kunz
Ferrando	Anton Dermota
Despina	Hilde Güden
Don Alfonso	Paul Schöffler
Dirigent	Josef Krips
Regie	Oscar Fritz Schuh
Bühnenbild	Robert Kautsky

1953 31. Juli, 4., 9., 15., 23. August – Residenz NI

Fiordiligi	Irmgard Seefried
Dorabella	Dagmar Hermann
Guglielmo	Erich Kunz
Ferrando	Anton Dermota
Despina	Lisa Otto
Don Alfonso	Paul Schöffler
Dirigent	Karl Böhm
Regie	Oscar Fritz Schuh
Bühnenbild	Caspar Neher
Kostüme	Caspar Neher

1954 29. Juli, 2., 8., 15., 22. August – Residenz

Fiordiligi	Irmgard Seefried
Dorabella	Dagmar Hermann
Guglielmo	Erich Kunz
Ferrando	Anton Dermota
Despina	Lisa Otto
Don Alfonso	Paul Schöffler
Dirigent	Karl Böhm
Regie	Oscar Fritz Schuh
Bühnenbild	Caspar Neher
Kostüme	Caspar Neher

1956 8., 13., 20., 23., 28. August – Residenz

Fiordiligi	Irmgard Seefried
Dorabella	Christa Ludwig
Guglielmo	Erich Kunz
Ferrando	Anton Dermota
Despina	Lisa Otto
Don Alfonso	Paul Schöffler
Dirigent	Karl Böhm
Regie	Oscar Fritz Schuh
Bühnenbild	Caspar Neher
Kostüme	Caspar Neher

1957 2., 9., 18., 25. August – Residenz

Fiordiligi	Irmgard Seefried
Dorabella	Christa Ludwig
Guglielmo	Erich Kunz
Ferrando	Anton Dermota
Despina	Rita Streich
Don Alfonso	Paul Schöffler
Dirigent	Karl Böhm
Regie	Oscar Fritz Schuh
Bühnenbild	Caspar Neher
Kostüme	Caspar Neher

1958 11., 17., 24., 31. August – Residenz

Fiordiligi	Elisabeth Schwarzkopf
Dorabella	Christa Ludwig
Guglielmo	Rolando Panerai
Ferrando	Luigi Alva
Despina	Graziella Sciutti
Don Alfonso	Franco Calabrese (11., 17. 8.)
	Carlo Schmidt (24., 31. 8.)
Dirigent	Karl Böhm
Regie	Oscar Fritz Schuh
Bühnenbild	Caspar Neher
Kostüme	Caspar Neher

1959 28. Juli, 9., 16., 23. August – Residenz

Fiordiligi	Irmgard Seefried
Dorabella	Christa Ludwig
Guglielmo	Rolando Panerai
Ferrando	Nicolai Gedda
Despina	Graziella Sciutti
Don Alfonso	Karl Dönch
Dirigent	Karl Böhm
Regie	Oscar Fritz Schuh
Bühnenbild	Caspar Neher
Kostüme	Caspar Neher

1960 27. Juli, 7., 21., 27. August – Landestheater NI

Fiordiligi	Elisabeth Schwarzkopf
Dorabella	Christa Ludwig
Guglielmo	Hermann Prey
Ferrando	Waldemar Kmentt
Despina	Graziella Sciutti
Don Alfonso	Karl Dönch
Dirigent	Karl Böhm
Regie	Günther Rennert
Bühnenbild	Leni Bauer-Ecsy
Kostüme	Leni Bauer-Ecsy

1961 1., 8., 14., 27. August – Altes Festspielhaus

Fiordiligi	Elisabeth Schwarzkopf
Dorabella	Christa Ludwig
Guglielmo	Hermann Prey
Ferrando	Waldemar Kmentt
Despina	Graziella Sciutti
Don Alfonso	Karl Dönch
Dirigent	Karl Böhm
Regie	Günther Rennert
Bühnenbild	Leni Bauer-Ecsy
Kostüme	Leni Bauer-Ecsy

1962 8., 15., 21., 26. August – Altes Festspielhaus

Fiordiligi	Elisabeth Schwarzkopf
Dorabella	Christa Ludwig
Guglielmo	Hermann Prey
Ferrando	Waldemar Kmentt
Despina	Graziella Sciutti
Don Alfonso	Karl Dönch
Dirigent	Karl Böhm
Regie	Günther Rennert
Bühnenbild	Leni Bauer-Ecsy
Kostüme	Leni Bauer-Ecsy

1963 8., 14., 20., 25. August – Kleines Festspielhaus

Fiordiligi	Elisabeth Schwarzkopf
Dorabella	Christa Ludwig
Guglielmo	Hermann Prey
Ferrando	Waldemar Kmentt
Despina	Graziella Sciutti
Don Alfonso	Karl Dönch
Dirigent	Karl Böhm
Regie	Günther Rennert
Bühnenbild	Leni Bauer-Ecsy
Kostüme	Leni Bauer-Ecsy

1964 10., 16., 22., 26. August – Kleines Festspielhaus

Fiordiligi	Elisabeth Schwarzkopf
Dorabella	Christa Ludwig
Guglielmo	Hermann Prey
Ferrando	Waldemar Kmentt
Despina	Graziella Sciutti
Don Alfonso	Karl Dönch
Dirigent	Karl Böhm
Regie	Günther Rennert
Bühnenbild	Leni Bauer-Ecsy
Kostüme	Leni Bauer-Ecsy

1965 10., 22., 27. August – Kleines Festspielhaus

Fiordiligi	Evelyn Lear
Dorabella	Patricia Johnson
Guglielmo	Hermann Prey
Ferrando	Waldemar Kmentt
Despina	Graziella Sciutti
Don Alfonso	Karl Dönch
Dirigent	Karl Böhm
Regie	Günther Rennert
Bühnenbild	Leni Bauer-Ecsy
Kostüme	Leni Bauer-Ecsy

1969 28. Juli, 6., 11., 17., 22., 26. August –
Kleines Festspielhaus NI

Fiordiligi	Anneliese Rothenberger
Dorabella	Rosalind Elias
Guglielmo	Tom Krause
Ferrando	Lajos Kozma
Despina	Teresa Stratas
Don Alfonso	Walter Berry
Dirigent	Seiji Ozawa
Regie	Jean-Pierre Ponnelle
Bühnenbild	Jean-Pierre Ponnelle
Kostüme	Jean-Pierre Ponnelle

1970 28. Juli, 7., 15., 27. August – Kleines Festspielhaus

Fiordiligi	Anneliese Rothenberger (28.7., 15.8.) Elizabeth Harwood (7., 27.8.)
Dorabella	Rosalind Elias
Guglielmo	Tom Krause
Ferrando	Luigi Alva
Despina	Teresa Stratas
Don Alfonso	Walter Berry
Dirigent	Seiji Ozawa
Regie	Jean-Pierre Ponnelle
Bühnenbild	Jean-Pierre Ponnelle
Kostüme	Jean-Pierre Ponnelle

1972 27., 30. Juli, 7., 16., 20., 25., 28. August –
Kleines Festspielhaus NI

Fiordiligi	Gundula Janowitz
Dorabella	Brigitte Fassbaender
Guglielmo	Hermann Prey
Ferrando	Peter Schreier
Despina	Reri Grist
Don Alfonso	Dietrich Fischer-Dieskau (27.7.–25.8.) Rolando Panerai (28.8.)
Dirigent	Karl Böhm
Regie	Günther Rennert
Bühnenbild	Ita Maximowna
Kostüme	Ita Maximowna

1973 31. Juli, 6., 11., 17., 23., 28. August –
Kleines Festspielhaus

Fiordiligi	Gundula Janowitz
Dorabella	Brigitte Fassbaender
Guglielmo	Hermann Prey
Ferrando	Peter Schreier
Despina	Reri Grist
Don Alfonso	Dietrich Fischer-Dieskau
Dirigent	Karl Böhm
Regie	Günther Rennert
Bühnenbild	Ita Maximowna
Kostüme	Ita Maximowna

1974 2., 6., 9., 18., 28. August – Kleines Festspielhaus

Fiordiligi	Gundula Janowitz
Dorabella	Brigitte Fassbaender
Guglielmo	Hermann Prey
Ferrando	Peter Schreier
Despina	Reri Grist
Don Alfonso	Rolando Panerai
Dirigent	Karl Böhm
Regie	Günther Rennert
Bühnenbild	Ita Maximowna
Kostüme	Ita Maximowna

1975 5., 8., 18., 23., 28. August – Kleines Festspielhaus

Fiordiligi	Gundula Janowitz
Dorabella	Brigitte Fassbaender
Guglielmo	Hermann Prey
Ferrando	Peter Schreier
Despina	Reri Grist
Don Alfonso	Rolando Panerai
Dirigent	Karl Böhm
Regie	Günther Rennert
Bühnenbild	Ita Maximowna
Kostüme	Ita Maximowna

1976 6., 13., 17., 23., 29. August – Kleines Festspielhaus

Fiordiligi	Gundula Janowitz
Dorabella	Brigitte Fassbaender
Guglielmo	Hermann Prey
Ferrando	Peter Schreier
Despina	Reri Grist
Don Alfonso	Rolando Panerai
Dirigent	Karl Böhm
Regie	Günther Rennert
Bühnenbild	Ita Maximowna
Kostüme	Ita Maximowna

1977 22., 24., 28. August – Kleines Festspielhaus

Fiordiligi	Gundula Janowitz
Dorabella	Brigitte Fassbaender
Guglielmo	Hermann Prey
Ferrando	Peter Schreier
Despina	Reri Grist
Don Alfonso	Rolando Panerai
Dirigent	Karl Böhm
Regie	Günther Rennert
Bühnenbild	Ita Maximowna
Kostüme	Ita Maximowna

1982 28. Juli, 1., 4., 8., 15., 22., 27. August – Kleines Festspielhaus NI

Fiordiligi	Margaret Marshall
Dorabella	Agnes Baltsa
Guglielmo	James Morris
Ferrando	Francisco Araiza (28. 7.–8. 8., 22., 27. 8.) Gösta Winbergh (15. 8.)
Despina	Kathleen Battle
Don Alfonso	José van Dam (28. 7.–22. 8.) Carlos Feller (27. 8.)
Dirigent	Riccardo Muti (28. 7.–22. 8.) Leopold Hager (27. 8.)
Regie	Michael Hampe
Bühnenbild	Mauro Pagano
Kostüme	Mauro Pagano

1983 29. Juli, 2., 8., 14., 20., 28. August – Kleines Festspielhaus

Fiordiligi	Margaret Marshall
Dorabella	Ann Murray
Guglielmo	James Morris
Ferrando	Francisco Araiza
Despina	Kathleen Battle (29. 7.–20. 8.) Adelina Scarabelli (28. 8.)
Don Alfonso	Sesto Bruscantini
Dirigent	Riccardo Muti
Regie	Michael Hampe
Bühnenbild	Mauro Pagano
Kostüme	Mauro Pagano

1984 29. Juli, 6., 15., 19., 24., 27. August – Kleines Festspielhaus

Fiordiligi	Margaret Marshall
Dorabella	Ann Murray
Guglielmo	James Morris
Ferrando	Francisco Araiza
Despina	Adelina Scarabelli (29. 7.) Kathleen Battle (6.–27. 8.)
Don Alfonso	Sesto Bruscantini
Dirigent	Riccardo Muti
Regie	Michael Hampe
Bühnenbild	Mauro Pagano
Kostüme	Mauro Pagano

1985 28., 31. Juli, 4., 9., 17., 26. August – Kleines Festspielhaus

Fiordiligi	Margaret Marshall
Dorabella	Ann Murray (28. 7.–17. 8.) Delores Ziegler (26. 8.)
Guglielmo	James Morris
Ferrando	Francisco Araiza
Despina	Kathleen Battle
Don Alfonso	Sesto Bruscantini
Dirigent	Riccardo Muti
Regie	Michael Hampe
Bühnenbild	Mauro Pagano
Kostüme	Mauro Pagano

1990 29. Juli, 2., 8., 15., 21., 27. August – Kleines Festspielhaus

Fiordiligi	Margaret Marshall
Dorabella	Ann Murray
Guglielmo	Thomas Hampson
Ferrando	Deon van der Walt
Despina	Adelina Scarabelli
Don Alfonso	Alessandro Corbelli
Dirigent	Riccardo Muti
Regie	Michael Hampe
Bühnenbild	Mauro Pagano
Kostüme	Mauro Pagano

LE NOZZE DI FIGARO

Opera buffa in vier Akten KV 492
Text von Lorenzo Da Ponte

1922 16., 20., 24., 28. August – Stadttheater WS
(in deutscher Sprache)

Graf Almaviva	Hans Duhan
Gräfin	Elisabeth Rethberg (16., 20. 8.) Claire Born (24. 8.) Felicie Hüni-Mihacsek (28. 8.)
Susanne	Elisabeth Schumann (16., 20. 8.) Editha Fleischer (24., 28. 8.)
Figaro	Richard Mayr (16., 28. 8.) Alfred Jerger (20., 24. 8.)
Cherubin	Lotte Schöne (16.–24. 8.) Rosette Anday (28. 8.)
Marcelline	Hermine Kittel
Bartolo	Julius Betetto (16., 24. 8.) Karl Norbert (20., 28. 8.)
Basilio	Hans Breuer (16., 28. 8.) Paul Kuhn (20., 24. 8.)
Don Curzio	Hermann Gallos
Barbarina	Paula von Hentke (16., 24. 8.) Karola Jovanović (20., 28. 8.)
Antonio	Viktor Madin
Dirigent	Franz Schalk
Regie	Harry Stangenberg/Hans Breuer
Bühnenbild	Alfred Roller

1925 25., 27., 30. August – Stadttheater WS
(in deutscher Sprache)

Graf Almaviva	Karl Renner
Gräfin	Claire Born
Susanne	Lotte Schöne
Figaro	Alfred Jerger
Cherubin	Rosette Anday
Marcelline	Hermine Kittel
Bartolo	Franz Markhoff
Basilio	Hans Breuer
Don Curzio	Hermann Gallos
Barbarina	Paula von Hentke
Antonio	Viktor Madin
Dirigent	Franz Schalk
Regie	Hans Breuer
Bühnenbild	Alfred Roller

1927 7., 16. August – Stadttheater WS
(in deutscher Sprache)

Graf Almaviva	Hans Duhan
Gräfin	Claire Born
Susanne	Adele Kern
Figaro	Richard Mayr
Cherubin	Berta Kiurina
Marcelline	Louise Paichl-Brand
Bartolo	Franz Markhoff
Basilio	William Wernigk
Don Curzio	Hermann Gallos
Barbarina	Hilde Demichiel
Antonio	Viktor Madin
Dirigent	Robert Heger

1930 9., 16., 27. August – Festspielhaus NI
(in deutscher Sprache)

Graf Almaviva	Hans Hermann Nissen (9. 8.) Wilhelm Rode (16., 27. 8.)
Gräfin	Viorica Ursuleac
Susanne	Adele Kern
Figaro	Karl Hammes
Cherubin	Irene Eisinger
Marcelline	Gertrud Rünger
Bartolo	Karl Ettl
Basilio	Erich Zimmermann
Don Curzio	Hermann Gallos
Barbarina	Lilli Claus
Antonio	Viktor Madin
Dirigent	Clemens Krauss
Regie	Lothar Wallerstein
Bühnenbild	Alfred Roller

1931 5., 12., 20. August – Festspielhaus
(in deutscher Sprache)

Graf Almaviva	Wilhelm Rode
Gräfin	Viorica Ursuleac
Susanne	Adele Kern
Figaro	Karl Hammes
Cherubin	Irene Eisinger
Marcelline	Gertrud Rünger
Bartolo	Karl Norbert
Basilio	Erich Zimmermann
Don Curzio	Hermann Gallos
Barbarina	Aenne Michalsky
Antonio	Viktor Madin
Dirigent	Clemens Krauss
Regie	Lothar Wallerstein
Bühnenbild	Alfred Roller

1932 15. August – Festspielhaus
(in deutscher Sprache)

Graf Almaviva	Alfred Jerger
Gräfin	Viorica Ursuleac
Susanne	Adele Kern
Figaro	Karl Hammes
Cherubin	Irene Eisinger
Marcelline	Gertrud Rünger
Bartolo	Karl Norbert
Basilio	Erich Zimmermann
Don Curzio	Hermann Gallos
Barbarina	Aenne Michalsky
Antonio	Viktor Madin
Dirigent	Clemens Krauss
Regie	Lothar Wallerstein
Bühnenbild	Alfred Roller

1933 3., 11. August – Festspielhaus
(in deutscher Sprache)

Graf Almaviva	Alfred Jerger
Gräfin	Viorica Ursuleac
Susanne	Adele Kern
Figaro	Karl Hammes
Cherubin	Irene Eisinger
Marcelline	Gertrud Rünger
Bartolo	Karl Norbert
Basilio	William Wernigk
Don Curzio	Hermann Gallos
Barbarina	Maria Elsner
Antonio	Viktor Madin
Dirigent	Clemens Krauss
Regie	Lothar Wallerstein
Bühnenbild	Alfred Roller

1934 3. August – Festspielhaus
(in deutscher Sprache)

Graf Almaviva	Alfred Jerger
Gräfin	Viorica Ursuleac
Susanne	Adele Kern
Figaro	Karl Hammes
Cherubin	Margit Bokor
Marcelline	Gertrud Rünger
Bartolo	Karl Norbert
Basilio	William Wernigk
Don Curzio	Hermann Gallos
Barbarina	Aenne Michalsky
Antonio	Viktor Madin
Dirigent	Clemens Krauss
Regie	Lothar Wallerstein
Bühnenbild	Alfred Roller

1935 13., 30. August – Festspielhaus
(in deutscher Sprache)

Graf Almaviva	Alfred Jerger
Gräfin	Jarmila Novotna
Susanne	Adele Kern
Figaro	Ludwig Hofmann
Cherubin	Margit Bokor
Marcelline	Polly Batic
Bartolo	Karl Norbert
Basilio	William Wernigk
Don Curzio	Hermann Gallos
Barbarina	Dora Komarek
Antonio	Viktor Madin
Dirigent	Felix von Weingartner
Regie	Lothar Wallerstein
Bühnenbild	Alfred Roller

1936 27. Juli, 29. August – Festspielhaus
(in deutscher Sprache)

Graf Almaviva	Alfred Jerger
Gräfin	Jarmila Novotna
Susanne	Elisabeth Schumann
Figaro	Ludwig Hofmann
Cherubin	Margit Bokor
Marcelline	Polly Batic
Bartolo	Karl Ettl
Basilio	William Wernigk
Don Curzio	Hermann Gallos
Barbarina	Dora Komarek
Antonio	Viktor Madin
Dirigent	Felix von Weingartner
Regie	Lothar Wallerstein
Bühnenbild	Alfred Roller

1937 11., 19., 30. August – Festspielhaus NI

Il Conte Almaviva	Mariano Stabile
La Contessa	Aulikki Rautawaara
Susanna	Esther Réthy
Figaro	Ezio Pinza
Cherubino	Jarmila Novotna
Marcellina	Angelica Cravcenco
Bartolo	Virgilio Lazzari
Basilio	William Wernigk
Don Curzio	Giuseppe Nessi
Barbarina	Dora Komarek
Antonio	Viktor Madin
Dirigent	Bruno Walter
Regie	Lothar Wallerstein
Bühnenbild	Alfred Roller

1938 1., 11., 25. August – Festspielhaus

Il Conte Almaviva	Mariano Stabile
La Contessa	Maria Cebotari
Susanna	Esther Réthy
Figaro	Ezio Pinza
Cherubino	Marta Rohs
Marcellina	Angelica Cravcenco
Bartolo	Virgilio Lazzari
Basilio	Gino del Signore
Don Curzio	Giuseppe Nessi
Barbarina	Dora Komarek
Antonio	Viktor Madin
Dirigent	Hans Knappertsbusch
Regie	Guido Salvini
Bühnenbild	Alfred Roller

1939 13., 21., 31. August – Festspielhaus

Il Conte Almaviva	Mariano Stabile
La Contessa	Maria Reining
Susanna	Esther Réthy
Figaro	Ezio Pinza
Cherubino	Marta Rohs
Marcellina	Angelica Cravcenco
Bartolo	Virgilio Lazzari
Basilio	Gino del Signore
Don Curzio	Giuseppe Nessi
Barbarina	Maria Schober
Antonio	Viktor Madin
Dirigent	Hans Knappertsbusch
Regie	Guido Salvini
Bühnenbild	Alfred Roller

1941 6., 12., 17., 24. August – Festspielhaus NI
(in deutscher Sprache)

Graf Almaviva	Mathieu Ahlersmeyer
Gräfin	Margarete Teschemacher
Susanne	Elfriede Weidlich
Figaro	Paul Schöffler
Cherubin	Marta Rohs
Marcelline	Dora With
Bartolo	Kurt Böhme
Basilio	Karl Wessely
Don Curzio	Hermann Gallos
Barbarina	Elfride Trötschel
Antonio	Viktor Madin
Dirigent	Karl Böhm
Regie	Rudolf Zindler
Bühnenbild	Alfred Roller

1942 5., 10., 16., 22., 25., 30. August – Festspielhaus NI
(in deutscher Sprache)

Graf Almaviva	Hans Hotter
Gräfin	Helena Braun
Susanne	Irma Beilke
Figaro	Erich Kunz
Cherubin	Gerda Sommerschuh
Marcelline	Res Fischer
Bartolo	Gustav Neidlinger
Basilio	Josef Witt
Don Curzio	William Wernigk
Barbarina	Liane Timm
Antonio	Franz Normann
Dirigent	Clemens Krauss
Regie	Walter Felsenstein
Bühnenbild	Stefan Hlawa
Kostüme	Stefan Hlawa

1946 10., 16., 19., 26., 29. August – Festspielhaus NI

Il Conte Almaviva	Walter Höfermayer
La Contessa	Maria Cebotari
Susanna	Irmgard Seefried
Figaro	Erich Kunz
Cherubino	Elfie Mayerhofer
Marcellina	Ruth Michaelis
Bartolo	Ludwig Weber
Basilio	Peter Klein
Don Curzio	William Wernigk
Barbarina	Rosl Schwaiger
Antonio	Viktor Madin
Dirigent	Felix Prohaska
Regie	Oscar Fritz Schuh

1947 28. Juli, 4., 16., 25. August – Festspielhaus NI

Il Conte Almaviva	Walter Höfermayer
La Contessa	Maria Cebotari
Susanna	Elisabeth Schwarzkopf (28. 7.) Irmgard Seefried (4.–25. 8.)
Figaro	Erich Kunz
Cherubino	Hilde Güden
Marcellina	Ruth Michaelis
Bartolo	Ludwig Weber
Basilio	Peter Klein
Don Curzio	William Wernigk
Barbarina	Karoline Reinhardt
Antonio	Wilhelm Felden
Dirigent	Josef Krips (28. 7.–16. 8.) Otto Klemperer (25. 8.)
Regie	Lothar Wallerstein
Bühnenbild	Alfred Roller

1948 11., 14., 17., 21., 27. August – Festspielhaus NI

Il Conte Almaviva	Walter Höfermayer
La Contessa	Elisabeth Schwarzkopf
Susanna	Irmgard Seefried
Figaro	Giuseppe Taddei
Cherubino	Sena Jurinac
Marcellina	Elisabeth Höngen (11.–17. 8.) Maria Ilosvay (21., 27. 8.)
Bartolo	Marjan Rus
Basilio	Josef Witt
Don Curzio	William Wernigk
Barbarina	Magda Gabory
Antonio	Alois Pernerstorfer
Dirigent	Herbert von Karajan
Regie	Oscar Fritz Schuh
Bühnenbild	Caspar Neher
Kostüme	Caspar Neher

1952 26. Juli, 2., 8., 23., 29. August – Festspielhaus NI

Il Conte Almaviva	George London (26. 7.–8. 8., 29. 8.) Alfred Poell (23. 8.)
La Contessa	Elisabeth Schwarzkopf
Susanna	Irmgard Seefried
Figaro	Erich Kunz
Cherubino	Hilde Güden
Marcellina	Georgine von Milinkovic
Bartolo	Endré Koréh
Basilio	Peter Klein
Don Curzio	Erich Majkut
Barbarina	Anny Felbermayer
Antonio	Karl Dönch
Dirigent	Rudolf Moralt
Regie	Herbert Graf
Bühnenbild	Stefan Hlawa
Kostüme	Stefan Hlawa

1953 7., 11., 14., 29. August – Festspielhaus (in deutscher Sprache)

Graf Almaviva	Paul Schöffler
Gräfin	Elisabeth Schwarzkopf
Susanne	Irmgard Seefried
Figaro	Erich Kunz
Cherubin	Hilde Güden
Marcelline	Sieglinde Wagner
Bartolo	Endré Koréh
Basilio	Peter Klein
Don Curzio	Erich Majkut
Barbarina	Liselotte Maikl
Antonio	Alois Pernerstorfer
Dirigent	Wilhelm Furtwängler
Regie	Herbert Graf
Bühnenbild	Stefan Hlawa
Kostüme	Stefan Hlawa

1956 21., 28. Juli, 3., 10., 21., 30. August – Festspielhaus NI

Il Conte Almaviva	Dietrich Fischer-Dieskau
La Contessa	Elisabeth Schwarzkopf
Susanna	Irmgard Seefried
Figaro	Erich Kunz
Cherubino	Christa Ludwig
Marcellina	Elisabeth Höngen
Bartolo	Oskar Czerwenka
Basilio	Peter Klein
Don Curzio	Murray Dickie
Barbarina	Anny Felbermayer
Antonio	Alois Pernerstorfer
Dirigent	Karl Böhm
Regie	Oscar Fritz Schuh
Bühnenbild	Caspar Neher
Kostüme	Caspar Neher

1957 30. Juli, 3., 8., 13., 24. August – Festspielhaus NI

Il Conte Almaviva	Dietrich Fischer-Dieskau
La Contessa	Elisabeth Schwarzkopf
Susanna	Irmgard Seefried
Figaro	Erich Kunz
Cherubino	Christa Ludwig
Marcellina	Sieglinde Wagner
Bartolo	Georg Stern
Basilio	Murray Dickie
Don Curzio	Erich Majkut
Barbarina	Anny Felbermayer
Antonio	Alois Pernerstorfer
Dirigent	Karl Böhm
Regie	Günther Rennert
Bühnenbild	Ita Maximowna
Kostüme	Ita Maximowna

1958 4., 14., 19., 23., 30. August – Festspielhaus

Il Conte Almaviva	Dietrich Fischer-Dieskau (4., 19.–30. 8.) Eberhard Waechter (14. 8.)
La Contessa	Elisabeth Schwarzkopf
Susanna	Irmgard Seefried
Figaro	Erich Kunz
Cherubino	Christa Ludwig
Marcellina	Kerstin Meyer
Bartolo	Georg Stern
Basilio	Murray Dickie
Don Curzio	Erich Majkut
Barbarina	Anny Felbermayer
Antonio	Alois Pernerstorfer
Dirigent	Karl Böhm
Regie	Günther Rennert
Bühnenbild	Ita Maximowna
Kostüme	Ita Maximowna

1960 8., 16., 26. August – Altes Festspielhaus

Il Conte Almaviva	Dietrich Fischer-Dieskau
La Contessa	Lisa Della Casa
Susanna	Irmgard Seefried
Figaro	Erich Kunz
Cherubino	Christa Ludwig
Marcellina	Hilde Rössel-Majdan
Bartolo	Alois Pernerstorfer
Basilio	Murray Dickie
Don Curzio	Erich Majkut
Barbarina	Liselotte Maikl
Antonio	Ljubomir Pantscheff
Dirigent	Karl Böhm
Regie	Günther Rennert
Bühnenbild	Ita Maximowna
Kostüme	Ita Maximowna

1962 26. Juli, 2., 10., 17., 29. August – Altes Festspielhaus NI

Il Conte Almaviva	Dietrich Fischer-Dieskau
La Contessa	Sena Jurinac
Susanna	Graziella Sciutti
Figaro	Geraint Evans
Cherubino	Evelyn Lear
Marcellina	Patricia Johnson
Bartolo	Oskar Czerwenka

Basilio	John van Kesteren
Don Curzio	Martin Vantin
Barbarina	Elfriede Pfleger
Antonio	Siegfried R. Frese
Dirigent	Heinz Wallberg (26. 7.–10. 8., 29. 8.) Bernhard Conz (17. 8.)
Regie	Gustav Rudolf Sellner
Bühnenbild	Michael Raffaelli
Kostüme	Michael Raffaelli

1963 29. Juli, 5., 11., 19., 26. August – Kleines Festspielhaus

Il Conte Almaviva	Dietrich Fischer-Dieskau
La Contessa	Hilde Güden
Susanna	Graziella Sciutti
Figaro	Geraint Evans (29. 7.–19. 8.) Walter Berry (26. 8.)
Cherubino	Evelyn Lear
Marcellina	Patricia Johnson
Bartolo	Peter Lagger
Basilio	John van Kesteren
Don Curzio	Martin Vantin
Barbarina	Barbara Vogel
Antonio	Siegfried R. Frese
Dirigent	Lorin Maazel
Regie	Gustav Rudolf Sellner
Bühnenbild	Michael Raffaelli
Kostüme	Michael Raffaelli

1964 30. Juli, 9., 21., 30. August – Kleines Festspielhaus

Il Conte Almaviva	Dietrich Fischer-Dieskau
La Contessa	Hilde Güden
Susanna	Graziella Sciutti
Figaro	Geraint Evans
Cherubino	Evelyn Lear
Marcellina	Dorothea von Stein
Bartolo	Peter Lagger
Basilio	John van Kesteren
Don Curzio	Martin Vantin
Barbarina	Barbara Bardy
Antonio	Siegfried R. Frese
Dirigent	Lorin Maazel
Regie	Gustav Rudolf Sellner
Bühnenbild	Michael Raffaelli
Kostüme	Michael Raffaelli

1966 25. Juli, 5., 11., 14., 21., 30. August – Kleines Festspielhaus NI

Il Conte Almaviva	Ingvar Wixell
La Contessa	Claire Watson
Susanna	Reri Grist (25. 7.–14. 8., 30. 8.) Graziella Sciutti (21. 8.)
Figaro	Walter Berry (25. 7.–11. 8.) Geraint Evans (14.–30. 8.)
Cherubino	Edith Mathis
Marcellina	Margarethe Bence
Bartolo	Zoltan Kelemen
Basilio	David Thaw
Don Curzio	Alfred Pfeifle
Barbarina	Deirdre Aselford
Antonio	Klaus Hirte
Dirigent	Karl Böhm
Regie	Günther Rennert
Bühnenbild	Rudolf Heinrich
Kostüme	Rudolf Heinrich

1967 31. Juli, 7., 16., 21., 24. August – Kleines Festspielhaus

Il Conte Almaviva	Ingvar Wixell
La Contessa	Claire Watson
Susanna	Reri Grist
Figaro	Walter Berry (31. 7.–16. 8.) Geraint Evans (21., 24. 8.)
Cherubino	Edith Mathis
Marcellina	Margarethe Bence
Bartolo	Zoltan Kelemen
Basilio	David Thaw
Don Curzio	Alfred Pfeifle
Barbarina	Deirdre Aselford
Antonio	Klaus Hirte
Dirigent	Karl Böhm
Regie	Günther Rennert
Bühnenbild	Rudolf Heinrich
Kostüme	Rudolf Heinrich

1968 3., 15., 22., 29. August – Kleines Festspielhaus

Il Conte Almaviva	Ingvar Wixell
La Contessa	Claire Watson
Susanna	Olivera Miljaković
Figaro	Geraint Evans
Cherubino	Edith Mathis
Marcellina	Margarethe Bence
Bartolo	Zoltan Kelemen
Basilio	David Thaw
Don Curzio	Alfred Pfeifle
Barbarina	Deirdre Aselford
Antonio	Klaus Hirte
Dirigent	Karl Böhm (3., 15., 29. 8.) Bernhard Conz (22. 8.)
Regie	Günther Rennert
Bühnenbild	Rudolf Heinrich
Kostüme	Rudolf Heinrich

1970 2., 9., 17., 30. August – Kleines Festspielhaus

Il Conte Almaviva	Robert Kerns (2., 17., 30. 8.) Victor Braun (9. 8.)
La Contessa	Gundula Janowitz
Susanna	Reri Grist
Figaro	Geraint Evans
Cherubino	Edith Mathis
Marcellina	Margarethe Bence
Bartolo	Zoltan Kelemen
Basilio	David Thaw
Don Curzio	Alfred Pfeifle
Barbarina	Kari Lövaas
Antonio	Klaus Hirte
Dirigent	Karl Böhm
Regie	Günther Rennert
Bühnenbild	Rudolf Heinrich
Kostüme	Rudolf Heinrich

1971 5., 14., 19., 28. August – Kleines Festspielhaus

Il Conte Almaviva	Hermann Prey
La Contessa	Gundula Janowitz
Susanna	Reri Grist (5., 14. 8.) Olivera Miljaković (19., 28. 8.)
Figaro	Geraint Evans
Cherubino	Teresa Stratas
Marcellina	Margarethe Bence
Bartolo	Zoltan Kelemen
Basilio	David Thaw
Don Curzio	Alfred Pfeifle
Barbarina	Barbara Vogel
Antonio	Klaus Hirte
Dirigent	Karl Böhm
Regie	Günther Rennert
Bühnenbild	Rudolf Heinrich
Kostüme	Rudolf Heinrich

1972 26., 29. Juli, 11., 14., 26., 29. August – Großes Festspielhaus NI

Il Conte Almaviva	Tom Krause
La Contessa	Elizabeth Harwood
Susanna	Edith Mathis (26., 29. 7.) Teresa Stratas (11.–29. 8.)
Figaro	Walter Berry (26. 7., 11.–26. 8.) José van Dam (29. 7., 29. 8.)
Cherubino	Teresa Berganza (26.7., 11.–29. 8.) Marga Schiml (29. 7.)
Marcellina	Kerstin Meyer
Bartolo	Paolo Montarsolo
Basilio	Michel Sénéchal
Don Curzio	Willy Caron
Barbarina	Evelyn Mandac
Antonio	Zoltan Kelemen
Dirigent	Herbert von Karajan
Regie	Jean-Pierre Ponnelle
Bühnenbild	Jean-Pierre Ponnelle
Kostüme	Jean-Pierre Ponnelle

1973 28. Juli, 3., 10., 14., 18., 21., 29. August – Großes Festspielhaus

Il Conte Almaviva	Tom Krause
La Contessa	Elizabeth Harwood
Susanna	Teresa Stratas
Figaro	Walter Berry
Cherubino	Teresa Berganza
Marcellina	Jane Berbié
Bartolo	Paolo Montarsolo

Basilio	Michel Sénéchal
Don Curzio	Willy Caron
Barbarina	Evelyn Mandac (28.7.)
	Sona Ghazarian (3.–21.8.)
	Barbara Vogel (29.8.)
Antonio	Zoltan Kelemen
Dirigent	Herbert von Karajan
Regie	Jean-Pierre Ponnelle
Bühnenbild	Jean-Pierre Ponnelle
Kostüme	Jean-Pierre Ponnelle

1974 31. Juli, 10., 13., 24. August – Großes Festspielhaus

Il Conte Almaviva	Tom Krause
La Contessa	Elizabeth Harwood
Susanna	Mirella Freni
Figaro	José van Dam
Cherubino	Frederica von Stade
Marcellina	Jane Berbié
Bartolo	Paolo Montarsolo
Basilio	Michel Sénéchal
Don Curzio	Willy Caron
Barbarina	Elke Schary
Antonio	Zoltan Kelemen
Dirigent	Herbert von Karajan
Regie	Jean-Pierre Ponnelle
Bühnenbild	Jean-Pierre Ponnelle
Kostüme	Jean-Pierre Ponnelle

1975 30. Juli, 9., 14., 18., 23. August – Großes Festspielhaus

Il Conte Almaviva	Tom Krause
La Contessa	Elizabeth Harwood
Susanna	Edith Mathis
Figaro	José van Dam
Cherubino	Frederica von Stade
Marcellina	Jane Berbié
Bartolo	Paolo Montarsolo
Basilio	Michel Sénéchal
Don Curzio	Willy Caron
Barbarina	Elke Schary
Antonio	Zoltan Kelemen
Dirigent	Herbert von Karajan
Regie	Jean-Pierre Ponnelle
Bühnenbild	Jean-Pierre Ponnelle
Kostüme	Jean-Pierre Ponnelle

1976 28. Juli, 7., 10., 14., 17., 21., 28. August – Großes Festspielhaus

Il Conte Almaviva	Claudio Nicolai (28.7., 21.8.)
	Tom Krause (7.–17.8., 28.8.)
La Contessa	Anna Tomowa-Sintow (28.7., 14., 21.8.)
	Elizabeth Harwood (7., 10., 17., 28.8.)
Susanna	Edith Mathis
Figaro	Walter Berry (28.7.–10.8.)
	José van Dam (14.–28.8.)
Cherubino	Maria Ewing (28.7.–14.8.)
	Frederica von Stade (17.–28.8.)
Marcellina	Heather Begg (28.7.–10.8., 17., 21.8.)
	Kerstin Meyer (14., 28.8.)
Bartolo	Paolo Montarsolo
Basilio	Michel Sénéchal
Don Curzio	Willy Caron
Barbarina	Janet Perry
Antonio	Hans Kraemmer
Dirigent	Herbert von Karajan (28.7., 14., 28.8.)
	Bernhard Klee (7., 10., 17., 21.8.)
Regie	Jean-Pierre Ponnelle
Bühnenbild	Jean-Pierre Ponnelle
Kostüme	Jean-Pierre Ponnelle

1979 11., 14., 18., 21. August – Großes Festspielhaus

Il Conte Almaviva	Tom Krause
La Contessa	Kiri Te Kanawa
Susanna	Edith Mathis
Figaro	José van Dam
Cherubino	Maria Ewing
Marcellina	Jane Berbié
Bartolo	Paolo Montarsolo (11.8.)
	Carlos Feller (14.–21.8.)
Basilio	Michel Sénéchal
Don Curzio	Horst Nitsche
Barbarina	Janet Perry
Antonio	Kurt Rydl
Dirigent	Bernhard Klee (11., 18., 21.8.)
	Herbert von Karajan (14.8.)
Regie	Jean-Pierre Ponnelle
Bühnenbild	Jean-Pierre Ponnelle
Kostüme	Jean-Pierre Ponnelle

1980 11., 19., 23., 26. August – Großes Festspielhaus

Il Conte Almaviva	Tom Krause
La Contessa	Anna Tomowa-Sintow
Susanna	Teresa Stratas
Figaro	José van Dam
Cherubino	Trudeliese Schmidt (11., 26.8.)
	Maria Ewing (19., 23.8.)
Marcellina	Jane Berbié
Bartolo	Carlos Feller (11.8.)
	Paolo Montarsolo (19.–26.8.)
Basilio	Michel Sénéchal
Don Curzio	Horst Nitsche
Barbarina	Maria Fausta Gallamini
Antonio	Kurt Rydl
Dirigent	Gustav Kuhn (11.–23.8.)
	Herbert von Karajan (26.8.)
Regie	Jean-Pierre Ponnelle
Bühnenbild	Jean-Pierre Ponnelle
Kostüme	Jean-Pierre Ponnelle

1986 2., 6., 9., 16., 19., 23., 30. August – Großes Festspielhaus

Il Conte Almaviva	James Morris
La Contessa	Lucia Popp (2.–16.8.)
	Lella Cuberli (19.–30.8.)
Susanna	Kathleen Battle
Figaro	Ferruccio Furlanetto
Cherubino	Diana Montague
Marcellina	Jocelyne Taillon
Bartolo	Günter von Kannen
Basilio	Ricardo Cassinelli
Don Curzio	José Denisty
Barbarina	Dawn Upshaw
Antonio	Federico Davià
Dirigent	James Levine
Regie	Jean-Pierre Ponnelle
Bühnenbild	Jean-Pierre Ponnelle
Kostüme	Jean-Pierre Ponnelle

1987 31. Juli, 3., 7., 11., 14., 18., 21., 24. August – Großes Festspielhaus

Il Conte Almaviva	James Morris
La Contessa	Lella Cuberli
Susanna	Marie McLaughlin
Figaro	Ruggero Raimondi
Cherubino	Frederica von Stade
Marcellina	Jane Berbié
Bartolo	Kurt Moll (31.7.–11.8.)
	Paolo Montarsolo (14.–24.8.)
Basilio	Michel Sénéchal
Don Curzio	Florindo Andreolli
Barbarina	Dawn Upshaw
Antonio	Federico Davià
Dirigent	James Levine
Regie	Jean-Pierre Ponnelle
Bühnenbild	Jean-Pierre Ponnelle
Kostüme	Jean-Pierre Ponnelle

1988 29. Juli, 1., 9., 12., 18., 23. August – Großes Festspielhaus

Il Conte Almaviva	Thomas Hampson
La Contessa	Lella Cuberli
Susanna	Marie McLaughlin
Figaro	Manfred Hemm
Cherubino	Diana Montague (29.7.–18.8.)
	Ann Murray (23.8.)
Marcellina	Jane Berbié
Bartolo	Paolo Montarsolo
Basilio	Michel Sénéchal
Don Curzio	Florindo Andreolli
Barbarina	Sumi Jo
Antonio	Federico Davià
Dirigent	James Levine
Regie	Jean-Pierre Ponnelle
Spielleitung	Lesley König
Bühnenbild	Jean-Pierre Ponnelle
Kostüme	Jean-Pierre Ponnelle

Die Entführung aus dem Serail

Deutsches Singspiel in drei Aufzügen KV 384
Text von Christoph Friedrich Bretzner,
bearbeitet von Johann Gottlieb Stephanie dem Jüngeren

1922 17., 21., 25., 29. August – Stadttheater WS

Selim, Bassa	Gerhard Stehmann
Konstanze	Selma Kurz (17., 21.8.) Elisabeth Rethberg (25., 29.8.)
Blonde	Elisabeth Schumann (17., 21., 29.8.) Karola Jovanović (25.8.)
Belmonte	Richard Tauber (17., 25., 29.8.) Georg Maikl (21.8.)
Pedrillo	Hermann Gallos
Osmin	Nicola Zec
Anführer der Wachen	Viktor Madin
Dirigent	Franz Schalk
Regie	Hans Breuer
Bühnenbild	Alfred Roller

1926 9., 28. August – Stadttheater NE

Selim, Bassa	Hans Duhan
Konstanze	Marie Gerhart
Blonde	Anni Frind (9.8.) Stella Eisner (28.8.)
Belmonte	Richard Tauber
Pedrillo	Hermann Gallos
Osmin	Paul Bender (9.8.) Karl Norbert (28.8.)
Anführer der Wachen	Viktor Madin
Dirigent	Bruno Walter
Regie	Alois Mora
Bühnenbild	Alfred Roller

1931 11., 30. August – Stadttheater NI

Selim, Bassa	Alfred Muzzarelli
Konstanze	Gertrude Callam
Blonde	Lotte Schöne
Belmonte	Koloman von Pataky
Pedrillo	Hermann Gallos
Osmin	Emanuel List
Anführer der Wachen	Karl Ettl
Dirigent	Robert Heger
Regie	Rudolf Hartmann
Bühnenbild	Alfred Roller

1932 31. Juli, 7., 14. August – Festspielhaus NI

Selim, Bassa	Luis Rainer
Konstanze	Gabrielle Ritter-Ciampi
Blonde	Erna Berger
Belmonte	Helge Rosvaenge
Pedrillo	Hermann Gallos
Osmin	Karl Norbert
Klaas, Schiffer	Wilhelm Diegelmann
Anführer der Wachen	Karl Ettl
Dirigent	Fritz Busch
Regie	Carl Ebert
Bühnenbild	Wilhelm Reinking

1935 12., 21., 29. August – Festspielhaus NI

Selim, Bassa	Alfred Muzzarelli
Konstanze	Margherita Perras
Blonde	Margit Bokor (12.8.) Lotte Schöne (21., 29.8.)
Belmonte	Charles Kullmann
Pedrillo	William Wernigk
Osmin	Berthold Sterneck (12., 29.8.) Ludwig Hofmann (21.8.)
Anführer der Wachen	Karl Ettl
Dirigent	Bruno Walter
Regie	Herbert Graf
Bühnenbild	Oskar Strnad

1939 7., 14., 22. August – Stadttheater NI

Selim, Bassa	Albin Skoda
Konstanze	Maria Cebotari
Blonde	Irma Beilke
Belmonte	Helge Rosvaenge (7., 22.8.) Anton Dermota (14.8.)
Pedrillo	Richard Sallaba
Osmin	Salvatore Baccaloni
Anführer der Wachen	Karl Ettl
Dirigent	Karl Böhm
Regie	Wolf Völker
Bühnenbild	Robert Kautsky
Kostüme	Ulrich Roller

1945 15., 18., 22., 25., 28. August, 1. September – Landestheater NI

Selim, Bassa	Albin Skoda
Konstanze	Maria Cebotari
Blonde	Rosl Schwaiger
Belmonte	Julius Patzak
Pedrillo	Walter Carnuth
Osmin	Ludwig Weber
Klaas, Schiffer	Carlheinz Hundius
Dirigent	Felix Prohaska
Regie	Herbert Waniek
Bühnenbild	Wilhelm Reinking

Das Mozarteum-Orchester

1948 1., 9., 19., 26. August – Landestheater

Selim, Bassa	Heinz Woester
Konstanze	Wilma Lipp
Blonde	Emmy Loose
Belmonte	Walther Ludwig
Pedrillo	Peter Klein
Osmin	Endré Koréh
Klaas, Schiffer	Richard Eybner (1.8.) Josef Albin (9.–26.8.)
Dirigent	Josef Krips
Regie	Herbert Waniek
Bühnenbild	Wilhelm Reinking

1955 3., 10., 14., 21., 28. August – Landestheater NI

Selim, Bassa	Hannsgeorg Laubenthal
Konstanze	Erika Köth (3., 10., 21., 28.8.) Ilse Hollweg (14.8.)
Blonde	Hannelore Steffek
Belmonte	Anton Dermota
Pedrillo	Murray Dickie
Osmin	Kurt Böhme
Klaas, Schiffer	Wolfgang Hebenstreith
Dirigent	Karl Böhm
Regie	Oscar Fritz Schuh
Bühnenbild	Caspar Neher
Kostüme	Caspar Neher

1956 25. Juli, 1., 7., 17., 26. August – Landestheater

Selim, Bassa	Hannsgeorg Laubenthal
Konstanze	Erika Köth (25.7.–17.8.) Mimi Coertse (26.8.)
Blonde	Lisa Otto
Belmonte	Rudolf Schock
Pedrillo	Murray Dickie
Osmin	Kurt Böhme
Klaas, Schiffer	Wolfgang Hebenstreith (25.7.–7.8., 26.8.) Viktor Braun (17.8.)
Dirigent	George Szell
Regie	Oscar Fritz Schuh
Bühnenbild	Caspar Neher
Kostüme	Caspar Neher

1957 2., 9., 18., 25. August – Landestheater

Selim, Bassa	Hannsgeorg Laubenthal
Konstanze	Erika Köth
Blonde	Lisa Otto
Belmonte	Nicolai Gedda
Pedrillo	Murray Dickie
Osmin	Kurt Böhme
Klaas, Schiffer	Wolfgang Hebenstreith
Dirigent	Joseph Keilberth (2.–18.8.) Bernhard Conz (25.8.)
Regie	Oscar Fritz Schuh
Bühnenbild	Caspar Neher
Kostüme	Caspar Neher

1961 4., 8., 13., 16., 23. August – Residenz

Selim, Bassa	Andreas Wolf
Konstanze	Ruth Margret Pütz
Blonde	Renate Holm
Belmonte	Fritz Wunderlich
Pedrillo	Erwin Wohlfahrt
Osmin	Georg Littasy
Dirigent	Istvan Kertesz
Regie	Hans Hartleb
Bühnenbild	Hans Ulrich Schmückle
Kostüme	Hans Ulrich Schmückle

Das Mozarteum-Orchester

NI

1962 28. Juli, 2., 6., 15., 23., 29. August – Residenz

Selim, Bassa	Peter Minich
Konstanze	Erika Köth
Blonde	Renate Holm
Belmonte	Donald Grobe
Pedrillo	Gerhard Unger
Osmin	Ludwig Welter
Klaas, Schiffer	Mario Haindorff
Dirigent	Istvan Kertesz
Regie	Karlheinz Haberland
Bühnenbild	Hans Ulrich Schmückle
Kostüme	Liselotte Erler

Das Mozarteum-Orchester

1963 27. Juli, 2., 7., 14., 20., 28. August – Residenz

Selim, Bassa	Peter Minich
Konstanze	Erika Köth
Blonde	Renate Holm
Belmonte	Donald Grobe
Pedrillo	Gerhard Unger
Osmin	Ludwig Welter
Klaas, Schiffer	Mario Haindorff
Dirigent	Bernhard Conz
Regie	Karlheinz Haberland
Bühnenbild	Hans Ulrich Schmückle
Kostüme	Liselotte Erler

Das Mozarteum-Orchester

NI

1965 28. Juli, 3., 8., 11., 30. August – Kleines Festspielhaus

Selim, Bassa	Michael Heltau
Konstanze	Anneliese Rothenberger
Blonde	Reri Grist
Belmonte	Fritz Wunderlich
Pedrillo	Gerhard Unger
Osmin	Fernando Corena
Dirigent	Zubin Mehta (28.7., 3., 11., 30.8.) Bernhard Conz (8.8.)
Regie	Giorgio Strehler
Bühnenbild	Luciano Damiani
Kostüme	Luciano Damiani

1966 31. Juli, 7., 9., 19., 23., 28. August – Kleines Festspielhaus

Selim, Bassa	Michael Heltau
Konstanze	Anneliese Rothenberger
Blonde	Reri Grist
Belmonte	Fritz Wunderlich
Pedrillo	Gerhard Unger
Osmin	Fernando Corena
Dirigent	Zubin Mehta (31.7.–9.8.) John Pritchard (19.–28.8.)
Regie	Giorgio Strehler
Bühnenbild	Luciano Damiani
Kostüme	Luciano Damiani

1967 5., 10., 13., 18. August – Kleines Festspielhaus

Selim, Bassa	Michael Heltau
Konstanze	Ingeborg Hallstein
Blonde	Reri Grist
Belmonte	Luigi Alva
Pedrillo	Gerhard Unger
Osmin	Fernando Corena
Dirigent	Zubin Mehta
Regie	Giorgio Strehler
Bühnenbild	Luciano Damiani
Kostüme	Luciano Damiani

1970 6., 12., 20., 24. August – Kleines Festspielhaus

Selim, Bassa	Michael Heltau
Konstanze	Anneliese Rothenberger (6., 12.8.) Elizabeth Harwood (20., 24.8.)
Blonde	Reri Grist
Belmonte	Werner Hollweg
Pedrillo	Gerhard Unger
Osmin	Spiro Malas
Dirigent	Zubin Mehta
Regie	Giorgio Strehler
Bühnenbild	Luciano Damiani
Kostüme	Luciano Damiani

1971 28. Juli, 1., 10., 20., 24. August – Kleines Festspielhaus

Selim, Bassa	Michael Heltau
Konstanze	Elizabeth Harwood
Blonde	Reri Grist (28.7., 1.8.) Norma Burrowes (10.–24.8.)
Belmonte	Werner Hollweg
Pedrillo	Gerhard Unger
Osmin	Kurt Moll
Dirigent	Leif Segerstam (28.7., 1., 20., 24.8.) Bernhard Conz (10.8.)
Regie	Giorgio Strehler
Bühnenbild	Luciano Damiani
Kostüme	Luciano Damiani

1972 3., 8., 18., 21. August – Kleines Festspielhaus

Selim, Bassa	Michael Heltau
Konstanze	Elizabeth Harwood (3., 21.8.) Sylvia Geszty (8., 18.8.)
Blonde	Norma Burrowes
Belmonte	Werner Hollweg
Pedrillo	Gerhard Unger
Osmin	Kurt Moll
Dirigent	Leif Segerstam
Regie	Giorgio Strehler
Bühnenbild	Luciano Damiani
Kostüme	Luciano Damiani

1973 5., 12., 16., 20., 27. August – Kleines Festspielhaus

Selim, Bassa	Michael Heltau
Konstanze	Sylvia Geszty (5., 12., 20.8.) Elizabeth Harwood (16., 27.8.)
Blonde	Norma Burrowes
Belmonte	Werner Hollweg
Pedrillo	Gerhard Unger
Osmin	Kurt Moll
Dirigent	Leif Segerstam
Regie	Giorgio Strehler
Bühnenbild	Luciano Damiani
Kostüme	Luciano Damiani

1974 10., 13., 20., 27. August – Kleines Festspielhaus

Selim, Bassa	Michael Heltau
Konstanze	Sylvia Geszty (10., 13.8.) Elizabeth Harwood (20., 27.8.)
Blonde	Judith Blegen
Belmonte	Werner Hollweg
Pedrillo	Gerhard Unger
Osmin	Kurt Moll
Dirigent	Leif Segerstam
Regie	Giorgio Strehler
Bühnenbild	Luciano Damiani
Kostüme	Luciano Damiani

1975 31. Juli, 3., 10., 15., 24. August – Kleines Festspielhaus

Selim, Bassa	Kurt Heintel
Konstanze	Margaret Price (31.7.–10.8.) Edita Gruberova (15., 24.8.)
Blonde	Sona Ghazarian
Belmonte	Werner Hollweg
Pedrillo	Gerhard Unger
Osmin	Fernando Corena
Dirigent	Leif Segerstam
Regie	Giorgio Strehler
Spielleitung	Ferruccio Soleri
Bühnenbild	Luciano Damiani
Kostüme	Luciano Damiani

1980 29. Juli, 7., 17., 26., 30. August – Kleines Festspielhaus NI

Selim, Bassa	Frank Hoffmann
Konstanze	Ileana Cotrubas
Blonde	Carol Malone
Belmonte	Peter Schreier
Pedrillo	Norbert Orth
Osmin	Martti Talvela
Dirigent	Lorin Maazel
Regie	Filippo Sanjust
Bühnenbild	Filippo Sanjust
Kostüme	Filippo Sanjust

1981 28. Juli, 2., 8., 22., 28. August – Kleines Festspielhaus

Selim, Bassa	Frank Hoffmann
Konstanze	Ileana Cotrubas (28. 7.–8. 8., 28. 8.) Patricia Wise (22. 8.)
Blonde	Carol Malone
Belmonte	Peter Schreier
Pedrillo	Norbert Orth
Osmin	Martti Talvela
Dirigent	Lorin Maazel
Regie	Filippo Sanjust
Bühnenbild	Filippo Sanjust
Kostüme	Filippo Sanjust

1987 27., 30. Juli, 4., 8., 15., 22., 27., 30. August – Kleines Festspielhaus NI

Selim, Bassa	Hans-Peter Minetti
Konstanze	Inga Nielsen
Blonde	Julie Kaufmann
Belmonte	Deon van der Walt
Pedrillo	Heinz Zednik
Osmin	Kurt Rydl
Dirigent	Horst Stein
Regie	Johannes Schaaf
Bühnenbild	Andreas Reinhardt
Kostüme	Peter Pabst

1988 4., 8., 11., 17., 27., 30. August – Kleines Festspielhaus

Selim, Bassa	Ulrich Wildgruber
Konstanze	Inga Nielsen
Blonde	Lillian Watson
Belmonte	Deon van der Walt
Pedrillo	Heinz Zednik
Osmin	Kurt Rydl
Dirigent	Horst Stein
Regie	Johannes Schaaf
Bühnenbild	Andreas Reinhardt
Kostüme	Peter Pabst

1989 10., 13., 20., 29. August – Kleines Festspielhaus

Selim, Bassa	Ulrich Wildgruber
Konstanze	Inga Nielsen
Blonde	Lillian Watson
Belmonte	Deon van der Walt
Pedrillo	Heinz Zednik
Osmin	Kurt Rydl
Dirigent	Horst Stein
Regie	Johannes Schaaf
Bühnenbild	Andreas Reinhardt
Kostüme	Peter Pabst

Die Zauberflöte

Eine deutsche Oper in zwei Aufzügen KV 620
Text von Emanuel Schikaneder

1928 18., 22., 26., 30. August – Festspielhaus NI

Sarastro	Richard Mayr
Tamino	Josef Kalenberg
Sprecher	Franz Markhoff
1. Priester	Hermann Gallos
2. Priester	Karl Ettl
Königin der Nacht	Marie Gerhart
Pamina	Maria Rajdl
1. Dame	Luise Helletsgruber
2. Dame	Aenne Michalsky
3. Dame	Hermine Kittel
Papageno	Hans Duhan
Papagena	Margarethe Krauß
Monostatos	Hans Breuer
1. Knabe	Lilli Claus
2. Knabe	Frieda Stroinigg
3. Knabe	Enid Szanto
1. Geharnischter	Hermann Gallos
2. Geharnischter	Karl Ettl
Dirigent	Franz Schalk
Regie	Lothar Wallerstein
Bühnenbild	Oskar Strnad

1931 8., 17., 25. August – Festspielhaus NI

Sarastro	Richard Mayr
Tamino	Hans Fidesser
Sprecher	Josef von Manowarda
1. Priester	William Wernigk
2. Priester	Karl Ettl
Königin der Nacht	Marie Gerhart
Pamina	Lotte Schöne
1. Dame	Luise Helletsgruber
2. Dame	Aenne Michalsky
3. Dame	Gertrud Rünger
Papageno	Karl Hammes
Papagena	Irene Eisinger
Monostatos	Erich Zimmermann
1. Knabe	Maria Cebotari
2. Knabe	Molly Jonas
3. Knabe	Polly Batic
1. Geharnischter	William Wernigk
2. Geharnischter	Karl Ettl
Dirigent	Bruno Walter
Regie	Karl Heinz Martin
Bühnenbild	Oskar Strnad

1932 6., 16. August – Festspielhaus NE

Sarastro	Richard Mayr
Tamino	Helge Rosvaenge
Sprecher	Josef von Manowarda
1. Priester	Raul Lange
2. Priester	Wilhelm Trautz
Königin der Nacht	Marie Gerhart
Pamina	Lotte Schöne
1. Dame	Luise Helletsgruber
2. Dame	Aenne Michalsky
3. Dame	Gertrud Rünger
Papageno	Karl Hammes
Papagena	Irene Eisinger
Monostatos	William Wernigk
1. Knabe	Maria Cebotari
2. Knabe	Luise Weikersheim
3. Knabe	Polly Batic
1. Geharnischter	Wilhelm Trautz
2. Geharnischter	Karl Ettl
Dirigent	Bruno Walter
Regie	Franz Ludwig Hörth
Bühnenbild	Oskar Strnad

1933 12., 23. August – Festspielhaus

Sarastro	Richard Mayr
Tamino	Helge Rosvaenge
Sprecher	Josef von Manowarda
1. Priester	Georges Müller
2. Priester	Karl Ettl
Königin der Nacht	Marie Gerhart
Pamina	Lotte Schöne
1. Dame	Luise Helletsgruber
2. Dame	Aenne Michalsky
3. Dame	Gertrud Rünger
Papageno	Karl Hammes
Papagena	Irene Eisinger
Monostatos	William Wernigk
1. Knabe	Maria Cebotari
2. Knabe	Luise Weikersheim
3. Knabe	Polly Batic
1. Geharnischter	Georges Müller
2. Geharnischter	Karl Ettl
Dirigent	Bruno Walter
Regie	Oskar Strnad
Bühnenbild	Oskar Strnad

1937 30. Juli, 7., 16., 31. August – Festspielhaus NI

Sarastro	Alexander Kipnis
Tamino	Helge Rosvaenge
Sprecher	Alfred Jerger

Priester	Richard Sallaba	
Königin der Nacht	Julie Osváth	
Pamina	Jarmila Novotna	
1. Dame	Hilde Konetzni	
2. Dame	Stefania Fratnikova	
3. Dame	Kerstin Thorborg	
Papageno	Willi Domgraf-Fassbaender	
Papagena	Dora Komarek	
Monostatos	William Wernigk	
1. Knabe	Kurt Pech	
2. Knabe	Albert Feuhl	
3. Knabe	Fritz Mascha	
1. Geharnischter	Anton Dermota	
2. Geharnischter	Carl Bissuti	
Dirigent	Arturo Toscanini	
Regie	Herbert Graf	
Bühnenbild	Hans Wildermann	

1941 2., 9., 14., 19. August – Festspielhaus NI

Sarastro	Ludwig Weber
Tamino	Peter Anders (2., 9.8.)
	Anton Dermota (14., 19.8.)
Sprecher	Kurt Böhme
Priester	William Wernigk
Königin der Nacht	Lea Piltti
Pamina	Maria Reining
1. Dame	Hilde Konetzni
2. Dame	Dora With
3. Dame	Elena Nicolaidi
Papageno	Alfred Poell
Papagena	Dora Komarek
Monostatos	Karl Wessely
1. Knabe	Erika Pirschl
2. Knabe	Elfride Trötschel
3. Knabe	Anny Schneller
1. Geharnischter	Wilhelm Franter
2. Geharnischter	Franz Normann
Dirigent	Karl Böhm
Regie	Heinz Arnold
Bühnenbild	Ludwig Sievert
Kostüme	Ludwig Sievert

1943 4., 10., 14., 18., 22., 29. August – Festspielhaus NI

Sarastro	Georg Hann
Tamino	Julius Patzak
Sprecher	Hans Hotter
Priester	Horst Taubmann
Königin der Nacht	Hildegard Kapferer
Pamina	Irma Beilke
1. Dame	Maud Cunitz
2. Dame	Coba Wackers
3. Dame	Maria Cornelius
Papageno	Paul Hörbiger
Papagena	Gusti Huber
Monostatos	Josef Witt
1. Knabe	Käthe Nentwig
2. Knabe	Gertrud Friedrich
3. Knabe	Anny Schneller
1. Geharnischter	Karl Ostertag
2. Geharnischter	Theo Herrmann
Dirigent	Clemens Krauss
Regie	Clemens Krauss
Bühnenbild	Stefan Hlawa
Kostüme	Erni Kniepert

1949 27. Juli, 5., 11., 19. August – Felsenreitschule NI

Sarastro	Josef Greindl
Tamino	Walther Ludwig
Sprecher	Paul Schöffler
1. Priester	Hermann Gallos
2. Priester	Karl Dönch
Königin der Nacht	Wilma Lipp
Pamina	Irmgard Seefried
1. Dame	Gertrude Grob-Prandl
2. Dame	Sieglinde Wagner
3. Dame	Elisabeth Höngen
Papageno	Karl Schmitt-Walter
Papagena	Edith Oravez
Monostatos	Peter Klein
1. Knabe	Elisabeth Rütgers
2. Knabe	Ruthilde Boesch
3. Knabe	Polly Batic
1. Geharnischter	Ernst Haefliger (27.7., 5., 19.8.)
	Lorenz Fehenberger (11.8.)
2. Geharnischter	Hermann Uhde
Dirigent	Wilhelm Furtwängler
Regie	Oscar Fritz Schuh
Bühnenbild	Caspar Neher
Kostüme	Caspar Neher

1950 29. Juli, 3., 16., 21. August – Felsenreitschule

Sarastro	Josef Greindl
Tamino	Walther Ludwig
Sprecher	Paul Schöffler
1. Priester	Fred Liewehr
2. Priester	Franz Höbling
Königin der Nacht	Wilma Lipp
Pamina	Irmgard Seefried
1. Dame	Lisa Della Casa (29.7.)
	Annelies Kupper (3.–21.8.)
2. Dame	Sieglinde Wagner
3. Dame	Elisabeth Höngen
Papageno	Erich Kunz
Papagena	Hedda Heusser
Monostatos	Peter Klein
1. Knabe	Hannelore Steffek
2. Knabe	Luise Leitner
3. Knabe	Friedl Meusburger
Dirigent	Wilhelm Furtwängler
Regie	Oscar Fritz Schuh
Bühnenbild	Caspar Neher
Kostüme	Caspar Neher

1951 1., 6., 10., 17., 29. August – Felsenreitschule

Sarastro	Josef Greindl
Tamino	Anton Dermota
Sprecher	Paul Schöffler
1. Priester	Fred Liewehr
2. Priester	Franz Höbling
Königin der Nacht	Wilma Lipp
Pamina	Irmgard Seefried
1. Dame	Christel Goltz
2. Dame	Margherita Kenney
3. Dame	Sieglinde Wagner
Papageno	Erich Kunz
Papagena	Edith Oravez
Monostatos	Peter Klein
1. Knabe	Hannelore Steffek
2. Knabe	Luise Leitner
3. Knabe	Friedl Meusburger
1. Geharnischter	Hans Beirer
2. Geharnischter	Franz Bierbach
Dirigent	Wilhelm Furtwängler
Regie	Oscar Fritz Schuh
Bühnenbild	Caspar Neher
Kostüme	Caspar Neher

1952 31. Juli, 7., 18., 26. August – Felsenreitschule

Sarastro	Josef Greindl
Tamino	Anton Dermota (31.7., 26.8.)
	Richard Holm (7., 18.8.)
Sprecher	Paul Schöffler
1. Priester	Josef Witt
2. Priester	Franz Höbling
Königin der Nacht	Wilma Lipp
Pamina	Irmgard Seefried
1. Dame	Annelies Kupper
2. Dame	Margherita Kenney
3. Dame	Sieglinde Wagner
Papageno	Erich Kunz
Papagena	Edith Oravez
Monostatos	Peter Klein
1. Knabe	Anny Felbermayer
2. Knabe	Luise Leitner
3. Knabe	Friedl Meusburger
1. Geharnischter	Josef Gostic
2. Geharnischter	Franz Bierbach
Dirigent	Rudolf Moralt
Regie	Oscar Fritz Schuh
Bühnenbild	Caspar Neher
Kostüme	Caspar Neher

1955 25. Juli, 2., 8., 16., 26. August – Felsenreitschule NI

Sarastro	Gottlob Frick
Tamino	Anton Dermota
Sprecher	Paul Schöffler
1. Priester	Georges Müller

2. Priester	Georg Monthy
Königin der Nacht	Erika Köth
Pamina	Elisabeth Grümmer
1. Dame	Gerda Scheyrer
2. Dame	Christa Ludwig
3. Dame	Hilde Rössel-Majdan
Papageno	Erich Kunz
Papagena	Hannelore Steffek
Monostatos	Peter Klein
Drei Knaben	3 Regensburger Domspatzen
1. Geharnischter	Helmut Melchert
2. Geharnischter	Franz Bierbach
Dirigent	Georg Solti
Regie	Herbert Graf
Bühnenbild	Oskar Kokoschka
Kostüme	Oskar Kokoschka

1956 2., 9., 16., 25., 29. August – Felsenreitschule

Sarastro	Gottlob Frick
Tamino	Anton Dermota
Sprecher	Paul Schöffler
1. Priester	Waldemar Kmentt
2. Priester	Eberhard Waechter
Königin der Nacht	Erika Köth (2., 9., 25., 29. 8.) Rita Streich (16. 8.)
Pamina	Elisabeth Grümmer
1. Dame	Gerda Scheyrer
2. Dame	Christa Ludwig
3. Dame	Rosl Zapf
Papageno	Walter Berry
Papagena	Anneliese Rothenberger
Monostatos	Peter Klein
Drei Knaben	3 Regensburger Domspatzen
1. Geharnischter	Ernst Kozub
2. Geharnischter	Franz Bierbach
Dirigent	Georg Solti
Regie	Herbert Graf
Bühnenbild	Oskar Kokoschka
Kostüme	Oskar Kokoschka

1959 27. Juli, 1., 7., 18., 26. August – Festspielhaus NI

Sarastro	Kurt Böhme
Tamino	Léopold Simoneau
Sprecher	Hans Hotter
1. Priester	Erich Majkut
2. Priester	Alfred Jerger
Königin der Nacht	Erika Köth
Pamina	Lisa Della Casa
1. Dame	Friederike Sailer
2. Dame	Hetty Plümacher
3. Dame	Sieglinde Wagner
Papageno	Walter Berry
Papagena	Graziella Sciutti
Monostatos	Karl Dönch
Drei Knaben	3 Wiener Sängerknaben
1. Geharnischter	Robert Charlebois
2. Geharnischter	Alois Pernerstorfer
Dirigent	George Szell
Regie	Günther Rennert
Bühnenbild	Ita Maximowna
Kostüme	Ita Maximowna

1960 12., 19., 30. August – Altes Festspielhaus

Sarastro	Gottlob Frick
Tamino	Fritz Wunderlich
Sprecher	Eberhard Waechter
1. Priester	Erich Majkut
2. Priester	Ljubomir Pantscheff
Königin der Nacht	Erika Köth (12. 8.) Elena Raina (19. 8.) Mimi Coertse (30. 8.)
Pamina	Liselotte Fölser
1. Dame	Lisa Otto
2. Dame	Hetty Plümacher
3. Dame	Sieglinde Wagner
Papageno	Walter Berry
Papagena	Graziella Sciutti
Monostatos	Kurt Marschner
Drei Knaben	3 Wiener Sängerknaben
1. Geharnischter	Robert Charlebois
2. Geharnischter	Alois Pernerstorfer
Dirigent	Joseph Keilberth
Regie	Günther Rennert
Bühnenbild	Ita Maximowna
Kostüme	Ita Maximowna

1963 26. Juli, 3., 9., 17., 22., 28. August – Neues Festspielhaus NI

Sarastro	Walter Kreppel
Tamino	Waldemar Kmentt
Sprecher	Franz Crass
1. Priester	Martin Häusler
2. Priester	Josef Knapp
Königin der Nacht	Roberta Peters
Pamina	Pilar Lorengar (26. 7., 3., 17.–28. 8.) Irmgard Seefried (9. 8.)
1. Dame	Maria van Dongen
2. Dame	Cvetka Ahlin
3. Dame	Patricia Johnson
Papageno	Walter Berry
Papagena	Anneliese Rothenberger
Monostatos	Renato Ercolani
1. Knabe	Lucia Popp
2. Knabe	Yvonne Helvey
3. Knabe	Hildegard Rütgers
1. Geharnischter	James King
2. Geharnischter	Georg Littasy
Dirigent	Istvan Kertesz
Regie	Otto Schenk
Bühnenbild	Jörg Zimmermann
Kostüme	Hill Reihs-Gromes

1964 27. Juli, 8., 12., 18., 24. August – Großes Festspielhaus

Sarastro	Walter Kreppel
Tamino	Waldemar Kmentt
Sprecher	Paul Schöffler
1. Priester	Paul Späni
2. Priester	Josef Knapp
Königin der Nacht	Roberta Peters
Pamina	Pilar Lorengar
1. Dame	Maria van Dongen
2. Dame	Cvetka Ahlin
3. Dame	Vera Little
Papageno	Walter Berry
Papagena	Renate Holm
Monostatos	Renato Ercolani
1. Knabe	Lucia Popp (27. 7.–12. 8.) Maria A. Harvey (18., 24. 8.)
2. Knabe	Yvonne Helvey
3. Knabe	Hildegard Rütgers
1. Geharnischter	Herbert Schachtschneider
2. Geharnischter	Georg Littasy
Dirigent	Istvan Kertesz
Regie	Otto Schenk
Bühnenbild	Jörg Zimmermann
Kostüme	Hill Reihs-Gromes

1967 26. Juli, 2., 11., 19., 25., 30. August – Großes Festspielhaus NI

Sarastro	Franz Crass
Tamino	Peter Schreier
Sprecher	Otto Wiener
1. Priester	Jörg Liebenfels
2. Priester	Fritz Holzer
Königin der Nacht	Sylvia Geszty
Pamina	Helen Donath
1. Dame	Elisabeth Ksoll
2. Dame	Cvetka Ahlin
3. Dame	Ilse Gramatzki
Papageno	Hermann Prey
Papagena	Judith Blegen
Monostatos	Gerhard Unger
1. Knabe	Monique Lobasà
2. Knabe	Ileana Cotrubas
3. Knabe	Dwyla Donohue-Schmeiser
Dirigent	Wolfgang Sawallisch
Regie	Oscar Fritz Schuh
Bühnenbild	Teo Otto
Kostüme	Teo Otto

1968 31. Juli, 5., 14., 23., 28. August – Großes Festspielhaus

Sarastro	Franz Crass
Tamino	Peter Schreier
Sprecher	Otto Wiener
1. Priester	Jörg Liebenfels
2. Priester	Fritz Holzer
Königin der Nacht	Sylvia Geszty

Pamina	Helen Donath
1. Dame	Elisabeth Ksoll
2. Dame	Cvetka Ahlin
3. Dame	Ilse Gramatzki
Papageno	Hermann Prey
Papagena	Carol Malone
Monostatos	Gerhard Unger
1. Knabe	Monique Lobasà
2. Knabe	Ileana Cotrubas
3. Knabe	Dwyla Donohue-Schmeiser
Dirigent	Wolfgang Sawallisch
Regie	Oscar Fritz Schuh
Bühnenbild	Teo Otto
Kostüme	Teo Otto

1970 1., 14., 22. August – Großes Festspielhaus

Sarastro	Kurt Moll
Tamino	Peter Schreier
Sprecher	Otto Wiener
1. Priester	Jörg Liebenfels
2. Priester	Fritz Holzer
Königin der Nacht	Sylvia Geszty (1.8.) Arleen Auger (14., 22.8.)
Pamina	Helen Donath
1. Dame	Leonore Kirschstein
2. Dame	Ilse Gramatzki
3. Dame	Marga Schiml
Papageno	Hermann Prey
Papagena	Carol Malone
Monostatos	Gerhard Unger
1. Knabe	Monique Lobasà
2. Knabe	Nassrin Azarmi
3. Knabe	Hanna-Rose Wald
1. Geharnischter	William Holley
2. Geharnischter	Victor von Halem
Dirigent	Wolfgang Sawallisch
Regie	Oscar Fritz Schuh
Bühnenbild	Teo Otto
Kostüme	Teo Otto

1974 26., 29. Juli, 12., 17., 23., 29. August – Großes Festspielhaus NI

Sarastro	Peter Meven
Tamino	René Kollo (26.7.–23.8.) Werner Hollweg (29.8.)
Sprecher	José van Dam (26.7., 12., 23., 29.8.) Tom Krause (29.7., 17.8.)
1. Priester	Alf Beinell
2. Priester	Hans Christian
Königin der Nacht	Edita Gruberova (26.7.) Louise Lebrun (29.7.–29.8.)
Pamina	Edith Mathis
1. Dame	Jane Marsh
2. Dame	Trudeliese Schmidt
3. Dame	Sylvia Anderson
Papageno	Hermann Prey
Papagena	Reri Grist
Monostatos	Gerhard Unger
Drei Knaben	Solisten des Tölzer Knabenchores
1. Geharnischter	Martin Schomberg
2. Geharnischter	Martin Egel
Dirigent	Herbert von Karajan
Regie	Giorgio Strehler
Bühnenbild	Luciano Damiani
Kostüme	Luciano Damiani

1978 28. Juli, 5., 10., 18., 22., 28. August – Felsenreitschule NI

Sarastro	Martti Talvela
Tamino	Eric Tappy
Sprecher	José van Dam
1. Priester	Peter Weber
2. Priester	Horst Nitsche
Königin der Nacht	Edita Gruberova
Pamina	Ileana Cotrubas
1. Dame	Rachel Yakar
2. Dame	Trudeliese Schmidt
3. Dame	Ingrid Mayr
Papageno	Christian Boesch
Papagena	Elisabeth Kales
Monostatos	Rémy Corazza
Drei Knaben	Solisten des Tölzer Knabenchores
1. Geharnischter	Karl Terkal
2. Geharnischter	Helge von Bömches
Dirigent	James Levine
Regie	Jean-Pierre Ponnelle
Bühnenbild	Jean-Pierre Ponnelle
Kostüme	Jean-Pierre Ponnelle

1979 29. Juli, 7., 19., 24., 27. August – Felsenreitschule

Sarastro	Martti Talvela
Tamino	Eric Tappy
Sprecher	José van Dam
1. Priester	Peter Weber
2. Priester	Horst Nitsche
Königin der Nacht	Edita Gruberova (29.7., 19., 24.8.) Zdzislawa Donat (7., 27.8.)
Pamina	Ileana Cotrubas
1. Dame	Rachel Yakar
2. Dame	Trudeliese Schmidt
3. Dame	Ingrid Mayr
Papageno	Christian Boesch
Papagena	Elisabeth Kales
Monostatos	Horst Hiestermann
Drei Knaben	Solisten des Tölzer Knabenchores
1. Geharnischter	Karl Terkal
2. Geharnischter	Helge von Bömches
Dirigent	James Levine
Regie	Jean-Pierre Ponnelle
Bühnenbild	Jean-Pierre Ponnelle
Kostüme	Jean-Pierre Ponnelle

1980 8., 12., 15., 21., 24., 28. August – Felsenreitschule

Sarastro	Martti Talvela
Tamino	Eric Tappy
Sprecher	Walter Berry (8., 12., 21.–28.8.) José van Dam (15.8.)
1. Priester	Peter Weber
2. Priester	Horst Nitsche
Königin der Nacht	Edita Gruberova (8.8.) Zdzislawa Donat (12.–28.8.)
Pamina	Lucia Popp (8.–15., 28.8.) Ileana Cotrubas (21., 24.8.)
1. Dame	Rachel Yakar
2. Dame	Trudeliese Schmidt (8., 15., 21.8.) Margareta Hintermeier (12., 24., 28.8.)
3. Dame	Ingrid Mayr
Papageno	Christian Boesch (8., 12., 21.–28.8.) Walter Berry (15.8.)
Papagena	Elisabeth Kales
Monostatos	Horst Hiestermann
Drei Knaben	Solisten des Tölzer Knabenchores
1. Geharnischter	Karl Terkal
2. Geharnischter	Helge von Bömches
Dirigent	James Levine
Regie	Jean-Pierre Ponnelle
Bühnenbild	Jean-Pierre Ponnelle
Kostüme	Jean-Pierre Ponnelle

ZAUBER(FLÖTEN)-REICH THEATER
Einführung für junge Leute

1980 28. August – Felsenreitschule

Sarastro	Helge von Bömches
Tamino	Peter Schreier
1. Priester	Peter Weber
2. Priester	Horst Nitsche
Königin der Nacht	Zdzislawa Donat
Pamina	Lucia Popp
1. Dame	Rachel Yakar
2. Dame	Margareta Hintermeier
3. Dame	Ingrid Mayr
Papageno	Christian Boesch
Papagena	Elisabeth Kales
Monostatos	Horst Hiestermann
Drei Knaben	Solisten des Tölzer Knabenchores
Eine Schlange	(?)

Idee und Buch	Christian Boesch
Präsentation	Christian Boesch/ Jean-Pierre Ponnelle
Dirigent	James Levine

1981 9., 15., 20., 24., 30. August – Felsenreitschule

Sarastro	Martti Talvela
Tamino	Rüdiger Wohlers (9., 15.8.) Peter Schreier (20.–30.8.)
Sprecher	Walter Berry (9., 15., 30.8.) José van Dam (20., 24.8.)
1. Priester	Peter Weber
2. Priester	Horst Nitsche
Königin der Nacht	Zdzislawa Donat (9., 20., 24.8.) Edita Gruberova (15., 30.8.)
Pamina	Lucia Popp
1. Dame	Edda Moser
2. Dame	Ann Murray (9., 15., 24.8.) Margareta Hintermeier (20., 30.8.)
3. Dame	Ingrid Mayr
Papageno	Christian Boesch
Papagena	Gudrun Sieber
Monostatos	Horst Hiestermann
Drei Knaben	Solisten des Tölzer Knabenchores
1. Geharnischter	William Lewis
2. Geharnischter	Kurt Rydl
Dirigent	James Levine
Regie	Jean-Pierre Ponnelle
Bühnenbild	Jean-Pierre Ponnelle
Kostüme	Jean-Pierre Ponnelle

1982 5., 10., 13., 21., 28. August – Felsenreitschule

Sarastro	Martti Talvela
Tamino	Peter Schreier
Sprecher	Walter Berry
1. Priester	Peter Weber
2. Priester	Horst Nitsche
Königin der Nacht	Zdzislawa Donat (5.–13.8.) Edita Gruberova (21., 28.8.)
Pamina	Ileana Cotrubas
1. Dame	Edda Moser
2. Dame	Ann Murray
3. Dame	Ingrid Mayr
Papageno	Christian Boesch
Papagena	Gudrun Sieber
Monostatos	Horst Hiestermann
Drei Knaben	Solisten des Tölzer Knabenchores
1. Geharnischter	William Lewis
2. Geharnischter	Kurt Rydl
Dirigent	James Levine
Regie	Jean-Pierre Ponnelle
Bühnenbild	Jean-Pierre Ponnelle
Kostüme	Jean-Pierre Ponnelle

ZAUBERFLÖTE FÜR KINDER
Einführung für junge Leute

1982 26. August – Felsenreitschule

Sarastro	Kurt Rydl
Tamino	Peter Schreier
1. Priester	Peter Weber
2. Priester	Horst Nitsche
Königin der Nacht	Zdzislawa Donat
Pamina	Ileana Cotrubas
1. Dame	Edda Moser
2. Dame	Ann Murray
3. Dame	Ingrid Mayr
Papageno	Christian Boesch
Papagena	Gudrun Sieber
Monostatos	Horst Hiestermann
Drei Knaben	Solisten des Tölzer Knabenchores
Eine Schlange	(?)
Idee und Buch	Christian Boesch
Präsentation	Christian Boesch/ Jean-Pierre Ponnelle
Dirigent	James Levine

1983 6., 11., 19., 24., 30. August – Felsenreitschule

Sarastro	Kurt Moll (6., 11.8.) Martti Talvela (19.–30.8.)
Tamino	Peter Schreier
Sprecher	Walter Berry
1. Priester	Peter Weber
2. Priester	Horst Nitsche
Königin der Nacht	Edita Gruberova (6.–19.8.) Zdzislawa Donat (24., 30.8.)
Pamina	Ileana Cotrubas
1. Dame	Edda Moser
2. Dame	Ann Murray
3. Dame	Ingrid Mayr
Papageno	Christian Boesch
Papagena	Gudrun Sieber
Monostatos	Horst Hiestermann
Drei Knaben	Solisten des Tölzer Knabenchores
1. Geharnischter	William Lewis
2. Geharnischter	Kurt Rydl
Dirigent	James Levine
Regie	Jean-Pierre Ponnelle
Bühnenbild	Jean-Pierre Ponnelle
Kostüme	Jean-Pierre Ponnelle

1984 10., 14., 21., 26., 30. August – Felsenreitschule

Sarastro	Martti Talvela
Tamino	Peter Schreier (10.–21.8.) Gösta Winbergh (26., 30.8.)
Sprecher	Walter Berry
1. Priester	Peter Weber
2. Priester	Horst Nitsche
Königin der Nacht	Zdzislawa Donat
Pamina	Ileana Cotrubas
1. Dame	Edda Moser
2. Dame	Ann Murray
3. Dame	Ingrid Mayr
Papageno	Christian Boesch
Papagena	Gudrun Sieber
Monostatos	Horst Hiestermann
Drei Knaben	Solisten des Tölzer Knabenchores
1. Geharnischter	William Lewis
2. Geharnischter	Kurt Rydl
Dirigent	James Levine
Regie	Jean-Pierre Ponnelle
Bühnenbild	Jean-Pierre Ponnelle
Kostüme	Jean-Pierre Ponnelle

1985 27. Juli, 2., 5., 13., 23., 28. August – Felsenreitschule

Sarastro	Lászlo Polgár
Tamino	Gösta Winbergh
Sprecher	Matthias Hölle
1. Priester	Peter Weber
2. Priester	Horst Nitsche
Königin der Nacht	Zdzislawa Donat
Pamina	Angela Maria Blasi
1. Dame	Sabine Hass
2. Dame	Helga Müller-Molinari
3. Dame	Margarita Lilowa
Papageno	Christian Boesch
Papagena	Gudrun Sieber
Monostatos	Horst Hiestermann
Drei Knaben	Solisten des Tölzer Knabenchores
1. Geharnischter	James King
2. Geharnischter	Kurt Rydl
Dirigent	James Levine
Regie	Jean-Pierre Ponnelle
Bühnenbild	Jean-Pierre Ponnelle
Kostüme	Jean-Pierre Ponnelle

1986 28. Juli, 1., 5., 8., 12., 20., 26., 28. August – Felsenreitschule

Sarastro	Kurt Moll (28.7.–12.8.) Lászlo Polgár (20.–28.8.)
Tamino	Gösta Winbergh
Sprecher	Jan-Hendrik Rootering
1. Priester	Peter Weber
2. Priester	Horst Nitsche
Königin der Nacht	Zdzislawa Donat
Pamina	Angela Maria Blasi
1. Dame	Sabine Hass

2. Dame	Helga Müller-Molinari (28.7., 5., 26., 28.8.) Marijke Hendriks (1., 8.–20.8.)
3. Dame	Margarita Lilowa
Papageno	Christian Boesch
Papagena	Gudrun Sieber (28.7.–20.8., 28.8.) Elisabeth Kales (26.8.)
Monostatos	Horst Hiestermann
Drei Knaben	Solisten des Tölzer Knabenchores
1. Geharnischter	James King
2. Geharnischter	Kurt Rydl (28.7., 5.–28.8.) Matthias Hölle (1.8.)
Dirigent	James Levine
Regie	Jean-Pierre Ponnelle
Bühnenbild	Jean-Pierre Ponnelle
Kostüme	Jean-Pierre Ponnelle

LA CLEMENZA DI TITO

Opera seria in zwei Akten KV 621
Text nach Pietro Metastasio von Caterino Mazzolà

1949 10., 15., 26., 28. August – Landestheater (in deutscher Sprache; Bearbeitung und Übersetzung Hans Curjel und Bernhard Paumgartner) NI

Titus	Julius Patzak
Vitellia	Hilde Zadek
Servilia	Wilma Lipp
Sextus	Marta Rohs
Annius	Richard Holm
Publius	Otto Edelmann
Dirigent	Josef Krips
Regie	Hans Curjel
Bühnenbild	Hans Erni
Kostüme	Hans Erni

1976 29. Juli, 4., 11., 20., 24. August – Felsenreitschule NI

Tito	Werner Hollweg
Vitellia	Carol Neblett
Servilia	Catherine Malfitano
Sesto	Tatiana Troyanos
Annio	Anne Howells
Publio	Kurt Rydl
Dirigent	James Levine
Regie	Jean-Pierre Ponnelle
Bühnenbild	Jean-Pierre Ponnelle
Kostüme	Jean-Pierre Ponnelle

1977 3., 7., 10., 19., 23. August – Felsenreitschule

Tito	Werner Hollweg
Vitellia	Carol Neblett (3.–19.8.) Julia Varady (23.8.)
Servilia	Catherine Malfitano
Sesto	Tatiana Troyanos
Annio	Anne Howells
Publio	Kurt Rydl
Dirigent	James Levine
Regie	Jean-Pierre Ponnelle
Bühnenbild	Jean-Pierre Ponnelle
Kostüme	Jean-Pierre Ponnelle

1979 5., 8., 16., 20., 26. August – Felsenreitschule

Tito	Werner Hollweg
Vitellia	Carol Neblett
Servilia	Catherine Malfitano
Sesto	Tatiana Troyanos
Annio	Anne Howells
Publio	Kurt Rydl
Dirigent	James Levine
Regie	Jean-Pierre Ponnelle
Bühnenbild	Jean-Pierre Ponnelle
Kostüme	Jean-Pierre Ponnelle

1988 27., 30. Juli, 2., 7., 13., 21., 28. August – Felsenreitschule NI

Tito	Gösta Winbergh
Vitellia	Carol Vaness
Servilia	Christine Barbaux
Sesto	Delores Ziegler
Annio	Martha Senn
Publio	Lászlo Polgár
Dirigent	Riccardo Muti
Regie	Peter Brenner
Bühnenbild	Enrico Job/Benito Persico
Kostüme	Enrico Job/Benito Persico

1989 28. Juli, 3., 9., 18., 27. August – Felsenreitschule

Tito	Gösta Winbergh
Vitellia	Carol Vaness
Servilia	Amelia Felle
Sesto	Delores Ziegler (28.7.–18.8.) Diana Montague (27.8.)
Annio	Susanne Mentzer
Publio	Giorgio Surian
Dirigent	Riccardo Muti
Regie	Peter Brenner
Bühnenbild	Enrico Job/Benito Persico
Kostüme	Enrico Job/Benito Persico

IDOMENEO

Opera seria in drei Akten KV 366
Text von Gianbattista Varesco

1951 27. Juli, 4., 9., 14., 25. August – Felsenreitschule NI

Idomeneo	Rudolf Schock
Idamante	Richard Holm
Ilia	Hilde Güden
Elettra	Jane Lawrence
Arbace	Leo Cordes-Dermota
Gran Sacerdote	Kurt Böhme
Due Cretesi	Hannelore Steffek Susanna Naidis
Due Troiani	Rudolf Stumper Walter Raninger
Dirigent	Georg Solti
Regie	Josef Gielen
Bühnenbild	Caspar Neher
Kostüme	Caspar Neher
Choreographie	Erika Hanka

1956 27., 29. Januar – Festspielhaus (Im Rahmen der Mozartwoche) NI

Idomeneo	Rudolf Schock
Idamante	Waldemar Kmentt
Ilia	Gerda Scheyrer
Elettra	Christel Goltz
Arbace	Eberhard Waechter
Gran Sacerdote	Kurt Böhme
Due Cretesi	Anny Felbermayer Ruthilde Boesch
Due Troiani	Rudolf Stumper Alois Buchbauer
Dirigent	Karl Böhm
Regie	Oscar Fritz Schuh
Bühnenbild	Caspar Neher
Kostüme	Caspar Neher

1956 30. Juli, 14., 24. August – Festspielhaus

Idomeneo	Rudolf Schock
Idamante	Waldemar Kmentt
Ilia	Hildegard Hillebrecht
Elettra	Christel Goltz
Arbace	Eberhard Waechter
Gran Sacerdote	Kurt Böhme
Due Cretesi	Anny Felbermayer Ruthilde Boesch
Due Troiani	Kurt Equiluz Alois Buchbauer
Dirigent	Karl Böhm
Regie	Oscar Fritz Schuh
Bühnenbild	Caspar Neher
Kostüme	Caspar Neher

1961 26. Juli, 10., 28. August – Neues Festspielhaus NI

Idomeneo	Waldemar Kmentt
Idamante	Ernst Haefliger
Ilia	Pilar Lorengar
Elettra	Elisabeth Grümmer
Arbace	Renato Capecchi
Gran Sacerdote	Eberhard Waechter
La Voce	Georg Littasy

Due Cretesi	Irmgard Stadler Margret Nessel
Due Troiani	Kurt Equiluz Robert Kerns
Dirigent	Ferenc Fricsay
Regie	Paul Hager
Bühnenbild	Stefan Hlawa
Kostüme	Charlotte Flemming
Choreographie	Heinz Rosen

1962 18., 27. August – Neues Festspielhaus

Idomeneo	Waldemar Kmentt
Idamante	Ernst Haefliger
Ilia	Pilar Lorengar
Elettra	Elisabeth Grümmer
Arbace	Renato Capecchi
Gran Sacerdote	Ludwig Welter
La Voce	Georg Littasy
Due Cretesi	Irmgard Stadler Margret Nessel
Due Troiani	Kurt Equiluz Siegfried R. Frese
Dirigent	Peter Maag
Regie	Paul Hager
Bühnenbild	Stefan Hlawa
Kostüme	Charlotte Flemming

1973 26. Juli, 2., 9., 15., 26. August – Kleines Festspielhaus NI

Idomeneo	Wieslaw Ochman
Idamante	Peter Schreier
Ilia	Helen Donath (26. 7., 2. 8.) Edith Mathis (9.–26. 8.)
Elettra	Annabelle Bernard
Arbace	Jörn W. Wilsing
Gran Sacerdote	Dieter Ellenbeck
La Voce	Kurt Moll
Quattro Cretesi	Olga Warla Gunda Spiluttini Evamaria Hurdes Niki Liontas
Due Troiani	Johann Pipal Walter Zeh
Dirigent	Karl Böhm
Regie	Gustav Rudolf Sellner
Bühnenbild	Jörg Zimmermann
Kostüme	Jörg Zimmermann

1976 2., 8., 15., 19., 27. August – Kleines Festspielhaus

Idomeneo	Wieslaw Ochman
Idamante	Peter Schreier
Ilia	Helen Donath
Elettra	Julia Varady
Arbace	Hermann Winkler
Gran Sacerdote	Giorgio Stendoro
La Voce	Kurt Rydl (2.–19. 8.) Jules Bastin (27. 8.)
Tre Cretesi	Sally Williams-Haik Evamaria Hurdes Niki Liontas
Due Troiani	Johann Pipal Walter Zeh
Dirigent	Karl Böhm
Regie	Gustav Rudolf Sellner
Bühnenbild	Jörg Zimmermann
Kostüme	Jörg Zimmermann

1983 28., 31. Juli, 4., 15., 21., 27. August – Felsenreitschule NI

Idomeneo	Luciano Pavarotti
Idamante	Trudeliese Schmidt
Ilia	Lucia Popp
Elettra	Elizabeth Connell
Arbace	William Lewis
Gran Sacerdote	Timothy Jenkins
La Voce	James Morris
Due Cretesi	Madelyn Renée Margareta Hintermeier
Due Troiani	Horst Hiestermann Alfred Muff
Dirigent	James Levine
Regie	Jean-Pierre Ponnelle
Bühnenbild	Jean-Pierre Ponnelle
Kostüme	Jean-Pierre Ponnelle

1984 27. Juli, 2., 5., 9., 18., 28. August – Felsenreitschule

Idomeneo	Curtis Rayam (27. 7.–5. 8.) Werner Hollweg (9.–28. 8.)
Idamante	Trudeliese Schmidt
Ilia	Yvonne Kenny
Elettra	Elizabeth Connell
Arbace	William Lewis
Gran Sacerdote	Walter Raffeiner
La Voce	James Morris
Due Cretesi	Madelyn Renée Margareta Hintermeier
Due Troiani	Horst Hiestermann Alfred Muff
Dirigent	James Levine
Regie	Jean-Pierre Ponnelle
Bühnenbild	Jean-Pierre Ponnelle
Kostüme	Jean-Pierre Ponnelle

1990 27., 31. Juli, 4., 11., 19., 29. August – Felsenreitschule NI

Idomeneo	Philip Langridge
Idamante	Diana Montague
Ilia	Sylvia McNair
Elettra	Cheryl Studer (27. 7.–19. 8.) Mariana Nicolesco (29. 8.)
Arbace	Douglas Johnson
Gran Sacerdote	Werner Hollweg
La Voce	Alexander Malta
Due Cretesi	Sylvia Panzenböck Elisabeth Kudrna-Schrei
Due Troiani	Adolf Tomaschek Wolfgang Equiluz
Dirigent	Seiji Ozawa
Regie	Nikolaus Lehnhoff
Bühnenbild	Ezio Toffolutti
Kostüme	Ezio Toffolutti

LA FINTA SEMPLICE

Opera buffa in drei Akten KV 51 (46a)
Text von Carlo Goldoni und Marco Coltellini

1960 5., 15., 19., 24. August – Residenz NI
(in deutscher Sprache; Übersetzung von Bernhard Paumgartner)

Cassandro	Franz Mazura
Polidoro	Erwin Wohlfahrt
Giacinta	Bianca Maria Casoni
Ninetta	Edith Mathis
Fracasso	Manfred Schmidt
Simone	Peter Prohaska
Rosina	Ingeborg Hallstein
Dirigent	Bernhard Conz
Regie	Georg Reinhardt
Bühnenbild	Heinrich Wendel
Kostüme	Xenia Chris

Das Mozarteum-Orchester

LUCIO SILLA

Dramma per musica in drei Akten KV 135
Text von Giovanni de Gamerra

1964 28. Juli, 6., 9., 15., 26. August – Residenz NI

Lucio Silla	William Dooley
Giunia	Melitta Muszely
Cecilio	Donald Grobe
Lucio Cinna	Klaus Lange
Celia	Elisabeth Witzmann
Aufidio	Tugomir Franc
Dirigent	Bernhard Conz
Regie	Christoph Groszer
Bühnenbild	Ekkehard Grübler
Kostüme	Ekkehard Grübler

Das Mozarteum-Orchester
Ein Kammerchor der Salzburger Festspiele

LA FINTA GIARDINIERA

Dramma giocoso in drei Akten KV 196
Text von Raniero di Calzabigi, überarbeitet von Marco Coltellini, szenische und musikalische Einrichtung sowie deutsche Übersetzung von Bernhard Paumgartner mit teilweiser Benützung der Übersetzung von Johann Andreas Schachtner; endgültige Fassung von Ernst Poettgen

1965 1., 6., 9., 13., 24., 29. August – Residenz NI
(in deutscher Sprache)

Don Anchise	Cesare Curzi
Violante/Sandrina	Colette Boky
Belfiore	Donald Grobe
Arminda	Jean Cook
Don Ramiro	Evelyn La Bruce
Serpetta	Graziella Sciutti
Nardo	Thomas Tipton
Dirigent	Bernhard Conz
Regie	Ernst Poettgen
Bühnenbild	Leni Bauer-Ecsy
Kostüme	Leni Bauer-Ecsy

Das Mozarteum-Orchester
Mitglieder des Kammerchores der Salzburger Festspiele

1966 29. Juli, 2., 9., 13., 20., 24. August – Residenz
(in deutscher Sprache)

Don Anchise	Cesare Curzi
Violante/Sandrina	Colette Boky
Belfiore	Donald Grobe
Arminda	Jean Cook
Don Ramiro	Evelyn La Bruce
Serpetta	Adriana Martino
Nardo	Thomas Tipton
Dirigent	Bernhard Conz
Regie	Ernst Poettgen
Bühnenbild	Leni Bauer-Ecsy
Kostüme	Leni Bauer-Ecsy

Das Mozarteum-Orchester
Mitglieder des Kammerchores der Salzburger Festspiele

ASCANIO IN ALBA

Festspiel in zwei Teilen KV 111
Text von Giuseppe Parini

1967 1., 5., 9., 15., 22., 26. August – Residenz NI

Venere	Simone Mangelsdorff
Ascanio	Gertrude Jahn
Silvia	Edith Gabry
Aceste	Werner Krenn
Fauno	Richard van Vrooman
Dirigent	Leopold Hager
Regie	Hellmuth Matiasek
Bühnenbild	Ekkehard Grübler
Kostüme	Ekkehard Grübler

Das Mozarteum-Orchester
Kammerchor der Salzburger Festspiele

ZAIDE

Deutsches Singspiel in zwei Akten KV 344 (336b)
Text von Johann Andreas Schachtner

1968 8., 12., 16., 21., 26. August – Residenz NI

Zaide	Ingeborg Hallstein
Gomatz	Horst Laubenthal
Allazim	Barry McDaniel
Sultan Soliman	James Harper
Osmin	Robert Granzer
Sklavin	Monique Lobasà
Zaram	Sepp Scheepers
Dirigent	Bernhard Conz
Regie	Gandolf Buschbeck
Bühnenbild	Erni Kniepert
Kostüme	Erni Kniepert

Das Mozarteum-Orchester
Kammerchor der Salzburger Festspiele

BASTIEN UND BASTIENNE

Deutsches Singspiel in einem Akt KV 50 (46b)
Text von Friedrich Wilhelm Weiskern, Johann Heinrich Friedrich Müller und Johann Andreas Schachtner

1928 3., 4., 10. August – Stadttheater
Gastspiel des Leningrader Opernstudios

1969 31. Juli, 7., 12., 19., 24. August – Residenz NI

Bastienne	Ileana Cotrubas
Bastien	Thomas Lehrberger
Colas	Peter van der Bilt
Dirigent	Leopold Hager
Regie	Ladislav Štros
Bühnenbild	Ladislav Štros
Kostüme	Marcel Pokorný

Das Mozarteum-Orchester

1970 3., 7., 14., 19., 23. August – Residenz

Bastienne	Ileana Cotrubas
Bastien	Agnes Baltsa
Colas	Herbert Lackner
Dirigent	Leopold Hager
Regie	Ladislav Štros
Bühnenbild	Ladislav Štros
Kostüme	Marcel Pokorný

Das Mozarteum-Orchester

MITRIDATE, RE DI PONTO

Opera seria in drei Akten KV 87 (74a)
Text von Vittorio Amedeo Cigna-Santi

1971 7., 12., 16., 21., 25. August – Felsenreitschule NI

Mitridate	Peter Schreier
Aspasia	Edda Moser
Sifare	Arleen Auger
Farnace	Helen Watts
Ismene	Pilar Lorengar
Marzio	Peter Baillié
Arbate	Reingard Didusch
Dirigent	Leopold Hager
Regie	Wolfgang Weber
Bühnenbild	Peter Heyduck
Kostüme	Peter Heyduck

Das Mozarteum-Orchester

DIE PARTIEN UND IHRE SÄNGER

MIT DER ALTERNIERENDEN BESETZUNG (AUSWAHL)

DON GIOVANNI

DON GIOVANNI

Alfred Jerger: 1922, 1925
Hans Duhan: 1922, 1926, 1927
Karl Hammes: 1929–1931
John Forsell: 1930
Ezio Pinza: 1934, 1935, 1937–1939
Mariano Stabile: 1936
Paul Schöffler: 1941
Hans Hotter: 1946
Tito Gobbi: 1950
Cesare Siepi: 1953, 1954, 1956
Eberhard Waechter: 1960, 1961
Nicolai Ghiaurov: 1968–1970
Tom Krause: 1968–1970
Sherrill Milnes: 1977, 1978
Samuel Ramey: 1987, 1988, 1990

DONNA ELVIRA

Claire Born: 1922, 1925–1927, 1929
Felicie Hüni-Mihacsek: 1922
Luise Helletsgruber: 1930, 1931, 1934–1938
Maria Müller: 1934
Hilde Konetzni: 1936, 1939, 1941
Maud Cunitz: 1946
Elisabeth Schwarzkopf: 1950, 1953, 1954, 1960
Esther Réthy: 1950
Lisa Della Casa: 1956
Wilma Lipp: 1961
Teresa Zylis-Gara: 1968–1970, 1977, 1978
Julia Varady: 1987, 1988
Carol Vaness: 1990

IL COMMENDATORE

Franz Markhoff: 1922, 1925–1927, 1929, 1930
Emanuel List: 1931, 1934, 1935
Herbert Alsen: 1936–1938, 1941
Ludwig Weber: 1939, 1946
Josef Greindl: 1950
Raffaele Arié: 1953
Deszö Ernster: 1954
Gottlob Frick: 1956
Nicola Zaccaria: 1960, 1961
Martti Talvela: 1968
Victor von Halem: 1969, 1970
John Macurdy: 1977, 1978
Paata Burchuladze: 1987, 1988
Dimitri Kavrakos: 1990

DONNA ANNA

Gertrud Kappel: 1922
Rose Pauly: 1922
Helene Wildbrunn: 1925
Maria Németh: 1926, 1927, 1929, 1930
Felicie Hüni-Mihacsek: 1929, 1939
Germaine Lubin: 1931
Dusolina Giannini: 1934–1936
Elisabeth Feuge: 1934
Giannina Arangi-Lombardi: 1935
Elisabeth Rethberg: 1937–1939
Helena Braun: 1941
Ljuba Welitsch: 1946, 1950
Annelies Kupper: 1950
Elisabeth Grümmer: 1953, 1954, 1956
Leontyne Price: 1960, 1961
Gundula Janowitz: 1968–1970
Anna Tomowa-Sintow: 1977, 1978, 1987, 1988
Edda Moser: 1978
Edita Gruberova: 1990

DON OTTAVIO

Richard Tauber: 1922, 1926
Georg Maikl: 1922
Hermann Gallos: 1925
Alfred Piccaver: 1927
Koloman von Pataky: 1929–1931
Dino Borgioli: 1934–1937
Anton Dermota: 1938, 1939, 1941, 1946, 1950, 1953, 1954
Léopold Simoneau: 1956
Cesare Valletti: 1960
Nicolai Gedda: 1961
Alfredo Kraus: 1968, 1969
Stuart Burrows: 1970
Peter Schreier: 1977, 1978
Gösta Winbergh: 1987
John Aler: 1988
Frank Lopardo: 1990

LEPORELLO

Richard Mayr: 1922, 1925–1927, 1929–1931
Karl Norbert: 1922
Virgilio Lazzari: 1934–1939
Fernando Autori: 1935
Fritz Krenn: 1941
Georg Hann: 1946
Erich Kunz: 1950
Otto Edelmann: 1953, 1954
Fernando Corena: 1956
Walter Berry: 1960, 1961, 1977, 1978
Geraint Evans: 1968–1970
Ferruccio Furlanetto: 1987, 1988, 1990

ZERLINA

Lotte Schöne: 1922, 1925, 1930, 1931, 1934, 1935
Editha Fleischer: 1922
Maria Ivogün: 1925
Maria Rajdl: 1926
Elisabeth Schumann: 1927
Adele Kern: 1927, 1929, 1930
Aenne Michalsky: 1935, 1936
Margit Bokor: 1937
Maria Cebotari: 1938, 1939
Dora Komarek: 1941
Elisabeth Rütgers: 1941
Hilde Güden: 1946
Irmgard Seefried: 1950
Erna Berger: 1953, 1954
Rita Streich: 1956
Graziella Sciutti: 1960, 1961
Mirella Freni: 1968, 1969
Jeanette Pilou: 1968
Olivera Miljaković: 1969, 1970
Edith Mathis: 1977, 1978
Kathleen Battle: 1987, 1988
Susanne Mentzer: 1990

MASETTO

Viktor Madin: 1922, 1925–1927, 1929
Julius Betetto: 1922
Karl Ettl: 1930, 1931, 1934–1939
Erich Kunz: 1941
Karl Dönch: 1946
Alfred Poell: 1950
Walter Berry: 1953, 1954, 1956
Rolando Panerai: 1960, 1961, 1968–1970
Dale Düsing: 1977, 1978
Alexander Malta: 1987, 1988
Natale de Carolis: 1990

COSÌ FAN TUTTE

FIORDILIGI

Felicie Hüni-Mihacsek: 1922
Marie Gerhart: 1928
Viorica Ursuleac: 1931–1934
Jarmila Novotna: 1935, 1936
Irmgard Seefried: 1947, 1953, 1954, 1956, 1957, 1959
Elisabeth Schwarzkopf: 1958, 1960–1964
Evelyn Lear: 1965
Anneliese Rothenberger: 1969, 1970
Elizabeth Harwood: 1970
Gundula Janowitz: 1972–1977
Margaret Marshall: 1982–1985, 1990

DORABELLA

Rosette Anday: 1922, 1928
Claire Born: 1922
Eva Hadrabova: 1931–1933, 1935, 1936
Gertrud Rünger: 1934

Sena Jurinac: 1947
Dagmar Hermann: 1953, 1954
Christa Ludwig: 1956–1964
Patricia Johnson: 1965
Rosalind Elias: 1969, 1970
Brigitte Fassbaender: 1972–1977
Agnes Baltsa: 1982
Ann Murray: 1983–1985, 1990
Delores Ziegler: 1985

GUGLIELMO
Hermann Wiedemann: 1922
Alfred Jerger: 1928, 1935, 1936
Karl Hammes: 1931–1934
Erich Kunz: 1947, 1953, 1954, 1956, 1957
Rolando Panerai: 1958, 1959
Hermann Prey: 1960–1965, 1972–1977
Tom Krause: 1969, 1970
James Morris: 1982–1985
Thomas Hampson: 1990

FERRANDO
Fritz Krauß: 1922
Josef Burgwinkel: 1928
Franz Völker: 1931–1934
Charles Kullmann: 1935, 1936
Anton Dermota: 1947, 1953, 1954, 1956, 1957
Luigi Alva: 1958, 1970
Nicolai Gedda: 1959
Waldemar Kmentt: 1960–1965
Lajos Kozma: 1969
Peter Schreier: 1972–1977
Francisco Araiza: 1982–1985
Gösta Winbergh: 1982
Deon van der Walt: 1990

DESPINA
Elisabeth Schumann: 1922, 1936
Charlotte Brunner: 1922
Lotte Schöne: 1928
Fritzi Jokl: 1928
Adele Kern: 1931–1935
Hilde Güden: 1947
Lisa Otto: 1953, 1954, 1956
Rita Streich: 1957
Graziella Sciutti: 1958–1965
Teresa Stratas: 1969, 1970
Reri Grist: 1972–1977
Kathleen Battle: 1982–1985
Adelina Scarabelli: 1983, 1984, 1990

DON ALFONSO
Josef von Manowarda: 1922, 1928, 1931–1934
Karl Norbert: 1922, 1935
Carl Bissuti: 1936
Paul Schöffler: 1947, 1953, 1954, 1956, 1957
Franco Calabrese: 1958
Carlo Schmidt: 1958
Karl Dönch: 1959–1965
Walter Berry: 1969, 1970
Dietrich Fischer-Dieskau: 1972, 1973
Rolando Panerai: 1972, 1974–1977
José van Dam: 1982
Carlos Feller: 1982
Sesto Bruscantini: 1983–1985
Alessandro Corbelli: 1990

LE NOZZE DI FIGARO

IL CONTE ALMAVIVA
Hans Duhan: 1922, 1927
Karl Renner: 1925
Hans Hermann Nissen: 1930
Wilhelm Rode: 1930, 1931
Alfred Jerger: 1932–1936
Mariano Stabile: 1937–1939
Mathieu Ahlersmeyer: 1941
Hans Hotter: 1942
Walter Höfermayer: 1946–1948
George London: 1952
Alfred Poell: 1952
Paul Schöffler: 1953
Dietrich Fischer-Dieskau: 1956–1958, 1960, 1962–1964
Eberhard Waechter: 1958
Ingvar Wixell: 1966–1968
Robert Kerns: 1970
Victor Braun: 1970
Hermann Prey: 1971
Tom Krause: 1972–1976, 1979, 1980
Claudio Nicolai: 1976
James Morris: 1986, 1987
Thomas Hampson: 1988

LA CONTESSA
Elisabeth Rethberg: 1922
Claire Born: 1922, 1925, 1927
Felicie Hüni-Mihacsek: 1922
Viorica Ursuleac: 1930–1934
Jarmila Novotna: 1935, 1936
Aulikki Rautawaara: 1937
Maria Cebotari: 1938, 1946, 1947
Maria Reining: 1939
Margarete Teschemacher: 1941
Helena Braun: 1942
Elisabeth Schwarzkopf: 1948, 1952, 1953, 1956–1958
Lisa Della Casa: 1960
Sena Jurinac: 1962
Hilde Güden: 1963, 1964
Claire Watson: 1966–1968
Gundula Janowitz: 1970, 1971
Elizabeth Harwood: 1972–1976
Anna Tomowa-Sintow: 1976, 1980
Kiri Te Kanawa: 1979
Lucia Popp: 1986
Lella Cuberli: 1986–1988

SUSANNA
Elisabeth Schumann: 1922, 1936
Editha Fleischer: 1922
Lotte Schöne: 1925
Adele Kern: 1927, 1930–1935
Esther Réthy: 1937–1939
Elfriede Weidlich: 1941
Irma Beilke: 1942
Irmgard Seefried: 1946–1948, 1952, 1953, 1956–1958, 1960
Elisabeth Schwarzkopf: 1947
Graziella Sciutti: 1962–1964, 1966
Reri Grist: 1966, 1967, 1970, 1971
Olivera Miljaković: 1968, 1971
Edith Mathis: 1972, 1975, 1976, 1979
Teresa Stratas: 1972, 1973, 1980
Mirella Freni: 1974
Kathleen Battle: 1986
Marie McLaughlin: 1987, 1988

FIGARO
Richard Mayr: 1922, 1927
Alfred Jerger: 1922, 1925
Karl Hammes: 1930–1934
Ludwig Hofmann: 1935, 1936
Ezio Pinza: 1937–1939
Paul Schöffler: 1941
Erich Kunz: 1942, 1946, 1947, 1952, 1953, 1956–1958, 1960
Giuseppe Taddei: 1948
Geraint Evans: 1962–1964, 1966–1968, 1970, 1971
Walter Berry: 1963, 1966, 1967, 1972, 1973, 1976
José van Dam: 1972, 1974–1976, 1979, 1980
Ferruccio Furlanetto: 1986
Ruggero Raimondi: 1987
Manfred Hemm: 1988

CHERUBINO
Lotte Schöne: 1922
Rosette Anday: 1922, 1925
Berta Kiurina: 1927
Irene Eisinger: 1930–1933
Margit Bokor: 1934–1936
Jarmila Novotna: 1937
Marta Rohs: 1938, 1939, 1941
Gerda Sommerschuh: 1942
Elfie Mayerhofer: 1946
Hilde Güden: 1947, 1952, 1953
Sena Jurinac: 1948
Christa Ludwig: 1956–1958, 1960
Evelyn Lear: 1962–1964
Edith Mathis: 1966–1968, 1970

Teresa Stratas: 1971
Teresa Berganza: 1972, 1973
Marga Schiml: 1972
Frederica von Stade: 1974–1976, 1987
Maria Ewing: 1976, 1979, 1980
Trudeliese Schmidt: 1980
Diana Montague: 1986, 1988
Ann Murray: 1988

MARCELLINA

Hermine Kittel: 1922, 1925
Louise Paichl-Brand: 1927
Gertrud Rünger: 1930–1934
Polly Batic: 1935, 1936
Angelica Cravcenco: 1937–1939
Dora With: 1941
Res Fischer: 1942
Ruth Michaelis: 1946, 1947
Elisabeth Höngen: 1948, 1956
Maria Ilosvay: 1948
Georgine von Milinkovic: 1952
Sieglinde Wagner: 1953, 1957
Kerstin Meyer: 1958, 1972, 1976
Hilde Rössel-Majdan: 1960
Patricia Johnson: 1962, 1963
Dorothea von Stein: 1964
Margarethe Bence: 1966–1968, 1970, 1971
Jane Berbié: 1973–1975, 1979, 1980, 1987, 1988
Heather Begg: 1976
Jocelyne Taillon: 1986

BARTOLO

Julius Betetto: 1922
Karl Norbert: 1922, 1931–1935
Franz Markhoff: 1925, 1927
Karl Ettl: 1930, 1936
Virgilio Lazzari: 1937–1939
Kurt Böhme: 1941
Gustav Neidlinger: 1942
Ludwig Weber: 1946, 1947
Marjan Rus: 1948
Endré Koréh: 1952, 1953
Oskar Czerwenka: 1956, 1962
Georg Stern: 1957, 1958
Alois Pernerstorfer: 1960
Peter Lagger: 1963, 1964
Zoltan Kelemen: 1966–1968, 1970, 1971
Paolo Montarsolo: 1972–1976, 1979, 1980, 1987, 1988
Carlos Feller: 1979, 1980
Günter von Kannen: 1986
Kurt Moll: 1987

BASILIO

Hans Breuer: 1922, 1925
Paul Kuhn: 1922
William Wernigk: 1927, 1933–1937
Erich Zimmermann: 1930–1932
Gino del Signore: 1938, 1939
Karl Wessely: 1941
Josef Witt: 1942, 1948
Peter Klein: 1946, 1947, 1952, 1953, 1956
Murray Dickie: 1957, 1958, 1960
John van Kesteren: 1962–1964
David Thaw: 1966–1968, 1970, 1971
Michel Sénéchal: 1972–1976, 1979, 1980, 1987, 1988
Ricardo Cassinelli: 1986

BARBARINA

Paula von Hentke: 1922, 1925
Karola Jovanović: 1922
Hilde Demichiel: 1927
Lilli Claus: 1930
Aenne Michalsky: 1931, 1932, 1934
Maria Elsner: 1933
Dora Komarek: 1935–1938
Maria Schober: 1939
Elfride Trötschel: 1941
Liane Timm: 1942
Rosl Schwaiger: 1946
Karoline Reinhardt: 1947
Magda Gabory: 1948
Anny Felbermayer: 1952, 1956–1958
Liselotte Maikl: 1953, 1960
Elfriede Pfleger: 1962
Barbara Vogel: 1963, 1971, 1973
Barbara Bardy: 1964
Deirdre Aselford: 1966–1968
Kari Lövaas: 1970
Evelyn Mandac: 1972, 1973
Sona Ghazarian: 1973
Elke Schary: 1974, 1975
Janet Perry: 1976, 1979
Maria Fausta Gallamini: 1980
Dawn Upshaw: 1986, 1987
Sumi Jo: 1988

Die Entführung aus dem Serail

SELIM, BASSA

Gerhard Stehmann: 1922
Hans Duhan: 1926
Alfred Muzzarelli: 1931, 1935
Luis Rainer: 1932
Albin Skoda: 1939, 1945
Heinz Woester: 1948
Hannsgeorg Laubenthal: 1955–1957
Andreas Wolf: 1961
Peter Minich: 1962, 1963
Michael Heltau: 1965–1967, 1970–1974
Kurt Heintel: 1975
Frank Hoffmann: 1980, 1981
Hans-Peter Minetti: 1987
Ulrich Wildgruber: 1988, 1989

KONSTANZE

Selma Kurz: 1922
Elisabeth Rethberg: 1922
Marie Gerhart: 1926
Gertrude Callam: 1931
Gabrielle Ritter-Ciampi: 1932
Margherita Perras: 1935
Maria Cebotari: 1939, 1945
Wilma Lipp: 1948
Erika Köth: 1955–1957, 1962, 1963
Ilse Hollweg: 1955
Mimi Coertse: 1956
Ruth Margret Pütz: 1961
Anneliese Rothenberger: 1965, 1966, 1970
Ingeborg Hallstein: 1967
Elizabeth Harwood: 1970–1974
Sylvia Geszty: 1972–1974
Margaret Price: 1975
Edita Gruberova: 1975
Ileana Cotrubas: 1980, 1981
Patricia Wise: 1981
Inga Nielsen: 1987–1989

BLONDE

Elisabeth Schumann: 1922
Karola Jovanović: 1922
Anni Frind: 1926
Stella Eisner: 1926
Lotte Schöne: 1931, 1935
Erna Berger: 1932
Margit Bokor: 1935
Irma Beilke: 1939
Rosl Schwaiger: 1945
Emmy Loose: 1948
Hannelore Steffek: 1955
Lisa Otto: 1956, 1957
Renate Holm: 1961–1963
Reri Grist: 1965–1967, 1970, 1971
Norma Burrowes: 1971–1973
Judith Blegen: 1974
Sona Ghazarian: 1975
Carol Malone: 1980, 1981
Julie Kaufmann: 1987
Lillian Watson: 1988, 1989

BELMONTE

Richard Tauber: 1922, 1926
Georg Maikl: 1922
Koloman von Pataky: 1931
Helge Rosvaenge: 1932, 1939
Charles Kullmann: 1935
Anton Dermota: 1939, 1955
Julius Patzak: 1945
Walther Ludwig: 1948

Rudolf Schock: 1956
Nicolai Gedda: 1957
Fritz Wunderlich: 1961, 1965, 1966
Donald Grobe: 1962, 1963
Luigi Alva: 1967
Werner Hollweg: 1970–1975
Peter Schreier: 1980, 1981
Deon van der Walt: 1987–1989

PEDRILLO
Hermann Gallos: 1922, 1926, 1931, 1932
William Wernigk: 1935
Richard Sallaba: 1939
Walter Carnuth: 1945
Peter Klein: 1948
Murray Dickie: 1955–1957
Erwin Wohlfahrt: 1961
Gerhard Unger: 1962, 1963, 1965–1967, 1970–1975
Norbert Orth: 1980, 1981
Heinz Zednik: 1987–1989

OSMIN
Nicola Zec: 1922
Paul Bender: 1926
Karl Norbert: 1926, 1932
Emanuel List: 1931
Berthold Sterneck: 1935
Ludwig Hofmann: 1935
Salvatore Baccaloni: 1939
Ludwig Weber: 1945
Endré Koréh: 1948
Kurt Böhme: 1955–1957
Georg Littasy: 1961
Ludwig Welter: 1962, 1963
Fernando Corena: 1965–1967, 1975
Spiro Malas: 1970
Kurt Moll: 1971–1974
Martti Talvela: 1980, 1981
Kurt Rydl: 1987–1989

DIE ZAUBERFLÖTE

SARASTRO
Richard Mayr: 1928, 1931–1933
Alexander Kipnis: 1937
Ludwig Weber: 1941
Georg Hann: 1943
Josef Greindl: 1949–1952
Gottlob Frick: 1955, 1956, 1960
Kurt Böhme: 1959
Walter Kreppel: 1963, 1964
Franz Crass: 1967, 1968
Kurt Moll: 1970, 1983, 1986
Peter Meven: 1974
Martti Talvela: 1978–1984
Lászlo Polgár: 1985, 1986

TAMINO
Josef Kalenberg: 1928
Hans Fidesser: 1931
Helge Rosvaenge: 1932, 1933, 1937
Peter Anders: 1941
Anton Dermota: 1941, 1951, 1952, 1955, 1956
Julius Patzak: 1943
Walther Ludwig: 1949, 1950
Richard Holm: 1952
Léopold Simoneau: 1959
Fritz Wunderlich: 1960
Waldemar Kmentt: 1963, 1964
Peter Schreier: 1967, 1968, 1970, 1981–1984
René Kollo: 1974
Werner Hollweg: 1974
Eric Tappy: 1978–1980
Rüdiger Wohlers: 1981
Gösta Winbergh: 1984–1986

SPRECHER
Franz Markhoff: 1928
Josef von Manowarda: 1931–1933
Alfred Jerger: 1937
Kurt Böhme: 1941
Hans Hotter: 1943, 1959
Paul Schöffler: 1949–1952, 1955, 1956, 1964
Eberhard Waechter: 1960
Franz Crass: 1963
Otto Wiener: 1967, 1968, 1970
José van Dam: 1974, 1978–1981
Tom Krause: 1974
Walter Berry: 1980–1984
Matthias Hölle: 1985
Jan-Hendrik Rootering: 1986

KÖNIGIN DER NACHT
Marie Gerhart: 1928, 1931–1933
Julie Osváth: 1937
Lea Piltti: 1941
Hildegard Kapferer: 1943
Wilma Lipp: 1949–1952
Erika Köth: 1955, 1956, 1959, 1960
Rita Streich: 1956
Elena Raina: 1960
Mimi Coertse: 1960
Roberta Peters: 1963, 1964
Sylvia Geszty: 1967, 1968, 1970
Arleen Augér: 1970
Edita Gruberova: 1974, 1978–1983
Louise Lebrun: 1974
Zdzislawa Donat: 1979–1986

PAMINA
Maria Rajdl: 1928
Lotte Schöne: 1931–1933
Jarmila Novotna: 1937
Maria Reining: 1941
Irma Beilke: 1943
Irmgard Seefried: 1949–1952, 1963
Elisabeth Grümmer: 1955, 1956
Lisa Della Casa: 1959
Liselotte Fölser: 1960
Pilar Lorengar: 1963, 1964
Helen Donath: 1967, 1968, 1970
Edith Mathis: 1974
Ileana Cotrubas: 1978–1980, 1982–1984
Lucia Popp: 1980, 1981
Angela Maria Blasi: 1985, 1986

1. DAME
Luise Helletsgruber: 1928, 1931–1933
Hilde Konetzni: 1937, 1941
Maud Cunitz: 1943
Gertrude Grob-Prandl: 1949
Lisa Della Casa: 1950
Annelies Kupper: 1950, 1952
Christel Goltz: 1951
Gerda Scheyrer: 1955, 1956
Friederike Sailer: 1959
Lisa Otto: 1960
Maria van Dongen: 1963, 1964
Elisabeth Ksoll: 1967, 1968
Leonore Kirschstein: 1970
Jane Marsh: 1974
Rachel Yakar: 1978–1980
Edda Moser: 1981–1984
Sabine Hass: 1985, 1986

2. DAME
Aenne Michalsky: 1928, 1931–1933
Stefania Fratnikova: 1937
Dora With: 1941
Coba Wackers: 1943
Sieglinde Wagner: 1949, 1950
Margherita Kenney: 1951, 1952
Christa Ludwig: 1955, 1956
Hetty Plümacher: 1959, 1960
Cvetka Ahlin: 1963, 1964, 1967, 1968
Ilse Gramatzki: 1970
Trudeliese Schmidt: 1974, 1978–1980
Margareta Hintermeier: 1980, 1981
Ann Murray: 1981–1984
Helga Müller-Molinari: 1985, 1986
Marijke Hendriks: 1986

3. DAME
Hermine Kittel: 1928
Gertrud Rünger: 1931–1933
Kerstin Thorborg: 1937
Elena Nicolaidi: 1941

Maria Cornelius: 1943
Elisabeth Höngen: 1949, 1950
Sieglinde Wagner: 1951, 1952, 1959, 1960
Hilde Rössel-Majdan: 1955
Rosl Zapf: 1956
Patricia Johnson: 1963
Vera Little: 1964
Ilse Gramatzki: 1967, 1968
Marga Schiml: 1970
Sylvia Anderson: 1974
Ingrid Mayr: 1978–1984
Margarita Lilowa: 1985, 1986

PAPAGENO
Hans Duhan: 1928
Karl Hammes: 1931–1933
Willi Domgraf-Fassbaender: 1937
Alfred Poell: 1941
Paul Hörbiger: 1943
Karl Schmitt-Walter: 1949
Erich Kunz: 1950–1952, 1955
Walter Berry: 1956, 1959, 1960, 1963, 1964, 1980
Hermann Prey: 1967, 1968, 1970, 1974
Christian Boesch: 1978–1986

PAPAGENA
Margarethe Krauß: 1928
Irene Eisinger: 1931–1933
Dora Komarek: 1937, 1941
Gusti Huber: 1943
Edith Oravez: 1949, 1951, 1952
Hedda Heusser: 1950
Hannelore Steffek: 1955
Anneliese Rothenberger: 1956, 1963
Graziella Sciutti: 1959, 1960
Renate Holm: 1964
Judith Blegen: 1967
Carol Malone: 1968, 1970
Reri Grist: 1974
Elisabeth Kales: 1978–1980, 1986
Gudrun Sieber: 1981–1986

MONOSTATOS
Hans Breuer: 1928
Erich Zimmermann: 1931
William Wernigk: 1932, 1933, 1937
Karl Wessely: 1941
Josef Witt: 1943
Peter Klein: 1949–1952, 1955, 1956
Karl Dönch: 1959
Kurt Marschner: 1960
Renato Ercolani: 1963, 1964
Gerhard Unger: 1967, 1968, 1970, 1974
Rémy Corazza: 1978
Horst Hiestermann: 1979–1986

La clemenza di Tito

TITO
Julius Patzak: 1949
Werner Hollweg: 1976, 1977, 1979
Gösta Winbergh: 1988, 1989

VITELLIA
Hilde Zadek: 1949
Carol Neblett: 1976, 1977, 1979
Julia Varady: 1977
Carol Vaness: 1988, 1989

SERVILIA
Wilma Lipp: 1949
Catherine Malfitano: 1976, 1977, 1979
Christine Barbaux: 1988
Amelia Felle: 1989

SESTO
Marta Rohs: 1949
Tatiana Troyanos: 1976, 1977, 1979
Delores Ziegler: 1988, 1989
Diana Montague: 1989

ANNIO
Richard Holm: 1949
Anne Howells: 1976, 1977, 1979
Martha Senn: 1988
Susanne Mentzer: 1989

PUBLIO
Otto Edelmann: 1949
Kurt Rydl: 1976, 1977, 1979
Lászlo Polgár: 1988
Giorgio Surian: 1989

Idomeneo

IDOMENEO
Rudolf Schock: 1951, 1956
Waldemar Kmentt: 1961, 1962
Wieslaw Ochman: 1973, 1976
Luciano Pavarotti: 1983
Curtis Rayam: 1984
Werner Hollweg: 1984
Philip Langridge: 1990

IDAMANTE
Richard Holm: 1951
Waldemar Kmentt: 1956
Ernst Haefliger: 1961, 1962
Peter Schreier: 1973, 1976
Trudeliese Schmidt: 1983, 1984
Diana Montague: 1990

ILIA
Hilde Güden: 1951
Gerda Scheyrer: 1956
Hildegard Hillebrecht: 1956
Pilar Lorengar: 1961, 1962
Helen Donath: 1973, 1976
Edith Mathis: 1973
Lucia Popp: 1983
Yvonne Kenny: 1984
Sylvia McNair: 1990

ELETTRA
Jane Lawrence: 1951
Christel Goltz: 1956
Elisabeth Grümmer: 1961, 1962
Annabelle Bernard: 1973
Julia Varady: 1976
Elizabeth Connell: 1983, 1984
Cheryl Studer: 1990
Mariana Nicolesco: 1990

ARBACE
Leo Cordes-Dermota: 1951
Eberhard Waechter: 1956
Renato Capecchi: 1961, 1962
Jörn W. Wilsing: 1973
Hermann Winkler: 1976
William Lewis: 1983, 1984
Douglas Johnson: 1990

La finta semplice

CASSANDRO
Franz Mazura: 1960

POLIDORO
Erwin Wohlfahrt: 1960

GIACINTA
Bianca Maria Casoni: 1960

NINETTA
Edith Mathis: 1960

ROSINA
Ingeborg Hallstein: 1960

LUCIO SILLA

LUCIO SILLA
William Dooley: 1964

GIUNIA
Melitta Muszely: 1964

CECILIO
Donald Grobe: 1964

LUCIO CINNA
Klaus Lange: 1964

CELIA
Elisabeth Witzmann: 1964

AUFIDIO
Tugomir Franc: 1964

LA FINTA GIARDINIERA

DON ANCHISE
Cesare Curzi: 1965, 1966

VIOLANTE/SANDRINA
Colette Boky: 1965, 1966

BELFIORE
Donald Grobe: 1965, 1966

ARMINDA
Jean Cook: 1965, 1966

DON RAMIRO
Evelyn La Bruce: 1965, 1966

SERPETTA
Graziella Sciutti: 1965
Adriana Martino: 1966

ROBERTO/NARDO
Thomas Tipton: 1965, 1966

ASCANIO IN ALBA

VENERE
Simone Mangelsdorff: 1967

ASCANIO
Gertrude Jahn: 1967

SILVIA
Edith Gabry: 1987

ACESTE
Werner Krenn: 1967

FAUNO
Richard van Vrooman: 1967

ZAIDE

ZAIDE
Ingeborg Hallstein: 1968

GOMATZ
Horst Laubenthal: 1968

ALLAZIM
Barry McDaniel: 1968

SULTAN SOLIMAN
James Harper: 1968

OSMIN
Robert Granzer: 1968

ZARAM
Sepp Scheepers: 1968

SKLAVIN
Monique Lobasà: 1968

BASTIEN UND BASTIENNE

BASTIENNE
Ileana Cotrubas: 1969, 1970

BASTIEN
Thomas Lehrberger: 1969
Agnes Baltsa: 1970

COLAS
Peter van der Bilt: 1969
Herbert Lackner: 1970

MITRIDATE, RE DI PONTO

MITRIDATE
Peter Schreier: 1971

ASPASIA
Edda Moser: 1971

SIFARE
Arleen Augér: 1971

FARNACE
Helen Watts: 1971

ISMENE
Pilar Lorengar: 1971

MARZIO
Peter Baillié: 1971

ARBATE
Reingard Didusch: 1971

DIE SÄNGER IN IHREN PARTIEN
(AUSWAHL)

AHLERSMEYER, MATHIEU
Il Conte Almaviva: 1941

ALER, JOHN
Don Ottavio: 1988

ALSEN, HERBERT
Il Commendatore: 1936–1938, 1941

ALVA, LUIGI
Ferrando: 1958, 1970
Belmonte: 1967

ANDAY, ROSETTE
Dorabella: 1922, 1928
Cherubino: 1922, 1925

ANDERS, PETER
Tamino: 1941

ARAIZA, FRANCISCO
Ferrando: 1982–1985

ARANGI-LOMBARDI, GIANNINA
Donna Anna: 1935

ARIÉ, RAFFAELE
Il Commendatore: 1953

AUGÉR, ARLEEN
Königin der Nacht: 1970
Sifare: 1971

AUTORI, FERNANDO
Leporello: 1935

BACCALONI, SALVATORE
Osmin: 1939

BALTSA, AGNES
Bastien: 1970
Dorabella: 1982

BARBAUX, CHRISTINE
Servilia: 1988

BATTLE, KATHLEEN
Despina: 1982–1985
Susanna: 1986
Zerlina: 1987, 1988

BEILKE, IRMA
Blonde: 1939
Susanna: 1942
Pamina: 1943

BENDER, PAUL
Osmin: 1926

BERGANZA, TERESA
Cherubino: 1972, 1973

BERGER, ERNA
Blonde: 1932
Zerlina: 1953, 1954

BERNARD, ANNABELLE
Elettra: 1973

BERRY, WALTER
Masetto: 1953, 1954, 1956
Papageno: 1956, 1959, 1960, 1963, 1964, 1980
Leporello: 1960, 1961, 1977, 1978
Figaro: 1963, 1966, 1967, 1972, 1973, 1976
Don Alfonso: 1969, 1970
Sprecher: 1980–1984

BETETTO, JULIUS
Masetto: 1922
Bartolo: 1922

BISSUTI, CARL
Don Alfonso: 1936
2. Geharnischter: 1937

BLASI, ANGELA MARIA
Pamina: 1985, 1986

BLEGEN, JUDITH
Papagena: 1967
Blonde: 1974

BÖHME, KURT
Sprecher: 1941
Bartolo: 1941
Gran Sacerdote: 1951, 1956
Osmin: 1955–1957
Sarastro: 1959

BOESCH, CHRISTIAN
Papageno: 1978–1986

BOKOR, MARGIT
Cherubino: 1934–1936
Blonde: 1935
Zerlina: 1937

BORGIOLI, DINO
Don Ottavio: 1934–1937

BORN, CLAIRE
Donna Elvira: 1922, 1925–1927, 1929
Dorabella: 1922
La Contessa: 1922, 1925, 1927

BRAUN, HELENA
Donna Anna: 1941
La Contessa: 1942

BRAUN, VICTOR
Il Conte Almaviva: 1970

BRUNNER, CHARLOTTE
Despina: 1922

BRUSCANTINI, SESTO
Don Alfonso: 1983–1985

BURCHULADZE, PAATA
Il Commendatore: 1987, 1988

BURGWINKEL, JOSEF
Ferrando: 1928

BURROWES, NORMA
Blonde: 1971–1973

BURROWS, STUART
Don Ottavio: 1970

CALABRESE, FRANCO
Don Alfonso: 1958

CALLAM, GERTRUDE
Konstanze: 1931

CARNUTH, WALTER
Pedrillo: 1945

CAROLIS, NATALE DE
Masetto: 1990

CEBOTARI, MARIA
1. Knabe: 1931–1933
Zerlina: 1938, 1939
La Contessa: 1938, 1946, 1947
Konstanze: 1939, 1945

COERTSE, MIMI
Konstanze: 1956
Königin der Nacht: 1960

CONNELL, ELIZABETH
Elettra: 1983, 1984

CORBELLI, ALESSANDRO
Don Alfonso: 1990

CORENA, FERNANDO
Leporello: 1956
Osmin: 1965–1967, 1975

COTRUBAS, ILEANA
2. Knabe: 1967, 1968
Bastienne: 1969, 1970
Pamina: 1978–1980, 1982–1984
Konstanze: 1980, 1981

CRASS, FRANZ
Sprecher: 1963
Sarastro: 1967, 1968

CUBERLI, LELLA
La Contessa: 1986–1988

CUNITZ, MAUD
1. Dame: 1943
Donna Elvira: 1946

DAM, JOSÉ VAN
Figaro: 1972, 1974–1976, 1979, 1980
Sprecher: 1974, 1978–1981
Don Alfonso: 1982

DELLA CASA, LISA
1. Dame: 1950
Donna Elvira: 1956
Pamina: 1959
La Contessa: 1960

DERMOTA, ANTON
1. Geharnischter: 1937
Don Ottavio: 1938, 1939, 1941, 1946, 1950, 1953, 1954
Belmonte: 1939, 1955
Tamino: 1941, 1951, 1952, 1955, 1956
Ferrando: 1947, 1953, 1954, 1956, 1957

DICKIE, MURRAY
Pedrillo: 1955–1957
Don Curzio: 1956
Basilio: 1957, 1958, 1960

DÖNCH, KARL
Masetto: 1946
2. Priester: 1949
Antonio: 1952
Monostatos: 1959
Don Alfonso: 1959–1965

DOMGRAF-FASSBAENDER, WILLI
Papageno: 1937

DONAT, ZDZISLAWA
Königin der Nacht: 1979–1986

DONATH, HELEN
Pamina: 1967, 1968, 1970
Ilia: 1973, 1976

DÜSING, DALE
Masetto: 1977, 1978

DUHAN, HANS
Don Giovanni: 1922, 1926, 1927
Il Conte Almaviva: 1922, 1927
Selim, Bassa: 1926
Papageno: 1928

EDELMANN, OTTO
Publio: 1949
Leporello: 1953, 1954

EISINGER, IRENE
Cherubino: 1930–1933
Papagena: 1931–1933

ELIAS, ROSALIND
Dorabella: 1969, 1970

ERNSTER, DESZÖ
Il Commendatore: 1954

ETTL, KARL
2. Priester: 1928, 1931, 1933
2. Geharnischter: 1928, 1931–1933
Masetto: 1930, 1931, 1934–1939
Bartolo: 1930, 1936
Anführer der Wachen: 1931, 1932, 1935, 1939

EVANS, GERAINT
Figaro: 1962–1964, 1966–1968, 1970, 1971
Leporello: 1968–1970

EWING, MARIA
Cherubino: 1976, 1979, 1980

FASSBAENDER, BRIGITTE
Dorabella: 1972–1977

FELLE, AMELIA
Servilia: 1989

FELLER, CARLOS
Don Alfonso: 1982

FEUGE, ELISABETH
Donna Anna: 1934

FIDESSER, HANS
Tamino: 1931

FISCHER-DIESKAU, DIETRICH
Il Conte Almaviva: 1956–1958, 1960, 1962–1964
Don Alfonso: 1972, 1973

FLEISCHER, EDITHA
Zerlina: 1922
Susanna: 1922

FÖLSER, LISELOTTE
Pamina: 1960

FORSELL, JOHN
Don Giovanni: 1930

FRENI, MIRELLA
Zerlina: 1968, 1969
Susanna: 1974

FRICK, GOTTLOB
Sarastro: 1955, 1956, 1960
Il Commendatore: 1956

FURLANETTO, FERRUCCIO
Figaro: 1986
Leporello: 1987, 1988, 1990

GALLOS, HERMANN
Don Curzio: 1922, 1925, 1927, 1930–1936, 1941
Pedrillo: 1922, 1926, 1931, 1932
Don Ottavio: 1925
1. Priester: 1928, 1949
1. Geharnischter: 1928

GEDDA, NICOLAI
Belmonte: 1957
Ferrando: 1959
Don Ottavio: 1961

GERHART, MARIE
Konstanze: 1926
Fiordiligi: 1928
Königin der Nacht: 1928, 1931–1933

GESZTY, SYLVIA
Königin der Nacht: 1967, 1968, 1970
Konstanze: 1972–1974

GHAZARIAN, SONA
Barbarina: 1973
Blonde: 1975

GHIAUROV, NICOLAI
Don Giovanni: 1968–1970

GIANNINI, DUSOLINA
Donna Anna: 1934–1936

GOBBI, TITO
Don Giovanni: 1950

GOLTZ, CHRISTEL
1. Dame: 1951
Elettra: 1956

GREINDL, JOSEF
Sarastro: 1949–1952
Il Commendatore: 1950

GRIST, RERI
Blonde: 1965–1967, 1970, 1971
Susanna: 1966, 1967, 1970, 1971
Despina: 1972–1977
Papagena: 1974

GROBE, DONALD
Belmonte: 1962, 1963
Cecilio: 1964
Belfiore: 1965, 1966

GRUBEROVA, EDITA
Königin der Nacht: 1974, 1978–1983
Konstanze: 1975
Donna Anna: 1990

GRÜMMER, ELISABETH
Donna Anna: 1953, 1954, 1956
Pamina: 1955, 1956
Elettra: 1961, 1962

GÜDEN, HILDE
Zerlina: 1946
Cherubino: 1947, 1952, 1953
Despina: 1947
Ilia: 1951
La Contessa: 1963, 1964

HADRABOVA, EVA
Dorabella: 1931–1933, 1935, 1936

HAEFLIGER, ERNST
1. Geharnischter: 1949
Idamante: 1961, 1962

HALEM, VICTOR VON
Il Commendatore: 1969, 1970
2. Geharnischter: 1970

HALLSTEIN, INGEBORG
Rosina: 1960
Konstanze: 1967
Zaide: 1968

HAMMES, KARL
Don Giovanni: 1929–1931
Figaro: 1930–1934
Papageno: 1931–1933
Guglielmo: 1931–1934

HAMPSON, THOMAS
Il Conte Almaviva: 1988
Guglielmo: 1990

HANN, GEORG
Sarastro: 1943
Leporello: 1946

HARWOOD, ELIZABETH
Fiordiligi: 1970
Konstanze: 1970–1974
La Contessa: 1972–1976

HELLETSGRUBER, LUISE
1. Dame: 1928, 1931–1933
Donna Elvira: 1930, 1931, 1934–1938

HEMM, MANFRED
Figaro: 1988

HERMANN, DAGMAR
Dorabella: 1953, 1954

HIESTERMANN, HORST
Monostatos: 1979–1986
Troiano: 1983, 1984

HILLEBRECHT, HILDEGARD
Ilia: 1956

HÖFERMAYER, WALTER
Il Conte Almaviva: 1946–1948

HÖNGEN, ELISABETH
Marcellina: 1948, 1956
3. Dame: 1949, 1950

HOFMANN, LUDWIG
Figaro: 1935, 1936
Osmin: 1935

HOLLWEG, ILSE
Konstanze: 1955

HOLLWEG, WERNER
Belmonte: 1970–1975
Tamino: 1974
Tito: 1976, 1977, 1979
Idomeneo: 1984
Gran Sacerdote: 1990

HOLM, RENATE
Blonde: 1961–1963
Papagena: 1964

HOLM, RICHARD
Annio: 1949
Idamante: 1951
Tamino: 1952

HOTTER, HANS
Il Conte Almaviva: 1942
Sprecher: 1943, 1959
Don Giovanni: 1946

HOWELLS, ANNE
Annio: 1976, 1977, 1979

HÜNI-MIHACSEK, FELICIE
Donna Elvira: 1922
Fiordiligi: 1922
La Contessa: 1922
Donna Anna: 1929, 1939

IVOGÜN, MARIA
Zerlina: 1925

JANOWITZ, GUNDULA
Donna Anna: 1968–1970
La Contessa: 1970, 1971
Fiordiligi: 1972–1977

JERGER, ALFRED
Don Giovanni: 1922, 1925
Figaro: 1922, 1925
Guglielmo: 1928, 1935, 1936
Il Conte Almaviva: 1932–1936
Sprecher: 1937
2. Priester: 1959

JOHNSON, PATRICIA
Marcellina: 1962, 1963
3. Dame: 1963
Dorabella: 1965

JOKL, FRITZI
Despina: 1928

JOVANOVIĆ, KAROLA
Barbarina: 1922
Blonde: 1922

JURINAC, SENA
Dorabella: 1947
Cherubino: 1948
La Contessa: 1962

KALENBERG, JOSEF
Tamino: 1928

KALES, ELISABETH
Papagena: 1978–1980, 1986

KAPFERER, HILDEGARD
Königin der Nacht: 1943

KAPPEL, GERTRUD
Donna Anna: 1922

KAUFMANN, JULIE
Blonde: 1987

KAVRAKOS, DIMITRI
Il Commendatore: 1990

KELEMEN, ZOLTAN
Bartolo: 1966–1968, 1970, 1971
Antonio: 1972–1975

KENNY, YVONNE
Ilia: 1984

KERN, ADELE
Susanna: 1927, 1930–1935
Zerlina: 1927, 1929, 1930
Despina: 1931–1935

KERNS, ROBERT
Troiano: 1961
Il Conte Almaviva: 1970

KIPNIS, ALEXANDER
Sarastro: 1937

KIURINA, BERTA
Cherubino: 1927

KLEIN, PETER
Basilio: 1946, 1947, 1952, 1953, 1956
Pedrillo: 1948
Monostatos: 1949–1952, 1955, 1956

KMENTT, WALDEMAR
Idamante: 1956
1. Priester: 1956
Ferrando: 1960–1965
Idomeneo: 1961, 1962
Tamino: 1963, 1964

KÖTH, ERIKA
Königin der Nacht: 1955, 1956, 1959, 1960
Konstanze: 1955–1957, 1962, 1963

KOLLO, RENÉ
Tamino: 1974

KOMAREK, DORA
Barbarina: 1935–1938
Papagena: 1937, 1941
Zerlina: 1941

KONETZNI, HILDE
Donna Elvira: 1936, 1939, 1941
1. Dame: 1937, 1941

KORÉH, ENDRÉ
Osmin: 1948
Bartolo: 1952, 1953

KOZMA, LAJOS
Ferrando: 1969

KRAUS, ALFREDO
Don Ottavio: 1968, 1969

KRAUSE, TOM
Don Giovanni: 1968–1970
Guglielmo: 1969, 1970
Il Conte Almaviva: 1972–1976, 1979, 1980
Sprecher: 1974

KRAUSS, FRITZ
Ferrando: 1922

KRENN, FRITZ
Leporello: 1941

KREPPEL, WALTER
Sarastro: 1963, 1964

KULLMANN, CHARLES
Belmonte: 1935
Ferrando: 1935, 1936

KUNZ, ERICH
Masetto: 1941
Figaro: 1942, 1946, 1947, 1952, 1953, 1956–1958, 1960
Guglielmo: 1947, 1953, 1954, 1956, 1957
Leporello: 1950
Papageno: 1950–1952, 1955

KUPPER, ANNELIES
Donna Anna: 1950
1. Dame: 1950, 1952

KURZ, SELMA
Konstanze: 1922

LANGRIDGE, PHILIP
Idomeneo: 1990

LAWRENCE, JANE
Elettra: 1951

LAZZARI, VIRGILIO
Leporello: 1934–1939
Bartolo: 1937–1939

LEAR, EVELYN
Cherubino: 1962–1964
Fiordiligi: 1965

LEBRUN, LOUISE
Königin der Nacht: 1974

LIPP, WILMA
Konstanze: 1948
Königin der Nacht: 1949–1952
Servilia: 1949
Donna Elvira: 1961

LIST, EMANUEL
Il Commendatore: 1931, 1934, 1935
Osmin: 1931

LITTASY, GEORG
Osmin: 1961
La Voce: 1961, 1962
2. Geharnischter: 1963, 1964

LONDON, GEORGE
Il Conte Almaviva: 1952

LOOSE, EMMY
Blonde: 1948

LOPARDO, FRANK
Don Ottavio: 1990

LORENGAR, PILAR
Ilia: 1961, 1962
Pamina: 1963, 1964
Ismene: 1971

LUBIN, GERMAINE
Donna Anna: 1931

LUDWIG, CHRISTA
2. Dame: 1955, 1956
Cherubino: 1956–1958, 1960
Dorabella: 1956–1964

LUDWIG, WALTHER
Belmonte: 1948
Tamino: 1949, 1950

MACURDY, JOHN
Il Commendatore: 1977, 1978

MADIN, VIKTOR
Masetto: 1922, 1925–1927, 1929
Antonio: 1922, 1925, 1927, 1930–1939, 1941, 1946
Anführer der Wachen: 1922, 1926

MAIKL, GEORG
Don Ottavio: 1922
Belmonte: 1922

MALAS, SPIRO
Osmin: 1970

MALFITANO, CATHERINE
Servilia: 1976, 1977, 1979

MALONE, CAROL
Papagena: 1968, 1970
Blonde: 1980, 1981

MALTA, ALEXANDER
Masetto: 1987, 1988
La Voce: 1990

MANOWARDA, JOSEF VON
Don Alfonso: 1922, 1928, 1931–1934
Sprecher: 1931–1933

MARKHOFF, FRANZ
Il Commendatore: 1922, 1925–1927, 1929, 1930
Bartolo: 1925, 1927
Sprecher: 1928

MARSHALL, MARGARET
Fiordiligi: 1982–1985, 1990

MATHIS, EDITH
Ninetta: 1960
Cherubino: 1966–1968, 1970
Susanna: 1972, 1975, 1976, 1979
Ilia: 1973
Pamina: 1974
Zerlina: 1977, 1978

MAYERHOFER, ELFIE
Cherubino: 1946

MAYR, RICHARD
Leporello: 1922, 1925–1927, 1929–1931
Figaro: 1922
Sarastro: 1928, 1931–1933

McLAUGHLIN, MARIE
Susanna: 1987, 1988

McNAIR, SYLVIA
Ilia: 1990

MENTZER, SUSANNE
Annio: 1989
Zerlina: 1990

MEVEN, PETER
Sarastro: 1974

MICHALSKY, AENNE
2. Dame: 1928, 1931–1933
Barbarina: 1931, 1932, 1934
Zerlina: 1935, 1936

MILJAKOVIĆ, OLIVERA
Susanna: 1968, 1971
Zerlina: 1969, 1970

MILNES, SHERRILL
Don Giovanni: 1977, 1978

MOLL, KURT
Sarastro: 1970, 1983, 1986
Osmin: 1971–1974
La Voce: 1973
Bartolo: 1987

MONTAGUE, DIANA
Cherubino: 1986, 1988
Sesto: 1989
Idamante: 1990

MORRIS, JAMES
Guglielmo: 1982–1985
La Voce: 1983; 1984
Il Conte Almaviva: 1986, 1987

MOSER, EDDA
Aspasia: 1971
Donna Anna: 1978
1. Dame: 1981–1984

MÜLLER, MARIA
Donna Elvira: 1934

MURRAY, ANN
2. Dame: 1981–1984
Dorabella: 1983–1985, 1990
Cherubino: 1988

NEBLETT, CAROL
Vitellia: 1976, 1977, 1979

NÉMETH, MARIA
Donna Anna: 1926, 1927, 1929, 1930

NICOLAI, CLAUDIO
Il Conte Almaviva: 1976

NICOLESCO, MARIANA
Elettra: 1990

NIELSEN, INGA
Konstanze: 1987–1989

NISSEN, HANS HERMANN
Il Conte Almaviva: 1930

NORBERT, KARL
Leporello: 1922
Don Alfonso: 1922, 1935
Bartolo: 1922, 1931–1935
Osmin: 1926, 1932

NOVOTNA, JARMILA
Fiordiligi: 1935, 1936
La Contessa: 1935, 1936
Pamina: 1937
Cherubino: 1937

OCHMAN, WIESLAW
Idomeneo: 1973, 1976

ORAVEZ, EDITH
Papagena: 1949, 1951, 1952

ORTH, NORBERT
Pedrillo: 1980, 1981

OSVÁTH, JULIE
Königin der Nacht: 1937

OTTO, LISA
Despina: 1953, 1954, 1956
Blonde: 1956, 1957
1. Dame: 1960

PANERAI, ROLANDO
Guglielmo: 1958, 1959
Masetto: 1960, 1961, 1968–1970
Don Alfonso: 1972, 1974–1977

PATAKY, KOLOMAN VON
Don Ottavio: 1929–1931
Belmonte: 1931

PATZAK, JULIUS
Tamino: 1943
Belmonte: 1945
Tito: 1949

PAULY, ROSE
Donna Anna: 1922

PAVAROTTI, LUCIANO
Idomeneo: 1983

PERRAS, MARGHERITA
Konstanze: 1935

PETERS, ROBERTA
Königin der Nacht: 1963, 1964

PICCAVER, ALFRED
Don Ottavio: 1927

PILOU, JEANETTE
Zerlina: 1968

PILTTI, LEA
Königin der Nacht: 1941

PINZA, EZIO
Don Giovanni: 1934, 1935, 1937–1939
Figaro: 1937–1939

POELL, ALFRED
Papageno: 1941
Masetto: 1950
Il Conte Almaviva: 1952

POLGÁR, LÁSZLO
Sarastro: 1985, 1986
Publio: 1988

POPP, LUCIA
1. Knabe: 1963, 1964
Pamina: 1980, 1981
Ilia: 1983
La Contessa: 1986

PREY, HERMANN
Guglielmo: 1960–1965, 1972–1977
Papageno: 1967, 1968, 1970, 1974
Il Conte Almaviva: 1971

PRICE, LEONTYNE
Donna Anna: 1960, 1961

PRICE, MARGARET
Konstanze: 1975

PÜTZ, RUTH MARGRET
Konstanze: 1961

RAIMONDI, RUGGERO
Figaro: 1987

RAINA, ELENA
Königin der Nacht: 1960

RAJDL, MARIA
Zerlina: 1926
Pamina: 1928

RAMEY, SAMUEL
Don Giovanni: 1987, 1988, 1990

RAUTAWAARA, AULIKKI
La Contessa: 1937

RAYAM, CURTIS
Idomeneo: 1984

REINING, MARIA
La Contessa: 1939
Pamina: 1941

RENNER, KARL
Il Conte Almaviva: 1925

RETHBERG, ELISABETH
La Contessa: 1922
Konstanze: 1922
Donna Anna: 1937–1939

RÉTHY, ESTHER
Susanna: 1937–1939
Donna Elvira: 1950

RITTER-CIAMPI, GABRIELLE
Konstanze: 1932

RODE, WILHELM
Il Conte Almaviva: 1930, 1931

ROHS, MARTA
Cherubino: 1938, 1939, 1941
Sesto: 1949

ROSVAENGE, HELGE
Belmonte: 1932, 1939
Tamino: 1932, 1933, 1937

ROTHENBERGER, ANNELIESE
Papagena: 1956, 1963
Konstanze: 1965, 1966, 1970
Fiordiligi: 1969, 1970

RÜNGER, GERTRUD
Marcellina: 1930–1934
3. Dame: 1931–1933
Dorabella: 1934

RÜTGERS, ELISABETH
Zerlina: 1941
1. Knabe: 1949

RYDL, KURT
Publio: 1976, 1977, 1979
La Voce: 1976
Antonio: 1979, 1980
2. Geharnischter: 1981–1986
Osmin: 1987–1989

SALLABA, RICHARD
Priester: 1937
Pedrillo: 1939

SCARABELLI, ADELINA
Despina: 1983, 1984, 1990

SCHEYRER, GERDA
1. Dame: 1955, 1956
Ilia: 1956

SCHIML, MARGA
3. Dame: 1970
Cherubino: 1972

SCHMIDT, CARLO
Don Alfonso: 1958

SCHMIDT, TRUDELIESE
2. Dame: 1974, 1978–1980
Cherubino: 1980
Idamante: 1983, 1984

SCHMITT-WALTER, KARL
Papageno: 1949

SCHOCK, RUDOLF
Idomeneo: 1951, 1956
Belmonte: 1956

SCHÖFFLER, PAUL
Don Giovanni: 1941
Figaro: 1941
Don Alfonso: 1947, 1953, 1954, 1956, 1957
Sprecher: 1949–1952, 1955, 1956, 1964
Il Conte Almaviva: 1953

SCHÖNE, LOTTE
Zerlina: 1922, 1925, 1930, 1931, 1934, 1935
Cherubino: 1922
Susanna: 1925
Despina: 1928
Pamina: 1931–1933
Blonde: 1931, 1935

SCHREIER, PETER
Tamino: 1967, 1968, 1970, 1980–1984
Mitridate: 1971
Ferrando: 1972–1977
Idamante: 1973, 1976
Don Ottavio: 1977, 1978
Belmonte: 1980, 1981

SCHUMANN, ELISABETH
Despina: 1922, 1936
Susanna: 1922, 1936
Blonde: 1922
Zerlina: 1927

SCHWAIGER, ROSL
Blonde: 1945
Barbarina: 1946

SCHWARZKOPF, ELISABETH
Susanna: 1947
La Contessa: 1948, 1952, 1953, 1956–1958, 1960
Donna Elvira: 1950, 1953, 1954, 1960
Fiordiligi: 1958, 1960–1964

SCIUTTI, GRAZIELLA
Despina: 1958–1965
Papagena: 1959, 1960
Zerlina: 1960, 1961
Susanna: 1962–1964, 1966
Serpetta: 1965

SEEFRIED, IRMGARD
Susanna: 1946–1948, 1952, 1953, 1956–1958, 1960
Fiordiligi: 1947, 1953, 1954, 1956, 1957, 1959
Pamina: 1949–1952, 1963
Zerlina: 1950

SENN, MARTHA
Annio: 1988

SIEBER, GUDRUN
Papagena: 1981–1986

SIEPI, CESARE
Don Giovanni: 1953, 1954, 1956

SIMONEAU, LÉOPOLD
Don Ottavio: 1956
Tamino: 1959

SOMMERSCHUH, GERDA
Cherubino: 1942

STABILE, MARIANO
Don Giovanni: 1936
Il Conte Almaviva: 1937–1939

STADE, FREDERICA VON
Cherubino: 1974–1976, 1987

STEFFEK, HANNELORE
1. Knabe: 1950, 1951
Cretese: 1951
Papagena: 1955
Blonde: 1955

STERNECK, BERTHOLD
Osmin: 1935

STRATAS, TERESA
Despina: 1969, 1970
Cherubino: 1971
Susanna: 1972, 1973, 1980

STREICH, RITA
Zerlina: 1956
Königin der Nacht: 1956
Despina: 1957

STUDER, CHERYL
Elettra: 1990

TADDEI, GIUSEPPE
Figaro: 1948

TALVELA, MARTTI
Il Commendatore: 1968
Sarastro: 1978–1984
Osmin: 1980, 1981

TAPPY, ERIC
Tamino: 1978–1980

TAUBER, RICHARD
Don Ottavio: 1922, 1926
Belmonte: 1922, 1926

TE KANAWA, KIRI
La Contessa: 1979

TESCHEMACHER, MARGARETE
La Contessa: 1941

TOMOWA-SINTOW, ANNA
La Contessa: 1976, 1980
Donna Anna: 1977, 1978, 1987, 1988

TROYANOS, TATIANA
Sesto: 1976, 1977, 1979

UNGER, GERHARD
Pedrillo: 1962, 1963, 1965–1967, 1970–1975
Monostatos: 1967, 1968, 1970, 1974

URSULEAC, VIORICA
La Contessa: 1930–1934
Fiordiligi: 1931–1934

VALLETTI, CESARE
Don Ottavio: 1960

VANESS, CAROL
Vitellia: 1988, 1989
Donna Elvira: 1990

VARADY, JULIA
Elettra: 1976
Vitellia: 1977
Donna Elvira: 1987, 1988

VÖLKER, FRANZ
Ferrando: 1931–1934

WAECHTER, EBERHARD
Arbace: 1956
2. Priester: 1956
Il Conte Almaviva: 1958
Don Giovanni: 1960, 1961
Sprecher: 1960
Gran Sacerdote: 1961

WAGNER, SIEGLINDE
2. Dame: 1949, 1950
3. Dame: 1951, 1952, 1959, 1960
Marcellina: 1953, 1957

WALT, DEON VAN DER
Belmonte: 1987–1989
Ferrando: 1990

WATSON, CLAIRE
La Contessa: 1966–1968

WATSON, LILLIAN
Blonde: 1988, 1989

WEBER, LUDWIG
Il Commendatore: 1939, 1946
Sarastro: 1941
Osmin: 1945
Bartolo: 1946, 1947

WEIDLICH, ELFRIEDE
Susanna: 1941

WELITSCH, LJUBA
Donna Anna: 1946, 1950

WELTER, LUDWIG
Osmin: 1962, 1963
Gran Sacerdote: 1962

WERNIGK, WILLIAM
Basilio: 1927, 1933–1937
1. Priester: 1931, 1941
1. Geharnischter: 1931
Monostatos: 1932, 1933, 1937
Pedrillo: 1935
Don Curzio: 1942, 1946–1948

WIEDEMANN, HERMANN
Guglielmo: 1922

WILDBRUNN, HELENE
Donna Anna: 1925

WINBERGH, GÖSTA
Ferrando: 1982
Tamino: 1984–1986
Don Ottavio: 1987
Tito: 1988, 1989

WISE, PATRICIA
Konstanze: 1981

WIXELL, INGVAR
Il Conte Almaviva: 1966–1968

WOHLERS, RÜDIGER
Tamino: 1981

WOHLFAHRT, ERWIN
Polidoro: 1960
Pedrillo: 1961

WUNDERLICH, FRITZ
Tamino: 1960
Belmonte: 1961, 1965, 1966

ZACCARIA, NICOLA
Il Commendatore: 1960, 1961

ZADEK, HILDE
Vitellia: 1949

ZEC, NICOLA
Osmin: 1922

ZEDNIK, HEINZ
Pedrillo: 1987–1989

ZIEGLER, DELORES
Dorabella: 1985
Sesto: 1988, 1989

ZYLIS-GARA, TERESA
Donna Elvira: 1968–1970, 1977, 1978

Diskographie

Gesamtverzeichnis aller bei den Salzburger Festspielen hergestellten und veröffentlichten Aufnahmen der Bühnenwerke von Wolfgang Amadeus Mozart
Zusammengestellt von Claus-Dieter Schaumkell
(GA = Gesamtaufnahme, AD = Aufnahmedatum)

Don Giovanni

GA mit Elisabeth Rethberg (Donna Anna), Luise Helletsgruber (Donna Elvira), Margit Bokor (Zerlina), Ezio Pinza (Don Giovanni), Dino Borgioli (Don Ottavio), Virgilio Lazzari (Leporello), Karl Ettl (Masetto), Herbert Alsen (Commendatore)
Wiener Staatsopernchor, Wiener Philharmoniker
Dirigent: Bruno Walter (AD: 1937)
Melodram CDM 37506 (3 CD) + Szenen auf AMADEO 427089-2 (1 CD)

GA mit Ljuba Welitsch, Elisabeth Schwarzkopf, Irmgard Seefried, Tito Gobbi, Anton Dermota, Erich Kunz, Alfred Poell, Josef Greindl
Wiener Staatsopernchor, Wiener Philharmoniker
Dirigent: Wilhelm Furtwängler (AD: 1950)
LAUDIS LCD 3-4001 (3 CD)

GA mit Elisabeth Grümmer, Elisabeth Schwarzkopf, Erna Berger, Cesare Siepi, Anton Dermota, Otto Edelmann, Walter Berry, Raffaele Arié
Wiener Staatsopernchor, Wiener Philharmoniker
Dirigent: Wilhelm Furtwängler (AD: 1953)
HUNT HN 509.3 (3 CD)

GA mit Elisabeth Grümmer, Elisabeth Schwarzkopf, Erna Berger, Cesare Siepi, Anton Dermota, Otto Edelmann, Walter Berry, Deszö Ernster
Wiener Staatsopernchor, Wiener Philharmoniker
Dirigent: Wilhelm Furtwängler (AD: 1954)
EMI 153 EX 29 0667 3 (3 LP)

GA mit Elisabeth Grümmer, Lisa Della Casa, Rita Streich, Cesare Siepi, Léopold Simoneau, Fernando Corena, Walter Berry, Gottlob Frick
Wiener Staatsopernchor, Wiener Philharmoniker
Dirigent: Dimitri Mitropoulos (AD: 1956)
HUNT HN 552.3 (3 CD)

GA mit Leontyne Price, Elisabeth Schwarzkopf, Graziella Sciutti, Eberhard Waechter, Cesare Valletti, Walter Berry, Rolando Panerai, Nicola Zaccaria
Wiener Staatsopernchor, Wiener Philharmoniker
Dirigent: Herbert von Karajan (AD: 1960)
Movimento Musica 013.012 (3 CD)

GA mit Gundula Janowitz, Teresa Zylis-Gara, Mirella Freni, Nicolai Ghiaurov, Alfredo Kraus, Geraint Evans, Rolando Panerai, Victor von Halem
Wiener Staatsopernchor, Wiener Philharmoniker
Dirigent: Herbert von Karajan (AD: 1969)
HUNT KAR 203.3 (3 CD) + Nuova Era 2330/32 (3 CD)

GA mit Anna Tomowa-Sintow, Teresa Zylis-Gara, Edith Mathis, Sherrill Milnes, Peter Schreier, Walter Berry, Dale Düsing, John Macurdy
Wiener Staatsopernchor, Wiener Philharmoniker
Dirigent: Karl Böhm (AD: 1977)
DG 2709 085 (3 LP) + DG 2740 194 (3 LP)

Così fan tutte

GA mit Elisabeth Schwarzkopf (Fiordiligi), Christa Ludwig (Dorabella), Graziella Sciutti (Despina), Waldemar Kmentt (Ferrando), Hermann Prey (Guglielmo), Karl Dönch (Don Alfonso)
Wiener Staatsopernchor, Wiener Philharmoniker
Dirigent: Karl Böhm (AD: 1960)
Melodram MEL 708 (3 LP)

GA mit Gundula Janowitz, Brigitte Fassbaender, Reri Grist, Peter Schreier, Hermann Prey, Rolando Panerai
Wiener Staatsopernchor, Wiener Philharmoniker
Dirigent: Karl Böhm (AD: 1974)
DG 415381 (3 LP)

GA mit Margaret Marshall, Agnes Baltsa, Kathleen Battle, Francisco Araiza, James Morris, José van Dam
Konzertvereinigung Wiener Staatsopernchor,
Wiener Philharmoniker
Dirigent: Riccardo Muti (AD: 1982)
EMI CMS 7 69580 2 (3 CD)

Le nozze di Figaro

GA mit Aulikki Rautawaara (La Contessa), Esther Réthy (Susanna), Jarmila Novotna (Cherubino), Angelica Cravcenco (Marcellina), Dora Komarek (Barbarina), Ezio Pinza (Figaro), Mariano Stabile (Il Conte Almaviva), William Wernigk (Basilio), Virgilio Lazzari (Bartolo), Viktor Madin (Antonio)
Wiener Staatsopernchor, Wiener Philharmoniker
Dirigent: Bruno Walter (AD: 1937)
DISCOCORP BWS 801 (3 LP)

GA (in deutscher Sprache) mit Elisabeth Schwarzkopf, Irmgard Seefried, Hilde Güden, Liselotte Maikl, Erich Kunz, Paul Schöffler, Peter Klein, Endré Koréh, Alois Pernerstorfer
Wiener Staatsopernchor, Wiener Philharmoniker
Dirigent: Wilhelm Furtwängler (AD: 1953)
Fonit-Cetra LO 8 (3 LP)

GA mit Elisabeth Schwarzkopf, Irmgard Seefried, Christa Ludwig, Sieglinde Wagner, Anny Felbermayer, Erich Kunz, Dietrich Fischer-Dieskau, Murray Dickie, Georg Stern, Alois Pernerstorfer
Wiener Staatsopernchor, Wiener Philharmoniker
Dirigent: Karl Böhm (AD: 1957)
Giuseppe di Stefano Records GDS 31019 (3 CD)

GA mit Hilde Güden, Graziella Sciutti, Evelyn Lear, Patricia Johnson, Geraint Evans, Dietrich Fischer-Dieskau, John van Kesteren, Peter Lagger, Siegfried R. Frese
Wiener Staatsopernchor, Wiener Philharmoniker
Dirigent: Lorin Maazel (AD: 1963)
Movimento Musica 013.004 (3 CD)

Die Entführung aus dem Serail

GA mit Ruth Margret Pütz (Konstanze), Renate Holm (Blonde), Fritz Wunderlich (Belmonte), Erwin Wohlfahrt (Pedrillo), Georg Littasy (Osmin), Andreas Wolf (Bassa Selim)
Wiener Staatsopernchor, Mozarteum-Orchester Salzburg
Dirigent: Istvan Kertesz (AD: 1961)
Frequenz OMF 2 (2 CD)

DIE ZAUBERFLÖTE

GA mit Jarmila Novotna (Pamina), Julie Osváth (Königin der Nacht), Dora Komarek (Papagena), Hilde Konetzni (1. Dame), Stefania Fratnikova (2. Dame), Kerstin Thorborg (3. Dame), Alexander Kipnis (Sarastro), Helge Rosvaenge (Tamino), Willi Domgraf-Fassbaender (Papageno), William Wernigk (Monostatos), Alfred Jerger (Sprecher), Anton Dermota (1. Geharnischter), Carl Bissuti (2. Geharnischter)
Wiener Staatsopernchor, Wiener Philharmoniker
Dirigent: Arturo Toscanini (AD: 1937)
Melodram CDM 37040 (3 CD) + Szenen auf AMADEO 427089-2 (1 CD)

GA mit Irmgard Seefried, Wilma Lipp, Edith Oravez, Gertrude Grob-Prandl, Sieglinde Wagner, Elisabeth Höngen, Josef Greindl, Walther Ludwig, Karl Schmitt-Walter, Peter Klein, Paul Schöffler, Ernst Haefliger, Hermann Uhde
Wiener Staatsopernchor, Wiener Philharmoniker
Dirigent: Wilhelm Furtwängler (AD: 1949)
HOPE 208 (3 LP)

GA mit Irmgard Seefried, Wilma Lipp, Edith Oravez, Christel Goltz, Margherita Kenney, Sieglinde Wagner, Josef Greindl, Anton Dermota, Erich Kunz, Peter Klein, Paul Schöffler, Hans Beirer, Franz Bierbach
Wiener Staatsopernchor, Wiener Philharmoniker
Dirigent: Wilhelm Furtwängler (AD: 1951)
FOYER 3-CF 2003 (3 CD) + Szenen auf OPERA VIVA OPV-011 (1 CD)

GA mit Lisa Della Casa, Erika Köth, Graziella Sciutti, Friederike Sailer, Hetty Plümacher, Sieglinde Wagner, Kurt Böhme, Léopold Simoneau, Walter Berry, Karl Dönch, Hans Hotter, Robert Charlebois, Alois Pernerstorfer
Wiener Staatsopernchor, Wiener Philharmoniker
Dirigent: George Szell (AD: 1959)
Melodram CDM 27505 (2 CD)

GA mit Pilar Lorengar, Roberta Peters, Renate Holm, Maria van Dongen, Cvetka Ahlin, Vera Little, Walter Kreppel, Waldemar Kmentt, Walter Berry, Renato Ercolani, Paul Schöffler, Herbert Schachtschneider, Georg Littasy
Wiener Staatsopernchor, Wiener Philharmoniker
Dirigent: Istvan Kertesz (AD: 1964)
Melodram 719 (3 LP)

GA mit Ileana Cotrubas, Zdzislawa Donat, Elisabeth Kales, Rachel Yakar, Trudeliese Schmidt, Ingrid Mayr, Martti Talvela, Eric Tappy, Christian Boesch, Horst Hiestermann, José van Dam, Karl Terkal, Helge von Bömches
Wiener Staatsopernchor, Wiener Philharmoniker
Dirigent: James Levine (AD: 1980)
BMG GD 84586 (3 CD) + Szenen auf BMG CD 14621 (1 CD)

IDOMENEO

GA mit Hildegard Hillebrecht (Ilia), Christel Goltz (Elettra), Rudolf Schock (Idomeneo), Waldemar Kmentt (Idamante), Eberhard Waechter (Arbace), Kurt Böhme (Gran Sacerdote)
Wiener Staatsopernchor, Wiener Philharmoniker
Dirigent: Karl Böhm (AD: 1956)
Movimento Musica 051-044 (2 CD)

GA mit Pilar Lorengar, Elisabeth Grümmer, Waldemar Kmentt, Ernst Haefliger, Eberhard Waechter
Wiener Staatsopernchor, Wiener Philharmoniker
Dirigent: Ferenc Fricsay (AD: 1961)
Melodram 701 (3 LP)

Stand: März 1991

In diese Diskographie nicht mit einbezogen wurde Herbert von Karajans Berliner Studioproduktion des »Don Giovanni«, weil die Schallplattenbesetzung der Donna Elvira mit Agnes Baltsa von der Bühnenbesetzung in Salzburg (mit Julia Varady) deutlich abweicht. Bei den angegebenen Bestellnummern der jeweiligen Veröffentlichungen ist der aktuellste Stand (größtenteils LP-Wiederveröffentlichungen auf CD) als Service für den potentiellen Interessenten maßgeblich gewesen.

Namenregister

Dieses Register umfaßt alle Personen, die im Vorwort und Hauptteil des Buches vorkommen. Kursive Seitenzahlen beziehen sich auf Bildlegenden.

Fotonachweis

Max Reinhardt-Forschungs- und Gedenkstätte, Salzburg: Foto Ellinger 12 (4), 14 (2), 15, 16, 17 (3), 18 oben, 22 (2), 23, 24, 25, 26 links und rechts unten, 28 unten, 31 unten, 32 (3), 33, 38 (2), 45 unten, 46 (2), 47, 49 (2), 50 unten, 52 (2), 53, 54 oben, 58 (2), 59 rechts oben, 67 (2), 68 links und rechts oben, rechts unten, 69, 70 (2), 71, 72 (4), 78 (2), 79, 80 oben, 81, 82, 83, 88 unten, 90 (2), 91, 92 (2), 93, 95, 100 unten, 110 (2), 111 (2), 112, 113 (3), 116 links und rechts unten, 118 oben, 120 Mitte und unten, 121 (2), 122 oben, 125 rechts oben, 130, 131 (4), 132 (3), 133, 136 unten, 140 (2), 142 unten, 144 links oben, 145, 146 oben, 147 oben, 148 (2), 154 (2), 155, 156, 163 unten, 164 unten, 165 unten, 168 oben, 170 oben und links unten, 173, 182, 183 oben, 184 (2), 186 oben und links unten, 187 oben, 188 unten, 192, 193 oben, 194 oben; Foto Anny Madner 20 links oben und rechts unten, 21, 26 oben, 27, 29, 30 (2), 31 oben, 36 links und rechts oben, 48 (2), 50 oben, 51 (2), 57, 74 oben, 76 Mitte und unten, 77, 80 unten, 84 unten, 85, 86 (2), 87, 88 oben, 96 (2), 98 unten, 114 unten, 115 rechts unten, 116 oben, 117 (3), 120 oben, 138, 139, 141 unten, 142 oben, 143, 144 rechts oben, 146 unten, 169 links oben, links und rechts unten, 172 oben, 183 unten, 188 oben, 194 links unten.
Archiv der Salzburger Festspiele: 28 oben, 34, 56, 59 links oben, 73 links und rechts oben, 94, 109 unten, 118 links und rechts unten, 122 unten, 141 oben, 144 unten, 162 oben, 163 rechts oben, 186 rechts unten, 187 unten; Foto Ernst Hausknost 162 unten; Foto Heinz Hosch 126 (2), 158 unten; Pressefoto/Archiv Franz Krieger 18 unten; Foto Winfried Rabanus 104 links und rechts oben, 105, 127, 165 oben, 172 unten; Foto Fred Rieder 20 rechts oben, 75, 163 links oben; Foto Hans Schmidt 73 unten; Foto Hildegard Steinmetz 35, 37, 54 unten, 55, 59 links und rechts unten, 89, 97, 98 oben, 99, 100 oben, 101, 102 (2), 103, 119, 123, 124 oben und unten, 125 links oben und unten, 147 links und rechts unten, 149, 150 (2), 151 (2), 152 links und rechts unten, 153, 170 rechts unten, 171, 185, 189 (2), 190, 191 (2), 193 unten, 194 rechts unten, 195; Pressefoto Bruno Völkel 20 links unten, 74 unten, 76 oben, 135; Photo Weber 40, 42 (2), 60 oben, 61, 62 (2), 63 unten, 65, 104 unten, 106 (3), 107, 129 (3), 157, 158 oben, 159 unten, 160 (3), 161 (2), 166 (2), 167 (3), 174 (2), 175, 176, 177, 178 (2), 179, 180 (4), 181.
Österreichische Nationalbibliothek, Wien: Bildarchiv 84 oben, 114 oben, 115 links und rechts oben, 134, 136 oben, 137 (2), 168 unten; Theatersammlung 11, 13, 19, 44 (3), 45 oben, 66, 68 links unten, 109 links und rechts oben, 115 links unten.
Pressefoto Oskar Anrather, Salzburg 64, 164 oben; Luigi Ciminaghi, Mailand 152 oben; Foto Vera von Glasner, Grevenmacher/Luxemburg 128 oben; Winfried Rabanus, München 39 (2); Photo Schaffler, Salzburg 60 unten; Sammlung Fritzi Schlesinger, Wien 108; Ferdinand Schreiber, Hof bei Salzburg 169 rechts oben; Foto Felicitas Timpe, München 36 unten; Photo Weber, Wien 41, 43, 63 oben, 128 unten, 159 oben.

Vorderes Schutzumschlag-Motiv:
Christian Boesch als Papageno und Ileana Cotrubas als Pamina in »Die Zauberflöte«, 1983.

Fotos auf der Schutzumschlag-Rückseite:
Obere Reihe v.l.n.r.: Maria Cebotari als Konstanze in »Die Entführung aus dem Serail«, 1939; Anton Dermota als Ferrando, Irmgard Seefried als Fiordiligi, Sena Jurinac als Dorabella und Erich Kunz als Guglielmo in »Così fan tutte«, 1947; Elisabeth Schwarzkopf als Contessa, George London als Conte Almaviva und Hilde Güden als Cherubino in »Le nozze di Figaro«, 1952; Ezio Pinza in der Titelrolle von »Don Giovanni«, 1935. Untere Reihe v.l.n.r.: Fritz Wunderlich als Tamino und Liselotte Fölser als Pamina in »Die Zauberflöte«, 1960; Walter Berry als Papageno und Anneliese Rothenberger als Papagena in »Die Zauberflöte«, 1963; Ann Murray als Dorabella und Margaret Marshall als Fiordiligi in »Così fan tutte«, 1990; Jean-Pierre Ponnelle und Luciano Pavarotti bei einer Probe zu »Idomeneo«, 1983.

(Fotonachweis: Felicitas Timpe, München: »Die Zauberflöte«, 1983. Max Reinhardt-Forschungs- und Gedenkstätte, Salzburg: Foto Ellinger: »Die Entführung aus dem Serail«, 1939; »Don Giovanni«, 1935; »Die Zauberflöte«, 1963; Foto Anny Madner: »Così fan tutte«, 1947; »Le nozze di Figaro«, 1952; »Die Zauberflöte«, 1960. Archiv der Salzburger Festspiele: Photo Weber: »Così fan tutte«, 1990; »Idomeneo«, 1983)

Die Herausgeber dieser Dokumentation danken nachfolgenden Archiven und Persönlichkeiten für die Bereitstellung von Material, für Auskünfte und Anregungen. An erster Stelle Dkfm. Hans Jaklitsch, ferner: Salzburger Festspiele (Archiv, Pressebüro, Verwaltung); Österreichische Nationalbibliothek (Bildarchiv, Theatersammlung), Wien; Pressefoto Oskar Anrather, Salzburg; Foto Vera von Glasner, Grevenmacher/Luxemburg; Margit Münster, Wien; Winfried Rabanus, München; Photo Schaffler, Salzburg; Felicitas Timpe, München; Photo Weber, Wien; Karin Graf, Salzburg; Peter Infeld, Wien; Dr. Hannes Komarek, Salzburg; Maurus Pacher, München; Fritzi Schlesinger, Wien; Prof. Imre Vincze, Salzburg; Dr. Renate Wagner, Wien; Dr. Robert Werba, Wien; Erich Wirl, Wien.
Besonderer Dank für Förderung und Unterstützung gilt: Univ. Prof. Dr. Wolfgang Greisenegger, Generalsekretär der Gesellschaft für Max Reinhardt-Forschung; Prof. Albert Moser, Präsident der Salzburger Festspiele; Kommerzialrat Wolfgang Gehmacher, Präsident der »Freunde der Salzburger Festspiele«.
Weiters danken die Herausgeber für Mithilfe: Mag. Siegrid Leitner und Dr. Ursula Kneiss.
Die Herstellung der Bildvorlagen übernahmen dankenswerterweise: Landesstelle für AV-Lehrmittel (Karl Feldbacher, Otto Wieser), Salzburg; Farb Foto Frank, Plainfeld; Photo Schaffler, Salzburg.

Die umfassende, aufwendig und spannungsreich gestaltete Bild- und Textdokumentation über Max Reinhardt, den Schöpfer eines völkerverbindenden, sinnlich-vitalen Theaterkosmos, in dessen Mittelpunkt immer der Schauspieler stand.

224 Seiten mit 260 Fotos, davon 12 in Farbe, und 58 Faksimiles

»Ich habe in meinem ganzen Leben nichts anderes getan, als meine Träume zu verwirklichen. Wenn Träume so stark und lebendig sind, daß sie andere Menschen in ihren Bann ziehen und zum Mitträumen verführen können, so entsteht jene zauberhafte Wirklichkeit, die für mich Theater heißt.«

Max Reinhardt

LANGEN MÜLLER

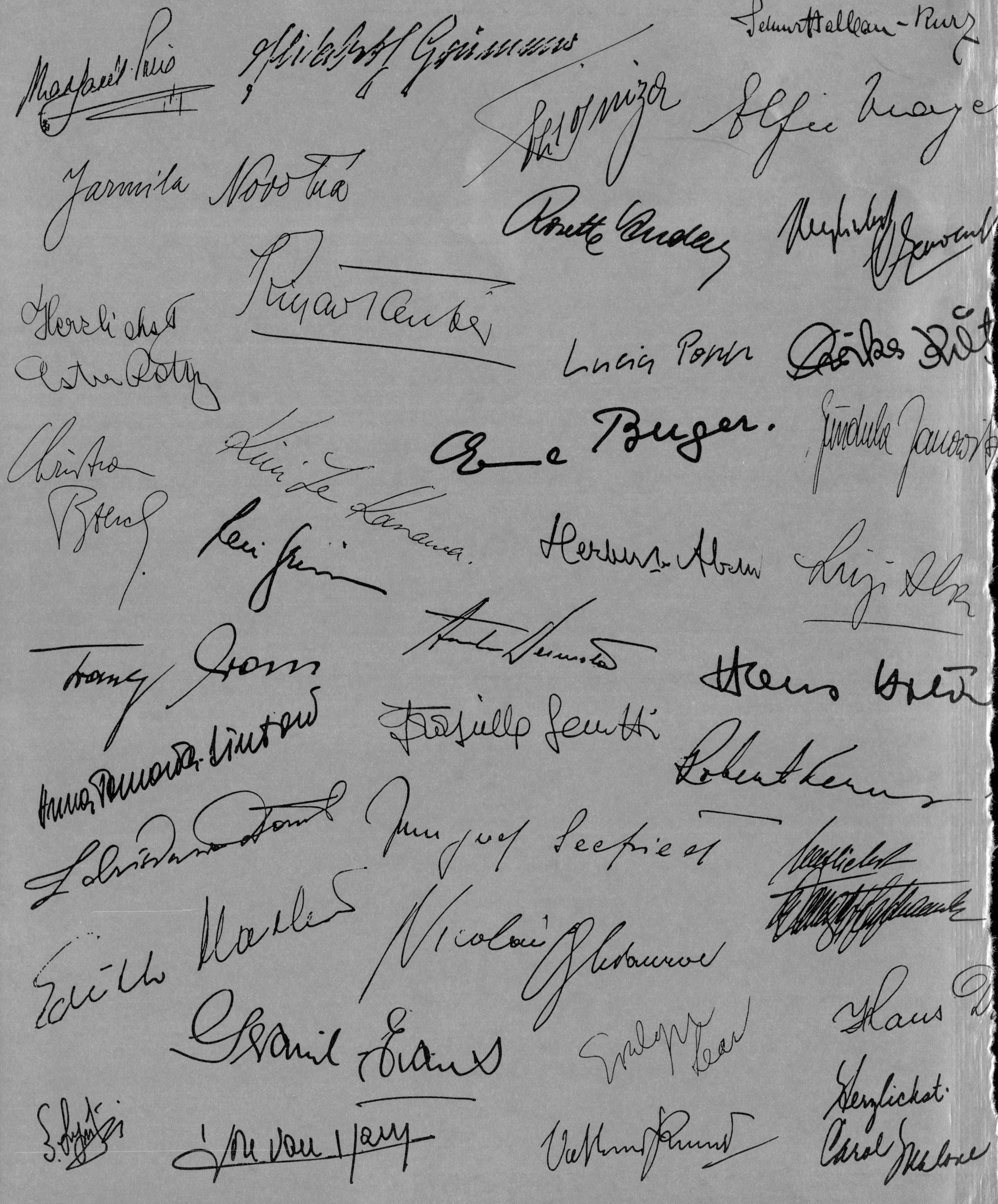
Jarmila Novotná
Lucia Popp
Erna Berger
Robert Kerns
Nicolai Ghiaurov
Geraint Evans
Hans
Herzlichst
Carol Malone